西安财经学院学术著作出版基金资助

# 中国特色社会主义制度创新研究

张艳娥　著

中国社会科学出版社

## 图书在版编目（CIP）数据

中国特色社会主义制度创新研究/张艳娥著. —北京：中国社会科学出版社，2016.6
ISBN 978 - 7 - 5161 - 8143 - 0

Ⅰ.①中… Ⅱ.①张… Ⅲ.①中国特色社会主义—社会主义制度—研究 Ⅳ.①D621

中国版本图书馆 CIP 数据核字（2016）第 099798 号

---

| 出 版 人 | 赵剑英 |
|---|---|
| 责任编辑 | 赵 丽 |
| 责任校对 | 朱妍洁 |
| 责任印制 | 王 超 |
| 出　　版 | 中国社会科学出版社 |
| 社　　址 | 北京鼓楼西大街甲 158 号 |
| 邮　　编 | 100720 |
| 网　　址 | http://www.csspw.cn |
| 发 行 部 | 010 - 84083685 |
| 门 市 部 | 010 - 84029450 |
| 经　　销 | 新华书店及其他书店 |
| 印　　刷 | 北京君升印刷有限公司 |
| 装　　订 | 廊坊市广阳区广增装订厂 |
| 版　　次 | 2016 年 6 月第 1 版 |
| 印　　次 | 2016 年 6 月第 1 次印刷 |
| 开　　本 | 710×1000　1/16 |
| 印　　张 | 16.5 |
| 插　　页 | 2 |
| 字　　数 | 279 千字 |
| 定　　价 | 58.00 元 |

---

凡购买中国社会科学出版社图书，如有质量问题请与本社营销中心联系调换
电话：010 - 84083683
**版权所有　侵权必究**

# 目 录

**第一章 开启马克思主义中国化研究的制度视域** …………………（1）
  第一节 问题的提出及研究意义 …………………………………（1）
  第二节 国内外研究述评 …………………………………………（4）
  第三节 研究内容、研究思路与研究方法 ………………………（14）
  第四节 核心概念的界定 …………………………………………（17）

**第二章 马克思主义制度理论的基本框架** ……………………………（27）
  第一节 马克思主义制度分析的理论框架 ………………………（27）
  第二节 马克思主义制度分析的科学方法与当代价值 …………（41）
  第三节 马克思主义制度理论与西方制度主义的相互兼容 ……（47）

**第三章 中国特色社会主义制度创新的理论基础** ……………………（56）
  第一节 中国特色社会主义制度创新理论基础的宏观解读 ……（56）
  第二节 中国特色社会主义制度体系理论基础的微观解读 ……（74）

**第四章 中国社会主义制度创新的最初探索与重要奠基** ……………（90）
  第一节 新民主主义革命时期制度建设初步探索的
         成就与逻辑 ………………………………………………（90）
  第二节 中国社会主义基本制度框架的确立 ……………………（118）
  第三节 中国社会主义制度建构的逻辑特征与基本经验 ………（135）

## 第五章　中国特色社会主义制度创新的历史飞跃 （143）
- 第一节　中国特色社会主义制度主体框架的形成 （143）
- 第二节　中国特色社会主义制度的体系化发展 （155）
- 第三节　中国特色社会主义制度体系的理论深化与实践确立 （161）
- 第四节　中国特色社会主义制度体系的生成逻辑与基本经验 （168）

## 第六章　中国特色社会主义制度创新成果的逻辑结构 （176）
- 第一节　中国特色社会主义制度体系的要素结构分析 （176）
- 第二节　中国特色社会主义制度体系的横向结构分析 （188）
- 第三节　中国特色社会主义制度体系的运行层次分析 （203）
- 第四节　中国特色社会主义制度研究的非正式制度视角 （214）

## 第七章　完善发展中国特色社会主义制度的方向与原则 （225）
- 第一节　完善和发展中国特色社会主义制度是深化改革的总目标 （225）
- 第二节　完善发展中国特色社会主义制度要做到"八个结合" （234）

**结　语** （250）

**参考文献** （252）

**后　记** （258）

# 第 一 章

# 开启马克思主义中国化研究的制度视域

## 第一节 问题的提出及研究意义

中国特色社会主义制度是中国共产党90多年来领导人民奋斗、创造和积累的重大成就之一，是马克思主义中国化制度创新的实践结晶。马克思主义中国化是实践创新、理论创新与制度创新三位一体的统一过程，其创新成果从中国特色社会主义的形成和发展看，就是开辟了中国特色社会主义道路、形成了中国特色社会主义理论体系、确立了中国特色社会主义制度。这正是党的十八大对马克思主义中国化创新成果和中国特色社会主义科学内涵的新概括。目前学术界从制度视角对中国特色社会主义发生发展的进程和规律等问题的研究刚刚起步，整体系统性的研究成果还很少见。因此，开启马克思主义中国化研究的制度视域，探寻中国特色社会主义制度创新与建构的运行轨迹和内在规律，无疑是一个具有重大理论意义与实践价值的课题。有鉴于此，本书选择马克思主义中国化制度视域的学理视野，以中国特色社会主义制度体系为研究对象，较为系统深入地研究中国特色社会主义制度创新发展的历史进程、基本经验、理论基础、成果形态、逻辑结构和良性运行等诸多基本问题。

### 一 理论意义

**（一）不断推进马克思主义中国化、时代化的现实向度**

马克思是较早将制度纳入理论分析的思想家，制度研究在马克思主义理论中居于重要地位，其经典著作中有一套完整的制度理论体系和制度分析方法。马克思从制度分析的角度探讨了人类社会制度现象的产生以及发展的动力机制和运行机制，这一分析的结论集中体现在历史唯物主义关于生产力与生产关系，经济基础与上层建筑的基本原理中，对于制度的本质、结构、功能和变迁的探讨构成了马克思主义制度分析的独特视域。马克思主义内在的制度维度使其理论具有宏阔的世界历史视野，而这一制度维度也使得其理论体系更富有实践性和现实性。正是在从经济上、政治上、文化上对资本主义制度所做的深刻而全面的批判分析和对一种人类社会合规律性与合目的性统一的新型社会制度的科学论证中，充分彰显了马克思主义"不仅仅解释世界，而且立足改造世界"的巨大魅力。在以往的研究中，存在着对马克思主义唯物史观制度理论研究的忽视和遮蔽，往往停留在对社会形态层面的制度的一般性把握上。历史和现实已经充分证明，社会主义制度绝不是连接资本主义和共产主义两个社会形态的短暂过渡时期，恰恰相反，它是一个长期存在的、独立的社会形态。由于对新社会形态长期性的估计不足，对于作为一种具体制度形式的社会主义，其制度建设具有何种内在规律，它的价值维度是什么，怎样才能促使其良性运行？这些问题是今天的马克思主义者面临的一个十分严峻的课题。高度重视唯物史观视域中制度创新和制度建设问题的研究，是推进马克思主义走向现实、批判现实的一个很好的切入点。开启马克思主义中国化研究的制度视域，是整体推进马克思主义中国化研究的理论应然。

### （二）整体把握中国化马克思主义实现形态的需要

马克思主义中国化的本质是马克思主义基本原理在中国实现民族化、具体化的历史进程。从动态角度看，这一进程是一个马克思主义基本原理与中国各个时期具体实际相结合，融理论创新、实践创新和制度创新于一体的复杂过程。从内在精神上说，马克思主义不是从书斋里产生的一种纯学术的思想理论，而是一种融学说、运动与制度批判与建构为一体的关于无产阶级及全人类解放的科学世界观和方法论。所以，马克思主义中国化的成果形态是一个多维系统，至少包含三种实现形态：实践形态、理论形态和制度形态①。中国特色社会主义是马克思主义中国化的最新成果，在改革开放30多年的实践中其内涵越来越丰富，已成为一个包括发展道路、思想理论和社会制度在内的一个整体系统。正如党的十八大报告所指出的："中国特色社会主义的道路，中国特色社会主义理论体系，中国特色社会主义制度，是党和人民九十多年奋斗、创造、积累的根本成就，必须倍加珍惜、始终坚持、不断发展。"② 马克思主义中国化成果实践形态、理论形态与制度形态之间既相互联系又相互促进，是一个不可分割的整体，"实践"是"理论学说"和"制度"形成发展的现实基础与实现途径；"理论学说"是"实践运动"及其要实现的"制度"的行动指南，"制度"是创立"理论学说"、推进"实践运动"的目的和归宿，也是"理论"与"实践"相统一的根本保障。在当前，从理论创新、实践创新与制度创新相结合的角度推进马克思主义中国化研究，拓展马克思主义中国化研究的制度视域，是马克思主义中国化理论和实践发展的必然选择。

## 二 实践意义

### （一）国家制度建设提出现实诉求

当代中国从前现代社会向现代社会的转变，成为国际社会引人注目的大事件。这个转变既是从农业社会向非农业社会的转变，同时又是从计划经济体制向市场经济体制的转变，其转变的核心是制度的变迁，成败的根本标准是能否确立起一套健康成熟、运行良好的制度框架，实现国家治理体系和治理能力的现代化。改革开放30多年来，伴随着中国经济的快速发展，国家总体经济实力跃上了一个新台阶，但是在经济繁荣的条件下，日益突出的社会不平等、不公平、不稳定以及其他社会问题，对于国家的基本制度建设提出强烈的要求。处于改革攻坚阶段的中国，最重要的历史任务是国家现代制度建设，最重要的历史贡献是制度创新。

---

① 李君如：《谈中国特色社会主义的实现形态》，《北京日报》2012年10月8日第17版。
② 胡锦涛：《坚定不移沿着中国特色社会主义道路前进，为全面建成小康社会而奋斗》，人民出版社2012年版，第12页。

全面建成小康社会，必须全面坚持深化改革，"从实际出发，及时制定一些新的制度，构建系统完备、科学规范、运行有效的制度体系，使各方面制度更加成熟更加定型，为夺取中国特色社会主义新胜利提供更加有效的制度保障"①。

**（二）完善和发展中国特色社会主义制度，推进国家治理体系和治理能力现代化的内在要求**

胡锦涛在庆祝中国共产党成立90周年大会上的讲话中，对中国特色社会主义的内涵作了新概括，首次提出了中国特色社会主义制度的科学概念。这一概括是对马克思主义中国化进程中制度创新成果的集中定位。这一论断对于全面开启和推进马克思主义中国化制度创新的相关研究无疑是极有力的推动。在理论上，对马克思主义中国化进程中的制度创新问题的研究在多个层面亟须深化，如马克思著作中关于制度的思想和理论以及在科学社会主义实践发展中对唯物史观制度思想的丰富和发展；马克思主义中国化进程中制度创新的内在价值规范和方法体系的构建；中国化马克思主义制度创新的基本历程和基本经验；中国特色社会主义制度的思想基础和理论指导；中国特色社会主义制度的内在结构问题及中国特色社会主义制度系统运行的内在机理问题；科学社会主义治理体系与治理能力建设的基础理论问题；等等。在当前的理论研究中，围绕这些课题的研究仍然很乏力，还不能很好地满足理论创新和实践发展的需要。

## 第二节 国内外研究述评

### 一 国外研究现状

**（一）国外学者对马克思主义中国化视域中的制度问题的关注和研究**

西方国家对于中国共产党领导下的中国的关注，始于20世纪40年代

---

① 《习近平谈治国理政》，外文出版社2014年版，第10页。

末,发展于20世纪60—70年代,进入20世纪90年代后伴随着中国的日益崛起其研究也进入到全面兴盛时期。西方老一辈的中国问题研究专家的主要代表费正清、施拉姆、麦克法夸尔、史华慈等,形成了以哈佛大学东亚中心为代表的海外中国研究基地。他们出版了大量研究中国问题的标志性学术成果,如费正清的《美国与中国》(1948),史华慈的《中国的共产主义运动与毛的崛起》(1951),由费正清、史华慈、布莱特合编的《中国共产主义文献史》(1952)等,都是国外中国问题研究的开山之作。施拉姆的《毛泽东政治思想》(1963),莫里斯·迈斯纳的《李大钊与中国马克思主义的起源》(1967)等著作,对于社会主义中国的制度模式、中苏制度模式的对比,毛泽东等中共领袖的党政、国家体制建设思想与实践等问题的探讨具有重大的学术价值。由费正清、麦克法夸尔主编的《剑桥中华人民共和国史》(上、下卷)(1987)成为西方学者从历史学角度研究新中国问题的一部代表性著作,将20世纪的中国问题研究推向了一个新高度。总体上来看,在较早的一批国外中国问题的研究中,国外学者对于中国共产党与国民党的比较研究、对于马克思主义中国化以及中共意识形态问题的研究、对于中国共产党领导下的国家制度模式的研究、对于新中国在历史发展中不同时期许多专门性制度体制的研究,无疑为我国学术界相关研究的深入推进提供了珍贵的资料和有益的借鉴。

**(二)国外学者对改革开放以来中国特色社会主义制度相关问题的研究**

其一,对制度变迁有没有形成中国制度模式的看法。

在这一问题上产生了广泛的争论,主要有两种观点:一种是认为中国的制度变迁一直是有自身独特的逻辑,而且目前已经有了区别于其他国家的独特制度模式。在美国学者雷默的"中国模式"的观点公开发表后,这种看法的影响也更广泛地被传播。张维为、郑永年等学者都认同这种看法。另外,也有许多研究者认为尽管中国近30多年的制度转型是客观事实,但是,还不能很准确地说,中国已经形成了完全有别于其他国家模式的制度框架。有研究者认为,中国的做法其实在之前许多国家都存在过。"新威权主义说"认为中国在政治、经济等领域的具体做法是东亚国家在实现现代化时期常用的政府主导模式，二者不存在根本不同。"发展型国家说"认为，中国现在的做法，和德国、俄国等曾经实行的国家主导的"李斯特主义"并无实质区别，它们将中国的类似做法统称为"后李斯特主义"。①

其二，中国特色社会主义制度的性质分析。

国外研究者对改革开放后中国的制度变迁的内在性质从不同的立场和视角出发，提出许多不同的观点。有学者认为中国独特的制度框架在经济、政治、意识形态等层面表现为一种综合板块样态，是一种"经济自由＋政治专制"的新威权模式（弗朗西斯·福山，费沛德等）。西方左翼学者对中国制度性质形成了新资本主义说、资社两分说、后社会主义说等不同观点。法国巴黎第八大学经济学博士伊利斯·埃勒·卡鲁尼认为中国的制度变迁从本质上来源于由中国的经济、政治和文化开放等一系列连锁反应所导致的文化震荡。② 恩·凡胡尔认为中国独特的制度具有源自该国传统的强烈民族特色，中国共产党人以非常杰出的方式在国家制度框架中结合了历史文化因素。这种文化视角的研究分析了中国特色基本制度的内生性特质，从制度变迁的路径依赖方面剖析中国特色制度模式的演变和发展，这是一个新颖独特的研究思路。

其三，中国特色社会主义制度模式的特点与优势。

在论及中国特色制度模式的特点和优势时，对于中国制度变迁方式的渐进性与增量性，中国制度模式立足国情实际的原创性以及制度绩效上的高效性、抗风险性、稳定性等特点和优点，西方学者都有较为客观的评价和论述。美国著名中国经济问题研究专家巴瑞·诺顿认为中国独特的制度模式具有高度的灵活性与适用性，在制度变迁的方法上具有谨慎和实用主义的特点③。印度学者阿什瓦尼·塞斯认为中国的制度框架富于变化性、灵活性，充满制度弹性。法国著名左翼学者托尼·安德烈阿

---

① 张艳娥：《近年来国外"中国制度特色"问题研究：理论框架与评析》，《社会科学管理与评论》2013年第1期。

② [法]伊利斯·埃勒·卡鲁尼：《中国后社会主义转型：作为文化变迁的制度变迁》，孟秋译，《马克思主义与现实》2011年第4期。

③ [美]巴瑞·诺顿：《中国发展经验的奇特性和可复制性》，载王新颖主编《奇迹的建构：海外学者论中国模式》，中央编译出版社2011年版，第27页。

尼认为中国独特的制度模式具有较强的抵抗风险的能力，而且这种能力是中国奇迹的关键[1]。

其四，对中国特色社会主义制度框架分层次的研究。

第一，对中国特色制度经济维度的研究。集中于三个方面：对中国的市场经济体制的关注和研究、对中国基本经济制度的研究以及对中国市场改革中一些具体性制度的研究。有许多学者都注意到中国市场经济具有渐进性的特点，澳大利亚经济学家罗斯·加诺特指出"很多外国分析家都低估了经济发展中制度的重要性，也忽略了成功的体制改革具有不可避免的渐进性，特别是市场经济制度基础的发展更是需要慢慢来，因为其对教育，新的文化规范积累，规章制度及人们的适应等方面都提出了要求。中国改革的渐进性为这些条件的成熟提供了足够的时间"[2]。对中国基本经济制度的研究，在研究结论上形成了三种代表性观点：一种观点将中国的基本经济制度笼统界定为"混合经济"，如郑永年，张维为，雷默，海贝勒等人都有类似表达。一种观点认为中国领导集体不信奉自由主义经济学，公有制的主体地位是客观存在的，"社会主义市场经济的表述并非一个简单的幌子"[3]。还有一种观点认为，在向市场经济转变的过程中，广泛私有化会取得必然胜利，民营经济数量逐渐增加到一定程度时，足以引起转化的成功，甚至加快或提早私有化，中国未来是一种进化的资本主义，或新资本主义。近年来，也有大量学者对中国市场改革中一些具体性制度进行了初步的研究，如对中国的国企实行现代企业制度等问题的研究，对中国实行经济特区的做法和经验的研究，对中国解决区域发展和贫富差距问题的研究，对中国生态环境制度创新问题的研究等。

第二，对中国特色制度框架政治维度的研究。这一层次研究集中体

---

[1] ［法］托尼·安德烈阿尼：《中国融入世界市场是否意味着"中国模式"必然终结?》，载王新颖主编《奇迹的建构：海外学者论中国模式》，中央编译出版社2011年版，第107—111页。

[2] ［澳］罗斯·加诺特：《中国30年改革与经济发展的经验》，载王新颖主编《奇迹的建构：海外学者论中国模式》，中央编译出版社2011年版，第85页。

[3] ［法］托尼·安德烈阿尼：《中国融入世界市场是否意味着"中国模式"必然终结?》，载王新颖主编《奇迹的建构：海外学者论中国模式》，中央编译出版社2011年版，第111页。

现在四个方面：一是对中国改革开放以来政治体制改革的总体研究，包括对中国政治体制改革总的评价，方式方法的认识和性质的把握等。二是对中国特色的根本政治制度的研究。日本学者家茂具树等对于中国的人民代表大会的职能改革及人民代表大会与中国共产党的关系进行了较为深入的研究，提出了很有深度的研究结论，韩国学者赵英男等对于中国地方人大的立法活动进行了研究，对于地方人大与地方党委的关系，地方人大与行政机构的关系进行了描述和分析。三是对中国政党制度、基层自治制度等基本政治制度的研究。研究者对中国政党制度的研评，主要放在这一制度对于中国共产党的工具性价值上，对这一制度在中国整个政治系统和未来发展的民主价值并不看好。由中国农村开启的村民自治以及基层民主制度的实践引起了西方学者的关注，在研究中提出许多富有启发性的观点。四是对中国特色法律体系的研究，西方学者对中国改革开放以来，法制建设的成绩、方向、内在特点进行了较深入的研究。

## 二 国内研究现状

### （一）对于制度的一般性研究

社会科学中的政治学、经济学、法学、社会学等对制度的研究，关注的大都是各个领域的具体制度的内容、运行及相互关系，这些具体层面的研究不是我们关注的重心所在。国内真正从宏观角度探索我国制度建设的内在规律与逻辑的努力始于20世纪90年代，伴随着"文化大革命"结束和中国改革开放的深化发展，国家的制度建设日益凸显出重要性，90年代初学术界首先提出制度文明的概念，进而围绕着人类社会制度发展和建设的一般性研究初步展开。郭雅杰、董建新、涂永式、周瑞华、冯必扬等学者对制度文明的一般构成及作用、制度的基本功能、制度的结构等问题进行了初步的探讨。进入新世纪后，赵秋生、郭熙保、王海传、李景鹏等学者对于社会制度体系的内在结构、制度的模仿性、制度与制度化、制度与机制等层面的问题进行了较为深入的研究。伴随着中国社会和国家的转型，制度伦理问题成为哲学、伦理学界所关注的热点问题，段治乾、苏晓离等学者对市场经济下的制度伦理问题进行了初步研究，方军的研究分析了制度伦理与制度创新的内在关系。此外，吕耀怀、胡承槐、乔法容、王南湜等学者对制度伦理的内在深层问题进行了深入而系统的研究，这是我国学术界对转型社会制度建设的内在伦理问题进行的较为全面的探讨。倪愫襄教授的著作《制度伦理研究》（2008）和高兆明教授的《制度伦理研究：一种宪政正义的理解》（2011）对中国社会制度建设的伦理问题进行了系统化的探研。邹吉忠、辛鸣等学者主张从哲学角度对制度相关问题进行宏观研究，邹吉忠从哲学角度探讨了全面研究制度的人学基础、方法和价值旨归的必要性与可能性，并出版了著作《自由与秩序：制度价值研究》（2003）。辛鸣在其《制度论：关于制度哲学的理论建构》（2005）一书中从哲学角度对制度的内涵界定、制度本质、制度系统、制度功能、制度设计、制度演化、制度评价、制度价值及制度关系等进行了全面而深入的研究。对制度的内在哲学本体、方法、价值、伦理等深层问题的基础性探讨，为以后更深入的研究奠定了坚实的基础。

### （二）对社会主义制度建设相关问题的研究

改革开放后，国内学者对中国社会主义制度建设问题的研究进入新的阶段。研究主要从这样几个角度展开：一是对社会主义制度优越性问题的研究。这一研究从20世纪90年代开始，一直没有间断，不过伴随着我国对社会主义自身建设规律的不断深入掌握，对制度优越性判定的视角和方法也在不断调整。二是从政治、经济、文化和社会等领域对社会主义的一些基本制度和具体制度的研究。在政治领域中，关于我国政党制度的研究近年来持续升温，关于人民代表大会制度、民族区域自治制度和基层民主制度的研究成果快速增多，如何俊志对人民代表大会制度的研究，系统而深入；在经济领域中，关于我国基本经济制度、分配制度、保障制度等层面的问题的研究也在全面展开，这些无疑为我国社会主义制度不同层面更进一步的研究打下了坚实的基础。三是对于中共不同领导集体制度建设思想的研究，包括对于毛泽东的制度建设思想、邓小平的制度建设思想、江泽民的制度文明思想等的初步研究。四是对马克思主义制度理论的研究和梳理，近年来学界开始日益关注马克思主义科学理论体系中的制度思想，并进行了初步的研究，取得了可观的研究成果。

### (三) 对中国特色社会主义制度的研究

胡锦涛在 2011 年 "七一" 讲话中首次提出了 "中国特色社会主义制度" 的科学概念。此后，学术界对中国特色社会主义制度相关问题展开了广泛的研讨，主要围绕中国特色社会主义制度的内涵、形成产生、特点优势、完善发展等层面展开。

首先，关于中国特色社会主义制度的内涵。学术界对中国特色社会主义制度的内涵进行了广泛探讨，主要有制度——体制说、三层次说、制度体系说、有机结合说、初级阶段说、中国模式说等，还有学者从经济、政治的维度解读中国特色社会主义制度的基本内涵。有学者运用邓小平对社会主义基本制度与具体体制的划分方法，认为 "中国特色社会主义制度，从制度体系的角度看，可以分为基本制度和具体制度两个层面，其中前者必须始终坚持，后者则必须与时俱进加以改革、创新"[①]。也有学者认为中国特色社会主义制度内涵包括三个层次的结构，根本制度、基本制度和运行机制，体现了这一体系的完整性与系统性[②]。有研究者从制度体系层面分析，认为 "中国特色社会主义制度体系的逻辑结构包括制度体系的灵魂、核心、目标和理论基础，其主要内容包括根本政治制度、基本政治制度、基本经济制度、具体制度和社会主义法律体系"[③]。还有研究者认为，中国特色社会主义制度是一个有机系统，包括社会制度、制度体制和法律体系。"社会制度反映社会的经济结构、政权性质和社会关系实质，包括根本政治制度、基本政治制度以及基本经济制度。制度体制是关于个人或集体在经济生活、政治生活、文化生活以及社会生活领域的活动方式、组织方式。法律体系则是社会制度和制度体制的公共性、权威性和秩序性特性的外在表现，是法治社会的重要标志"[④]。有许多学者都认为，中国特色社会主义制度的内涵和理论定位必

---

① 林怀艺：《论中国特色社会主义制度》，《云南社会科学》2011 年第 6 期。
② 李昆明、习裕军：《论中国特色社会主义的制度内涵》，《探索》2012 年第 4 期。
③ 侯远长：《中国特色社会主义制度体系探析》，《中州学刊》2011 年第 6 期。
④ 黄书进：《坚持和完善中国特色社会主义制度的思考》，《南京政治学院学报》2012 年第 4 期。

须放在初级阶段的背景中来把握,中国特色社会主义制度是初级阶段的社会主义制度,所以就其发展程度而言,我国的社会主义制度还不够成熟和不够完善。中国特色社会主义制度与中国模式是何关系,对此问题学界有两种不同的认识:一是认为中国模式就是中国特色社会主义制度,可以统一称为"制度模式";但相反的观点认为中国特色社会主义制度是中国模式的核心和关键,二者不在同一层面上,使用中国特色社会主义制度的提法比使用中国模式的提法要好,模式化意味着僵化等。这些从不同视角对中国特色社会主义制度内涵进行的分析和解读,有助于我们全方位、多角度认识和把握中国特色社会主义制度的科学内涵,更加深入科学地对其加以定位。

其次,关于中国特色社会主义制度的生成。学术界围绕中国特色社会主义制度产生形成的条件、历程等问题进行了研究和分析。秦正为认为,中国特色社会主义制度体系的形成有着独特的条件和理论基础以及实践基础,其形成是一个历史性过程[1]。包心鉴认为,中国特色社会主义制度的生成遵循科学的内在逻辑,主要体现为"四个有机统一"[2]。阎树群等认为,中国特色社会主义语境下的制度生成是制度转型、制度创新和制度替代三位一体的过程,实践性、价值性与时代性是考察中国特色社会主义制度体系内在生成逻辑的三个维度[3]。对于中国特色社会主义制度的发展历程,学者们基本一致的看法是中国特色社会主义政治制度是以毛泽东为核心的党的第一代中央领导集体在新中国成立前后初步确立下来的,当代中国共产党人在改革开放的过程中又结合新的时代特点对它进行不断发展和完善。

再次,关于中国特色社会主义制度的特点优势。胡锦涛在纪念建党90周年的讲话中系统地把中国特色社会主义制度的特点和优势概括为"五个有利于"[4]。这一概括成为学界对中国特色社会主义制度特点和优势

---

[1] 秦正为:《中国特色社会主义制度体系的形成及其历史意义》,《探索》2012年第1期。
[2] 包心鉴:《论中国特色社会主义制度的内在逻辑》,《理论与现代化》2012年第5期。
[3] 阎树群、张艳娥:《论中国特色社会主义制度体系的生成逻辑》,《马克思主义研究》2012年第8期。
[4] 胡锦涛:《在庆祝中国共产党成立90周年大会上的讲话》,人民出版社2011年版,第9页。

进行理论分析的基本框架,在此框架的基础上学者们对于理解和把握中国特色社会主义制度的特点进行了更深入的研究。辛向阳认为,中国特色社会主义制度是一种稳定性与活力性有机结合的制度,是一种公平性与效率性有机结合的制度,是一种统一性与多样性有机结合的制度。[①] 包心鉴将中国特色社会主义制度的特点和优点概括为"五大民主",即"以选举民主为主要标志的人民代表大会制度、以协商民主为主要标志的政治协商制度、以直接民主为主要标志的群众自治制度、以党内民主为主要标志的政党政治制度、以经济民主为主要标志的社会主义市场经济制度"[②]。有不少学者都认为,中国特色社会主义制度贯穿了以人为本理念,实现了公平与效率的统一、民主与集中的结合,同时促进了人的全面发展与社会文明的进步。它既不同于传统的社会主义模式,更不同于其他国家模式。科学把握和界定中国特色社会主义制度的特点和优势,对于澄清在制度问题上存在的模糊认识,在实践中发挥与发展社会主义制度的优越性,具有重大现实意义。

最后,关于中国特色社会主义制度的完善与发展。研究者一致认为,中国特色社会主义制度目前基本形成、粗具框架,但是还很不完善。完善和发展中国特色社会主义制度是完善和发展中国特色社会主义事业的重要环节。围绕中国特色社会主义制度完善的必要性、基本原则、基本思路和方向等问题,学者们进行了初步的研究。有学者认为,完善中国当前制度体系应该从政治体制改革入手,重点解决政党与国家、政党与社会、国家与社会之间的关系问题。也有学者认为,完善中国特色社会主义制度应该从强化制度意识、推进党的制度改革、创新制度设计等层面着手。同时不少学者认为中国特色社会主义制度的完善是与科学发展观的深入贯彻落实进程相辅相成、同步推进的。对中国特色社会主义制度的完善和发展问题的研究,是这一课题中与实践联系最紧密的部分,既涉及中国特色社会主义制度体系的价值原则和现实关怀,又包含经济、政治、文化和社会等具体层面,需要扎实的理论积累和前瞻性的现实关怀。

---

① 辛向阳:《中国特色社会主义制度的三个基本问题探析》,《理论探讨》2012 年第 2 期。
② 包心鉴:《论中国特色社会主义制度》,《新视野》2011 年第 6 期。

### 三 国内外研究现状评析

国内外学术界已有相关研究成果，对于我们科学研究马克思主义中国化视域下的制度创新问题，深入探索中国特色社会主义制度的一系列基本问题，具有重要借鉴意义和参考价值。

西方制度主义学派对于人类社会制度的研究是全面系统而又深刻的，西方新制度主义政治学传入中国的时间不长，但却对国内政治学在研究方法和研究对象两个方面都产生了重要的影响。20世纪60年代开始，西方学者对中国共产党执政后中国国家社会制度模式、意识形态变迁、党与国家关系等问题进行了不同层面的研究。进入21世纪以来，国外学者围绕中国模式、中国特色社会主义制度相关问题的大量研究，集中于改革开放以来中国国家社会关系的调整和变革，中国特色制度模式的特点与内在结构、性质定位与面临问题等环节。研究深入而全面，提出了许多富有启发性的见解与观点，拓宽了我们对中国特色社会主义制度建设问题的研究视野和思维框架。"他山之石，可以攻玉"，国外学者的已有研究在两个层面为本书提供重要借鉴：一是对多元研究视角与研究方法的借鉴。国外学者的研究视角宽广、方法多样，其运用现代化视角、全球化视角、替代性视角等不同研究视角，采用制度主义方法、社会学方法、实证分析法等多样灵活的研究方法，针对中国问题的研究往往能得出让我们耳目一新的见解。二是对富有启发性的研究结论的借鉴。老一代国外学者在中国问题研究上提出和使用的"传统—现代""冲击—回应"模式曾大大开阔了国内学者研究的视野。近年来的研究，从不角度提出许多富有启发性的观点，如新威权主义观、后社会主义观、国家—社会二分观、公民社会理论、治理理论、法团主义理论观点等，这些观点对于深化国内学者对中国特色社会主义制度体系相关问题的研究具有重大借鉴价值。我们应当立足中国国情和社会发展实际，宏扬和发展马克思主义唯物史观中的制度思想和理论，批判性地借鉴西方制度研究的方法和针对中国问题所提出的结论，深化对中国特色社会主义制度和制度体系内在理论与实践问题的科学研究，构建科学合理的中国特色社会主义制度理论和方法体系。

当前国内学术界与本著作相关的研究在取得一系列重大进展的同时，存在三点不足：一是在对制度的一般基础性理论研究中，居于研究主导范式地位的是西方制度主义的不同理论流派，而对影响当代中国制度走向的马克思主义理论和思想的制度观点没有引起足够重视。二是在对中国社会主义制度建设问题的相关研究中，存在具体性的研究多、宏观系统性的研究少，分散性研究多、整合性的研究少的状况。制度体系的建设既需要各个领域具体性的研究，也需要原则方向、价值方法等宏观层面的研究，特别是在今天中国国家制度建设需要顶层性的全面整合的科学制度理论和方法体系的指导，而理论的进展还不能满足实践需求的情况下。三是近年来关于中国特色社会主义制度和制度体系的研究才刚刚开始，中国化马克思主义制度形态的研究在多个层面亟须深化。如中国特色社会主义制度建设的内在价值规范和方法体系的构建，中国特色社会主义制度体系发展和演变的历史进程和内在轨迹梳理，中国特色社会主义制度体系的理论基础，中国特色社会主义制度体系的结构层次问题与运行机理问题，等等。党的十八届三中全会将完善和发展中国特色社会主义制度，推进国家治理体系和治理能力现代化作为全面深化改革的总目标第一次明确提了出来，这一总目标的核心是实现科学社会主义制度体系的现代化。在理论上，推进科学社会主义制度理论的系统研究，建构中国特色社会主义制度理论话语是一个重大课题，需要学术研究的持续跟进。

## 第三节 研究内容、研究思路与研究方法

### 一 研究内容与创新之处

本书以制度的视角为切入点，系统梳理马克思主义中国化进程中制度创新的基本历程、发展轨迹和基本走势，探究科学社会主义基本原则制度化的中国模式和中国经验，系统探研中国特色社会主义制度的生成逻辑、发展轨迹、运行规律和完善机制，为构建起真正有中国特色的制度主义理论和话语体系做出应有的理论贡献。全书由正文和结语部分构

成：正文第一章　开启马克思主义中国化研究的制度视域。本章主要阐述了本书研究的价值意义、研究现状、研究方法、主要内容、核心概念等。第二章　马克思主义制度理论的基本框架。从哲学本体论、方法论和基本立足点等角度梳理了唯物史观的制度分析框架，对马克思主义制度分析理论与西方制度主义进行了系统比较，为后面进一步研究寻找科学的观点和方法论提供理论支撑。第三章　中国特色社会主义制度创新的理论基础。马克思主义中国化进程中的制度建设呈现典型的以建构性为主的特点，制度的建构以理论的建构作为前提和基础。马克思主义中国化理论创新成果和中国化马克思主义制度理论的发展，为中国特色社会主义制度创新提供了直接理论基础。第四章　中国社会主义制度创新的最初探索与重要奠基。中国共产党人在新民主主义革命时期对新型国家制度建设进行了初步的探索，为中国特色社会主义制度的形成奠定了基础性资源。新中国的建立和社会主义改造的完成，在中国确立了社会主义制度的总体框架，这是马克思主义中国化制度创新的一次历史性突破。以毛泽东为代表的中国共产党人对中国社会主义制度的完善和发展进行了积极的探索，为新时期中国特色社会主义制度的创新和发展提供了宝贵经验和理论准备。第五章　中国特色社会主义制度创新的历史飞跃。十一届三中全会后，中国共产党人坚持中国社会主义制度的主体框架，以极大的勇气和魄力，全面推进了马克思主义中国化的实践创新、理论创新和制度创新。在一以贯之的接力探索中，最终形成了中国特色社会主义制度体系。这一制度体系的形成实现了中国化马克思主义制度创新的历史性飞跃。第六章　中国特色社会主义制度创新成果的逻辑结构。作为中国化马克思主义制度创新成果的集中体现，中国特色社会主义制度是一个整体系统，由相互联系、相互制约、相互作用的制度子系统组成。本章从微观制度要素结构、社会有机体的横向结构、制度纵向运行层次和非正式制度四个层面较深入地研究了中国特色社会主义制度的逻辑结构。第七章　完善发展中国特色社会主义制度的方向与原则。实践创新、理论创新永无止境，马克思主义中国化进程中的制度创新也永无止境。中国特色社会主义制度的确立并不等于制度的成熟定型，制约中国特色社会主义进一步发展的体制机制障碍躲不开也绕不过。本章从制度理念方向、创新原则和运行机制等层次较深入地分析了中国特色社会主义制度体系的完善发展相关理论问题。结语对全书作了总结和展望。本书的篇章结构是按照方法论和理论基础、历史进程以及逻辑结构三个大部分来安排的。除第一章和结语外,第二、三章是第一大部分,确立了研究中国特色社会主义制度创新问题的方法论和理论基础问题;第四、五章是历史进程编,以马克思主义中国化进程中制度创新的两大历史阶段为线索,系统梳理和较为深入地分析了中国共产党的制度建设创新史,厘清了中国特色社会主义制度创新发展的历史轨迹。第六、七章是逻辑结构和完善发展部分,深入分析了中国特色社会主义制度体系的结构层次、运行逻辑和完善发展等问题。

本书的主要创新表现在三个方面:一是对马克思主义唯物史观视域中的制度理论进行了较为完整的梳理,对制度研究的两大理论框架即马克思主义制度理论和西方新制度主义做出了力求科学的比较分析,加深了对中国特色社会主义制度研究的方法论基础的认识;二是以马克思主义中国化制度创新的两个大的历史阶段为线索,对中国特色社会主义制度创新的历史进程和基本经验进行了系统分析和总结概括,对中国共产党 90 多年来的制度建设史进行了较为清晰的梳理;三是对中国特色社会主义制度的理论基础和结构层次进行了多角度的分析,在一定程度上弥补了当前中国特色社会主义制度研究的某些不足。

## 二 研究思路与研究方法

### (一) 研究思路

本书以马克思主义中国化进程中的制度创新为研究视域,运用马克思主义唯物史观的制度理论范式,在批判借鉴西方制度主义的理论方法的基础上,对马克思主义中国化制度创新成果形成发展的理论基础、历史进程、基本经验与逻辑结构进行较为系统深入的研究。在研究的整体思路上从分析马克思主义制度理论和方法入手,综合对比科学社会主义原则制度化的苏联经验、教训与启示,概要分析中国共产党新民主主义时期制度建设的初步经验,最终将研究落脚于对中国特色社会主义制度体系问题的全面研究和整体把握上。马克思唯物史观制度理论框架,马克思主义中国化制度创新的理论基础与历史进程,中国特色社会主义制度体系的结构层次和运行逻辑等问题是本书研究的重点。

**(二) 研究方法**

本书在马克思主义的制度分析方法基础上同时借鉴多学科研究方法。

1. 综合性研究方法。制度问题涉及社会结构的多个不同层面，因此对制度的研究具有很强的跨学科综合性特点。本书涉及马克思主义中国化、科学社会主义、哲学、经济学、政治学等不同学科，在马克思主义基本观点和方法的指导下，对西方新制度经济学、新制度政治学的制度主义方法加以批判分析，将其与马克思主义研究、科学社会主义、中共党史研究等相结合。

2. 历史逻辑与理论逻辑相一致的方法。马克思主义对制度的研究，并不是将制度仅仅作为一种规则系统，而是始终将制度放置在人类社会实践历史发展的进程中来研究，这是科学把握制度问题的最基本立场。本书在研究中，采取对制度规则研究与对制度发展历史研究相结合的方法，力求做到论史结合，以论为主。

3. 理论联系实际的方法。制度问题具有很强的现实性，研究中国特色社会主义制度问题应该始终密切联系社会主义建设实际与当代人类社会发展的实际境况，在中国特色社会主义的实践道路和中国特色社会主义理论体系的互促互进中全面展开。

## 第四节 核心概念的界定

### 一 制度

**(一) 制度的语义学界定**

在古代汉语中，"制"和"度"与我们现代意义上的语意有相通之处[①]，"制""度""法""礼""令"等名词都在一定程度上具有"制度"

---

[①] 辛鸣：《制度论——哲学视野中的制度与制度研究》，博士学位论文，中共中央党校，2004年，第14页。

的含义。汉语中使用"制度"一词，出自于《周易·节》："天地节而四时成，节以制度，不伤财，不害民"①，初意是指法令礼俗。后来则逐步演化出规定、用法之意，《汉书·元帝纪》："汉家自有制度，本以霸王道杂之"。《辞海》从两个层面来定义制度：一是行为准则和程序规则的层面；一是社会形态的层面，如社会主义制度、资本主义制度等②。西方英语国家对于"制度"一词，通常使用 system、regime 和 institution 三个词来加以表述：关于"system"，《新牛津英语词典》将其解释为一种"系统"和"体系"，是从机械和生理意义上转化过来的；关于"regime"，《新牛津英语词典》将其解释为一种治理，特别是权威性治理，也指一种体系和安排，特别是带有自上而下的强制性意味；关于"lnstitution"的解释是多重的，既指一种有组织的机构或形态，也指一种既定的法律规则和风俗习惯。

**（二）马克思主义视野中的制度范畴**

马克思主义经典作家对于制度的界定并不像西方制度学派那样拘泥于制度规则本身，而是把对制度的研究放置在整个人类社会的生成、发展与变迁的大格局中，放置在人类生存与解放的进程中加以考察。由此，制度研究具有更宏阔的理论框架与终极关怀。诺思曾高度评价说，马克思主义的制度分析框架"是目前对长期变革最有利的论述"③。马克思主义视野中的制度范畴包含相互联系的三个层次：

首先，制度是一种交往实践的产物。马克思主义经典作家，很少将制度作为一个独立概念，直接而明确界定制度的内涵更是少见。马克思在《德意志意识形态》中提出"现存的制度只不过是个人之间迄今所存在的交往的产物"④。这个简单的定义明确指出了制度一个很核心的特征，那就是"交往的产物"。作为"交往的产物"制度的本质是社会性的关

---

① 《十三经（全文标点本）》（上），北京燕山出版社1995年版，第69页。
② 辛鸣：《制度论——哲学视野中的制度与制度研究》，博士学位论文，中共中央党校，2004年，第23页。
③ [美]道格拉斯·C.诺思：《经济史上的结构和变迁》，陈郁、罗华平等译，上海三联书店1994年版，第68页。
④ 《马克思恩格斯全集》（第3卷），人民出版社1960年版，第79页。

系。制度是交往的产物，随着人类交往形式的变化和范围的扩大，制度也相应地变化和变迁。"新的交往形式又会成为桎梏，然后又为另一种交往形式所代替。"① "交往形式"是马克思早期对社会生产关系的一种说法，在后来，马克思逐步放弃了"交往形式"而直接采用"生产关系"一词。由此，在马克思主义理论中，制度表现为生产关系，制度是社会生产关系的存在方式。

其次，制度表现为一种社会形态。在宏观意义上，马克思主义将制度作为一种社会形态来分析。马克思在《德意志意识形态》中提出了"社会形态"的概念，在后来的《〈政治经济学批判〉序言》中又提出"亚细亚的、古希腊罗马的、封建的和现代资产阶级的生产方式可以看作是经济的社会形态演进的几个时代"，② 资产阶级的生产关系是社会生产过程的最后一个对抗形式，其将终结于一个更高的社会制度形态。马克思的这一观点前后有过几次不同的表述，后来，斯大林把这一思想概括为"五种社会形态"理论。在马克思主义经典作家的论述中，在很多情况下，制度和社会形态或者经济社会形态的含义是基本通用的。如列宁就明确指出"把各国制度概括为社会形态这个基本概念。只有这种概括才使人有可能从记载（和从理想的观点来评价）社会现象进而以严格的科学态度去分析社会现象"③。

再次，制度是一个有机整体系统。马克思主义认为制度是一个活的社会有机系统。马克思对制度的系统结构及其要素关系的分析，是首先从决定制度的本质内容的生产关系基础着手的，然后在生产关系基础上才分析作为制度规则本身的上层建筑和法律等。"不是人们的意识决定人们的存在，相反，是人们的社会存在决定人们的意识。"④ 经济基础同上层建筑等社会关系固化而成社会制度，这些制度也是一定社会集团实现本集团根本利益，按照自己意志目的解决社会关系而形成的社会组织形式。在马克思看来，制度不仅仅表现为法律和社会伦理规范等，完整的制度是由经济基础和上层建筑相互联系的两个层次构成的，上层建筑是

---

① 《马克思恩格斯选集》（第1卷），人民出版社2012年版，第204页。
② 《马克思恩格斯选集》（第2卷），人民出版社2012年版，第3页。
③ 《列宁选集》（第1卷），人民出版社1995年版，第8页。
④ 《马克思恩格斯选集》（第2卷），人民出版社2012年版，第2页。

制度的直接形态，而经济基础是制度的深层根源。制度的原初层次源于人类生产力的发展，任何社会经济制度和社会制度都是生产力诸要素发生作用的内生变量，进而从社会生产关系中才产生第二个层次的制度起源，即包括政治、法律、道德规范等在内的上层建筑。马克思对制度的理解表明，制度是与社会形态联系在一起的特定生产方式的政治上层建筑的体制化。

### （三）制度在不同学科中的定义

由于进行制度研究的方法论和出发点不同，西方不同学科的研究者对于制度的定义是不一样的。德国学者柯武刚和史漫飞研究后就指出：文献中制度一词有着众多和矛盾的定义，……以至于除了将它笼统地与行为规则性联系在一起外，已不可能给出一个普适的定义来[1]。制度经济学的开创人凡勃伦把制度理解为一种"思想习惯"和"流行的精神状态"[2]。这种"制度惯习说"从制度生成的深层文化心理层面来研究和定义制度无疑是深刻的，但是基于习惯—本能的心理学研究其不足也是显而易见的。康芒斯认为制度是一种组织，制度是"经济研究上的一个较大单位，根据英美的惯例，这叫做'运行的机构'"[3]。康芒斯这一观点因将制度和组织混为一谈而往往被人批评，但是这一定义的方向开拓了我们把握制度的视角，能使我们看到制度实体性的一面。将制度定义为一种规则，是当前学者研究中的一种主流观点。美国新制度经济学的集大成者诺思是这一定义的代表人物，诺思认为"制度是一个社会的博弈规则，……形塑人们互动关系的约束"[4]。舒尔茨也将制度定义为一种规则，认为这些规则既包括调节社会生活的婚姻规则等，还包括支配政治

---

[1] [德] 柯武刚、史漫飞：《制度经济学：社会秩序与公共政策》，韩朝华译，商务印书馆2000年版，第32页。

[2] [美] 凡勃伦：《有闲阶级论——关于制度的经济研究》，蔡受百译，商务印书馆1997年版，第139页。

[3] [美] 约翰·康芒斯：《制度经济学》，于树生译，商务印书馆1962年版，第86页。

[4] [美] 道格拉斯·C. 诺思：《制度、制度变迁与经济绩效》，杭行译，上海三联书店2008年版，第3页。

权力的规则以及市场经济规则①。国内大多数学者也认同制度规则说的观点，如林毅夫认为"制度可以理解为社会中个人遵循的一套行为规则"②。

**（四）本书把握制度内涵的基本维度**

第一，本书将制度定义为正式规则系统。西方制度经济学家一般认为，制度由两个部分构成，即正式规则和非正式规则③。诺思是这一观点的代表性人物。国内有很多学者认同诺思的这一分类方法，但也有不少研究者认为最好把对制度的界定限制为一种正式规则，将道德、习惯、意识形态等非正式约束包含在内太过宽泛。鲁鹏认为，"规则"是人们普遍使用的关于制度的规定，规则包括"社会规则""思想习惯""生活方式""结构化安排"等不同表现形式，但不赞成把非正式规则看作制度的外延部分，而主张制度仅指正式规则。④ 事实上，罗尔斯也是在严格的狭义立场上对制度做出规定的。本书在研究中将制度定义为一种正式规则，是人们在一定历史条件下的社会活动中结成的规范化的各种社会关系，是激励和限制人的行为的规则体系。尽管本书在研究中将制度定义为正式规则。但必须指出，制度规则体系是内在联系的，对制度等正式规则的研究是离不开对社会观念、意识形态、道德等关系的考察的。本书在把握中国特色社会主义制度问题时也尽量将对中国特色的正式制度规则的考察放置在与各种非正式规则的关联互动中来研究，这是制度构成复杂性所内在决定的。

第二，本书对中国特色社会主义制度的研究采用马克思主义制度理论的观点，将制度分为广义社会形态层面的制度和具体制度、运行机制等层次构成的制度整体来研究。研究侧重点放在标示社会形态的根本和基本制度以及具体运行机制两个层面，在日常生活中代表某种行为方式

---

① ［美］T. W. 舒尔茨：《制度与人的经济价值的不断提高》，陈剑波译，载 R. 科斯等《财产权利与制度变迁：产权学派与新制度学派译文集》，上海三联书店 2004 年版，第 253 页。

② 辛鸣：《制度论——哲学视野中的制度与制度研究》，博士学位论文，中共中央党校，2004 年，第 26 页。

③ ［美］道格拉斯·C. 诺思：《制度、制度变迁与经济绩效》，杭行译，上海三联书店 2008 年版，第 10 页。

④ 鲁鹏：《制度与发展关系研究》，人民出版社 2002 年版，第 11—12 页。

和办事程序规章规则的狭义层面的制度规则不是我们研究的重心。西方制度主义对制度运行变迁中的体制和机制及其规范的内在变化给予了更多的关注，马克思主义经典作家则更重视社会形态方面的基本制度的性质分析，不是非常关注体制机制问题。其实，作为规则的制度在这两个层面上是相通的，区别无非在于前者是从经济财产归属、政治地位角度以规范阶级、阶层、社会团体等大集合关系为目的的，而后者主要是以规范社会个体行为为目的的，规范内容也不外乎个人的经济行为、政治行为等内容。我们看到，在中国国内针对社会主义制度问题的研究上，在马克思主义学科、科学社会主义研究视域中界定的制度往往是在社会形态结构层面而言的，虽然这一层面是必需的，但是在打通下延到社会行为规范体系层面长期没有得到关注。因此，在研究上以唯物史观的制度理论为指导，吸收西方制度主义的合理内核，做到两者的内在结合是很有必要的。

## 二　中国特色社会主义制度

2011年胡锦涛在"七一"讲话中首次对中国特色社会主义制度和制度体系作了提炼和概括，在十八大报告中又进一步重申和发展了这一论断。从制度建设的视野看，中国特色社会主义制度是马克思主义中国化制度创新成果的集中体现，是本书研究的落脚点。那么，应该如何理解中国特色社会主义制度的内涵呢？

### （一）中国特色社会主义制度是社会主义制度形态的一种特殊形式

从词面含义上看，中国特色社会主义制度首先是社会主义制度。同时，它又与社会主义形态的苏联模式存在着根本的不同，是具有浓厚中国特色的社会主义制度形态。

在马克思、恩格斯早年的著作中，社会主义与共产主义的区别是非常明确的。由于各种形形色色的社会思潮都打着社会主义的旗号，社会主义被搞得非常混乱，所以马克思、恩格斯称自己的理论为共产主义。到19世纪60年代，伴随着工人运动的高涨，各种社会主义思潮的影响扩大。马克思、恩格斯为便于对广大工人灌输科学理论，消除错误理论对工人运动的影响，也和而不同地使用社会主义的旗帜。1873 年，马克思、恩格斯甚至开始把自己的理论称为"科学社会主义"[①]，他们同时还使用"共产主义"这一概念。恩格斯晚年更多地使用社会主义，极少讲共产主义。他在 1894 年 2 月 13 日致考茨基的信中曾说："'共产主义'一词我认为当前不宜普遍使用，最好留到必须更确切的表达时才用它。"[②] 在马克思、恩格斯的认识中，共产主义是比社会主义更高的发展阶段的观点是明确的。列宁在《国家与革命》中把社会主义作为共产主义的第一阶段来认识，此后，这种观点逐步固定下来。在这种认识中，社会主义与共产主义是被看作同一社会形态的两个不同发展阶段。那么社会主义是不是一个独立的社会形态呢？这一问题长期没有得到明确回答。这在理论上是苏联和中国社会主义建设急于求成的"左"倾错误的重要认识根源。在中国改革开放的新时期，社会主义是独立社会形态的认识在众多学者的研究中取得共识。这一科学判断是科学社会主义理论的新发展。

社会主义制度形态作为一个独立而且漫长的制度发展阶段，同其他任何独立的制度形态一样，不仅仅只有一种展现模式。如同资本主义制度一样，同为私人资本主导的制度框架，在不同的资本主义国家具有不同的表现模式。拿经济体制来讲就是如此。英国和美国的市场经济体制具有浓厚的自由主义倾向，被人们称为"自由资本主义"模式。而德国和法国等欧洲大陆国家的经济体制和英美又很不相同，被称为"社会资本主义"模式。此外还有"民主社会主义"的资本主义模式等。东亚等国家的资本主义又具有和西方不同的特点，呈现典型的国家主导型特点。社会主义制度形态成为实践以来，已经出现过并且产生了广泛影响的模式被称为"苏联模式"或"斯大林模式"，它符合社会主义制度形态的一些基本原则要求，但也打上了冷战格局下封闭性思维的深深烙印。南斯拉夫在铁托领导下曾对社会主义建设进行过积极探索，形成了"自治社会主义"的独特做法。由于一些教条化思维的长期存在，以及苏联大搞"制度输出"和"意识形态输出"的消极影响，在很长时间里苏联模式作为社会主义制度形态的唯一模式的地位被确立下来。这为后来社会主义

---

[①]《马克思恩格斯选集》（第 3 卷），人民出版社 2012 年版，第 256 页。
[②]《马克思恩格斯全集》（第 39 卷），人民出版社 1974 年版，第 203 页。

历史发展的重大挫折埋下了伏笔。今天，我们已经深刻认识到，社会主义制度形态不止一种模式，可以有而且应该有多样化的模式格局。这才是从根本上符合事物存在和发展规律的客观要求。中国特色社会主义秉承了社会主义制度的基本原则，又将社会主义的本质与中国处于社会主义初级阶段的国情相结合，富有鲜明的中国特色和时代特色，是一种新型的社会主义形态模式。

**（二）中国特色社会主义制度是一种独立的社会形态**

中国特色社会主义是在中国这样经济文化比较落后的农业大国，实现社会主义现代化的战略选择，它不是过渡性的权宜之策，而是一个长期相对稳定的历史发展阶段。能不能将其看作一个独立的社会形态呢？我们应该从理论上对这一问题做出思考。首先，将中国特色社会主义制度作为一种独立的社会形态，是理论与实践发展的要求。邓小平在提出和论证社会主义初级阶段理论时，就一再强调它的长期性，这为我们防止重犯超越阶段、盲目冒进的"左"倾错误奠定了认识论基础。中国特色社会主义制度作为我国社会主义初级阶段最合理的制度框架，也将在长期性的存在和发展中呈现为相对独立的阶段。把中国特色社会主义制度看作一个独立社会形态，就能够从根本上防止实践中的"左"倾错误。其次，中国特色社会主义制度框架具备了作为独立社会形态的基本条件。马克思主义认为，社会形态是同他们的物质生产力的一定发展阶段相适合的生产关系的总和构成的社会的经济结构，中国特色社会主义是社会主义社会形态在初级阶段的中国，形成的一种具体化的体现形态，具备了相对稳定的生产关系的总和系统。经济上，形成了稳定的基本经济制度格局和收入分配格局、资源配置方式制度以及内外市场的连接机制等基本健全的经济规则系统；政治上，无产阶级政党领导与人民主权、依法治国有机结合的民主制度格局已经成型；文化上，社会主义思想主导的、多元文化共荣的制度框架等已经基本建立。

**（三）中国特色社会主义制度是一个制度规则体系**

十八大报告指出，中国特色社会主义制度，是包括根本制度、基本制度和各项体制在内的制度体系。这一概括明确指出中国特色社会主义制度的多层性、系统性。从纵向运行层次看,中国特色社会主义制度包括根本制度、基本制度、具体制度和运行机制等层次;从横向结构看,中国特色社会主义制度涵盖经济、政治、文化、社会等各个领域;从微观要素构成看,同任何其他制度系统一样,中国特色社会主义制度也包含理念、规则、组织、载体等构成要素。把中国特色社会主义制度作为一个制度规则系统进行科学性研究,是科学社会主义制度化理论与实践发展的需要。中国特色社会主义制度是归属于社会主义社会形态的一种特殊制度形态,在制度理念上坚持和体现社会主义的基本原则;同时在基本制度规则上,将社会主义原则"上限"与中国实际"下限"相结合,赋予了社会主义制度规则民族性内涵;在具体体制上,中国特色社会主义各项具体制度本着"三个有利于"的标准,广泛吸收人类社会制度文明的精华,具有开放性和时代性特点。从层次性上把握中国特色社会主义制度,要求我们在社会主义自我完善和发展的进程中,要分层次科学推进制度改革。坚守社会主义制度形态的价值取向,保持基本制度的稳定性,积极稳妥地推进各项具体制度的改革。在具体制度建设创新上,要广泛吸收其他制度文明的有益经验和做法。

**(四)中国特色社会主义制度是需要继续完善的制度体系**

中国特色社会主义制度的基本架构已经成型,其特点与优势也日益彰显出来,但作为一个制度系统而言,中国特色社会主义制度体系仍然需要继续加以完善。党的十八大报告将中国特色社会主义制度的完善和发展提升到一个前所未有的高度来强调。中国特色社会主义制度在全社会的制度认同和制度自信相对不足、制度系统自身不完善、制度有效运行的机制不完备、支撑中国特色社会主义制度运行的制度文化不足等都是中国特色社会主义制度不够完善和成熟定型的表现。十八大报告和十八届三中全会《中共中央关于全面深化改革若干重大问题的决定》(简称《决定》)把完善和发展中国特色社会主义制度作为重大战略任务提出并作了全面的部署。对于中国特色社会主义制度的完善和发展,我们已经明确了基本方向,那就是坚定中国特色社会主义的制度自信,通过制度创新，促进其更好地运行。我们探索大量行之有效的制度建设经验，初步摸索出了中国特色社会主义制度创新的规律。在中国特色社会主义制度体系完善和发展的过程中，我们有能力、有信心取得更好的实践效果。

# 第二章

# 马克思主义制度理论的基本框架

马克思是较早将制度纳入理论分析框架的思想家,其经典著作中有一套完整的制度理论框架和制度分析方法。对于人类社会制度的深入分析和探讨,是马克思主义宏大批判性理论的一个突出主题。马克思关于制度的一般理论分析在逻辑整体上由相互联系的三个部分构成:一是对制度产生以及静态结构的研究;二是对制度变迁及其演化的研究;三是对不同社会制度形态及其差异问题的研究。马克思主义制度分析理论与西方制度主义理论具有相通之处,但这两种研究框架围绕制度的生成、变迁、演化以及价值评价等问题的研究结论却迥然不同。在马克思主义制度分析理论基础上吸收西方制度主义理论的"合理内核",是深化制度理论问题研究的需要,也是建构中国特色社会主义制度理论话语的需要。马克思主义制度理论的中国化是马克思主义中国化系统进程中的重要组成部分,其总体上表现为唯物史观制度理论在中国制度建设实践中的具体化和进一步丰富发展。

## 第一节 马克思主义制度分析的理论框架

马克思主义关于制度分析的宏大理论框架是以对人类社会历史的总体性解释框架——历史唯物主义理论为基础的。历史唯物主义中关于生产力—生产关系、经济基础—上层建筑的基本原理涵盖了解释人类社会制度产生与变迁的一切动力机制和运行机制,围绕着制度的生成、变迁主体、变迁动力、发展规律等问题,形成了较为系统的制度框架。马克思主义制度分析是从人类社会实践的高度来把握社会制度发展和演变的科学理论。

## 一 制度的生成与结构

### (一) 人的需要是制度生成的逻辑起点

在马克思看来,制度直接源于人的生存需要,人类社会满足生存与发展的需求与现实自然条件限制的矛盾的解决催生了各种社会制度。进行劳动工具和技术创新的制度安排,生成了社会的所有制和相关经济规则。而物质生产和人的繁衍的需要共同交织衍生了家庭制度、氏族制度和国家制度,这一点在马克思和恩格斯的"两种生产"理论中有详细的论述。伴随着生产扩大和交往与财产所属关系的需要,一系列更为复杂的政治的、法的制度形式出现了,而思想统治的需要,使得文化意识形态制度规则越来越重要。

### (二) 社会制度的本质是人们在生产过程中结成的社会关系结构

马克思认为,社会制度是人类主体性活动的产物,是人们实践行动关系化的稳定性结构。从这个意义上讲,制度是人的社会属性的集中体现,人本质上是"制度人"。人的实践活动同动物的本能活动不同,其一开始就是社会性的,是人的一种类本质。所以马克思说"人的本质不是单个人所固有的抽象物,在其现实性上,它是一切社会关系的总和"[①]。实践活动的社会性天然是以人群间的交往形式体现出来的,这种交往关系,马克思后来将其更准确地定义为生产关系。以生产关系为核心,伴随着人类活动领域的深化、精细化,进而形成越来越复杂的关系结构,就会相应地形成各种形式的制度规则系统。马克思将这种复杂性制度系统,划分为两个大的层次,一个是社会的经济结构,另一个是建立在这个基础上的法律、思想、政治等上层建筑结构。前一个结构是制度形态中的基础性构成部分。在马克思看来是社会存在决定社会意识,而不是相反。经济结构部分始终是动态发展的,"社会的物质生产力发展到一定

---

① 《马克思恩格斯选集》(第1卷),人民出版社2012年版,第135页。

阶段，便同它们一直在其中运动的现存生产关系或财产关系（这只是生产关系的法律用语）发生矛盾"，于是"社会革命的时代就到来了"①。马克思将制度的本质定位为人们在生产过程中结成的社会关系结构，是人们实践交往的产物，这一定位相对于西方制度学派单纯从人们的主观观念模式出发将制度定义为规则或组织的观点更为深刻。规则只是制度的外在表现形式，而规则背后的人群社会关系才是制度的实质内容。

### （三）历史的、具体的、相互联系的制度构成一个社会的制度体系

马克思理论视野中的制度是一个体系，并不是单一的规则。制度的本质深藏于其社会生产方式之中，它是历史的，又是具体的。不存在超历史、超时代的制度规则。马克思主义制度理论架构是由上层建筑和经济基础两个结构层次构成的，这两个层次具有原生与派生、决定与反作用的互动关系格局，"国家、政治制度是从属的东西，而市民社会、经济关系的领域是决定性的因素"②。有研究者循着马克思主义这一思路，将社会宏观制度体系划分为"原生的、起决定性作用的、表现为生产关系的第一层次制度（即经济制度）和次生的、起反作用的、主要表现为政治、法律制度和意识形态的第二层次制度（即上层建筑）两大类"③，作为根本的经济制度与作为派生的政治、法律制度及意识形态共同构成了一个社会的宏观制度结构和基本制度框架；社会的基本制度制约和影响社会中的每一个基本构成单位，如经济、政治、文化等具体制度；在具体制度之外还存在更为具体微细的制度机制安排。由经济基础—上层建筑的双层结构，演化出一个社会的基本制度—具体制度—运行体制的三维结构，这是人类社会实践发展、社会分工深化在制度规则存在形态上的必然反映。对一个社会制度体系的完整把握，既需要研究其基本经济制度（生产关系）与上层建筑层次的基本政治制度、法律制度之间决定与反作用的内在规律，也需要研究相对稳定的基本制度框架内部的具体制度如何反映基本制度规定的要求，以及相互间的作用规律；当然与基

---

① 《马克思恩格斯选集》（第2卷），人民出版社2012年版，第2—3页。
② 《马克思恩格斯选集》（第4卷），人民出版社2012年版，第258页。
③ 李省龙：《论马克思主义关于制度的一般理论》，《中国人民大学学报》2003年第2期。

本制度框架离得更远的一般制度运行机制也是需要研究的。马克思主义制度理论精辟地分析了宏观基本制度框架之间发生的制度更替（社会形态的更替）的内在机理。同时，对于同一基本制度框架中发生的具体制度间的变迁也有大量的可用资源，不过，在马克思主义的理论发展史中，这一资源没有得到充分挖掘。

## 二　制度变迁理论

制度变迁一词是随着新制度主义的兴起传入中国的舶来语。西方新制度主义集大成者诺思的制度变迁理论，目前在各个学科主导着制度变迁问题研究的话语权。马克思关于制度变迁的思想主要体现在他思考如何变革现存的社会制度安排的一系列论述中，是在实现全人类的解放这一理念下进行阐述的。马克思借助生产力、阶级、国家等核心概念和理论范畴，较完整地揭示了人类社会制度变迁的内在机理，形成了自己完整而科学的制度变迁理论。对这一点，诺思也给予了高度的评价："在详细描述长期变迁的各种理论中，马克思的分析框架是最有说服力的。"[①]

### （一）制度变迁主体

马克思主义认为，人的需要是制度生成的根源和逻辑起点，同时人的需要也是制度发展变迁的原动力。为满足需要而进行物质生产实践的人，是制度变迁的主体。人作为制度主体的作用具体表现在人在制度发展进程中对制度的创造和选择上。在马克思看来，历史唯物主义中的人是主体与客体的统一，作为客体，人是现实的、社会的、阶级的和历史的人；作为主体，人既是社会历史有目的的创造者，又是社会历史的推动者。与西方学者所界定的抽象的、普遍的人不同，马克思主义将人的本质定义为"社会关系的总和"，这是从社会实践范畴来把握的人的本质，即人是实践的存在，其行为的基本性质是由他所处的社会集团的性质决定的。因此，无论是将人的本质等同于理性或什么主观因素，抑或

---

[①] ［美］道格拉斯·C. 诺思：《经济史上的结构和变迁》，陈郁、罗华平等译，上海三联书店1994年版，第68页。

将人的本质完全客体化都不符合唯物史观的本意。人推动社会的变迁表现为主观的形式,但这种主观性的根源是客观的物质性。"一切社会变迁和政治变革的终极原因,不应到人们的头脑中,到人们对永恒的真理和正义的日益增进的认识中去寻找,而应当到生产方式和交换方式的变更中去寻找。"[①] 同样把人看作制度变迁的主体,西方制度主义对人本质的理解仍然离不开抽象本性、利益人等纯主观假设。也因此,往往将制度变迁完全归因于文化、观念的改变。这一点在被看作制度主义学说集大成的诺思那里也不例外。人作为制度变迁的主体,在现实的社会运动中总有各种各样的外化形态,不同的主体形态在制度的演化中发挥着不同的作用。人民大众、阶级集团、国家政府都是推进制度变迁的主体。

其一,人民群众。

马克思主义认为,人民群众是历史的推动者,也是社会制度变迁的决定性力量。长时间以来,西方许多学者都批评马克思主义的人民观点是虚妄的,对于很多问题的解决没有任何实质意义。我们不同意这种批评,尽管人民群众在现实中都是以单个人的形态存在的,但这并不能说人民群众等类似概念没有现实意义。关于个体与群体的转化边界等问题确实是需要现代社会学、经济学等学科的一些模型来分析,但从影响和决定制度变迁的方向和形式上,人民大众的范式是不可取代的。对其具体作用的机理恩格斯晚年的"合力论"给予了一个宏观的回答:"最终的结果总是从许多单个的意志的相互冲突中产生出来的,……每个意志都对合力有所贡献,因而是包括在这个合力里面的。"[②] 在制度的变迁过程中,人民大众的作用是以这种"合力"的形式体现出来的,它从根本上表现为一种客观物质性力量。诺思和戴维斯将制度变迁的主体形式分为"第一行动集团"和"第二行动集团",[③]"第一行动集团"主要表现为社会大众及合作团体等,"第二行动集团"主要表现为政府、政党、国家权力等精英形式,并且认为,"第一行动集团"是推动制度变迁的基础性力

---

① 《马克思恩格斯选集》(第3卷),人民出版社2012年版,第797—798页。
② 《马克思恩格斯选集》(第4卷),人民出版社2012年版,第605—606页。
③ [美] L.E. 戴维斯、D.C. 诺思:《制度变迁的理论:概念与原因》,刘守英译,载 R. 科斯等《财产权利与制度变迁:产权学派与新制度学派译文集》,上海三联书店2004年版,第272页。

量,这一认识是和马克思主义唯物史观的人民大众是制度变迁基础主体观点具有相通性的。有学者提出,这是诺思新制度主义理论深受马克思主义影响的证据之一,这一判断是不无道理的。在追求科学发展、以人为本的当代中国社会改革中,制度创新的推动主体应更加趋向于政府与社会公民、社会团体的合作协同,引导激发公众共同参与的意识和行动,这是真正实现依法治国、民主政治的基础。

其二,阶级和利益集团。

先进生产力是导致社会制度变迁与发展的根本动力,代表先进生产力发展方向的阶级和利益集团是社会制度变迁与更替的历史主体与主要推动者。马克思主义认为,在阶级社会中,生产关系(经济制度)和上层建筑(政治制度和法律制度等)的变革,进而整个社会制度的变更,是通过阶级斗争的形式来实现的。阶级范畴是马克思主义理论的核心范畴之一,借助于阶级范畴,马克思较系统地回答了人类社会制度变迁的动力机制问题,"至今的一切社会都是建立在压迫阶级和被压迫阶级的对立之上的"[①]。阶级产生的根源,不在分配领域而在生产过程中,生产资料的不同所有关系是产生阶级的基础。经济基础作为生产关系的总和,直接决定着社会的阶级结构、阶级地位及阶级制度的变迁。马克思主义的阶级和阶级斗争观点分析社会制度的生成与变迁,有三个基本观点是科学而长期有效的,也是我们研究制度相关问题不可丢弃的:首先,由生产资料占有关系所决定的阶级间的利益冲突是人类社会制度形态更替的直接动力;其次,制度是非中性的,阶级性是制度的本质属性之一;最后,维护统治阶级根本经济利益的相关制度规则安排构成了一个社会的基本制度基础,在基本制度基础上派生和演化社会的其他制度体系。

利益集团是制度演化的直接推动者和重要参与者,它是由社会中具有某种共同或相近利益、政治主张和价值诉求的人群组成的。具有较高水平的组织性是利益集团区别于一般社会大众的关键。阶级的划分基于生产资料的不同占有形式,而利益集团的划分则更注重人群的社会收入和社会地位。有学者认为马克思主义没有利益集团的思想,这是一种误解。对于利益集团在社会制度变革中的作用,马克思很早就进行了研究。

---

[①] 《马克思恩格斯选集》(第1卷),人民出版社2012年版,第412页。

在《共产党宣言》中马克思就详细分析了上层贵族、工厂主群体等对于资本主义制度发展变迁的推动性作用。不过马克思分析利益集团时，将其纳入了阶级理论之中，在阶级和阶级斗争的解释框架中，着眼于生产资料的所有制关系，马克思和恩格斯揭示了利益集团的本质，分析了利益集团内在的阶级性、经济性和斗争性。在制度变迁中，不同利益集团之间的参与推进了制度演化。如果说，阶级群体作用于社会制度变迁的方式往往会是革命性的根本制度更替和较温和的制度改良两种形式，那么在现代社会，利益集团参与制度演化过程的方式则主要是通过政治的竞争与妥协。好的制度应能保证社会各个利益集团的各方都能保持势力的均衡性，能通过制度保障自身利益不受其他利益集团的侵犯，能从遵守制度规则中获得利益。在现实社会实践中，绝大多数民众都存在于各种有组织的集团中，并通过组织集团参与社会制度演化，利益集团参与制度演化的过程本身就是民主的实现方式。在中国社会主义民主政治建设中，利益集团的理论视角是具有重要价值的。因为市场经济引起社会大众的利益分化已经成为既定事实。

其三，国家和政府。

民众、阶级、利益集团为了实现其各自经济利益而进行斗争、冲突与妥协，进而推动人类社会的制度变迁是借助什么媒介来进行的？实现阶级利益的平台是什么？对此，马克思主义认为，这种斗争、冲突和妥协的核心是国家政权问题，通过夺取、建立、巩固和维护国家政权，人类社会的制度体系实现着不断地发展与变迁。"国家问题是马克思经常关注的问题"[1]，马克思的国家理论包含国家的起源与灭亡、国家的实质、职能和国家类型等重大问题[2]。借助对这些重大问题的阐述，马克思科学揭示了社会制度变迁的核心内容，马克思主义的国家观是研究和分析制度建设问题的基本理论基础。

从广义上看，可以把政府与国家当作一个概念来看，政府是国家权力的合法拥有者，又是所有公共职能的提供者和执行者。政府是实现强

---

[1] ［法］亨利·列菲弗尔：《论国家——从黑格尔到斯大林和毛泽东》，李青宜等译，重庆出版社1988年版，第122页。

[2] 叶麒麟：《生产力、阶级与国家：马克思制度变迁的机理分析》，《河南大学学报》（社会科学版）2011年第3期。

制性制度变迁的主要力量来源。政府作为制度演化的主体，其作用主要表现为：第一，具有仲裁决定权，国家和政府为利益集团和民众的活动提供游戏规则，通过意识形态的软因素和国家暴力机关的硬约束为社会群体提供一种稳定可预期的制度规则环境，提供解决各种利益争端的合法程序，凭借国家强制力量，政府在制度演化中可以降低变迁和实施成本。正如恩格斯所指出的，法律规则和国家的产生是一种需要，这种规则，最初表现为习惯，随着社会发展复杂度越来越高，便成了法律。"随着法律的产生，就必然产生出以维护法律为职责的机关——公共权力，即国家。"[1] 国家首要的职责是政治统治，"政治统治到处都是以执行某种社会职能为基础，而且政治统治只有在它执行了它的这种社会职能时才能持续下去"[2]。第二，协调各利益集团之间的关系。国家政府具有阶级性和公共性双重职能，国家和政府在推进制度变迁时不仅需要考虑其阶级利益，而且需要具有高度的相对独立性和自主性，作为"第三种力量""似乎站在相互斗争着的各阶级之上"，应该在利益集团之间寻找平衡，"把冲突保持在'秩序'的范围以内"[3]。从长远来讲，其创设的制度规则应照顾到所有社会集团的利益。

### （二）制度变迁动力

马克思主义关于制度变迁的动力思想是一个包含人的需要、生产力发展、阶级斗争等因素在内的合力作用的动力系统。这些动力因素内在逻辑上的一致性表现为各层次动力的交互作用，其中人的需要是制度变迁的根源性动力，生产力发展是制度演化的根本动力，新发展的生产力的武器对准了原先的制度主体。这一更替过程在阶级社会是通过阶级间的或激烈或缓和的方式进行的，阶级斗争是制度变迁的直接动力。此外，文化、意识形态等因素在推动制度演进的过程中也有不可忽视的作用。对于人的需要和阶级因素在制度变迁中的作用本书前面已有论及，在此不做累述了。我们在这里重点分析马克思基于生产力观点对制度变迁问

---

[1] 《马克思恩格斯选集》（第3卷），人民出版社2012年版，第260页。
[2] 同上书，第559—560页。
[3] 《马克思恩格斯选集》（第4卷），人民出版社2012年版，第187页。

题的论述，以及回应在此问题上一些西方学者对马克思主义观点的误读。马克思认为，一切制度都是在物质生产活动基础上产生，并围绕物质生产实践的变化而变化的，"随着经济基础的变更，全部庞大的上层建筑也或快或慢地发生变革"①。马克思、恩格斯同时认为，"无论哪一种社会形态，在它所能容纳的全部生产力发挥出来以前，是决不会灭亡的；而新的更高的生产关系，在它的物质存在条件在旧社会的胎胞里成熟以前，是决不会出现的"②。"两个决不会"论断揭示了社会制度形态变迁的基本规律，从正反两个方面论证了生产力发展制约社会制度发展的客观条件。针对反对者将唯物史观批评为"经济决定论""技术决定论"的诸多观点，恩格斯在晚年更为系统地总结了马克思主义的社会制度发展动力思想，提出了著名的"合力论"。马克思主义对制度变迁的动力分析是客观而全面的，既揭示了生产力的性质、水平、发展要求与各个层次制度的内在矛盾所产生的内在动力，也揭示出制度变迁主体因利益矛盾、力量对比变化对制度变迁的推动作用。

**（三）制度变迁形式**

马克思主义的制度分析框架认为，人类在生产活动中一方面受已有社会生产方式所决定的制度的约束，另一方面又创造着新制度，由此引起社会制度本身的演进和变迁。从制度变迁的形式来看，制度革命与制度改良是社会制度变迁的两种形式。制度革命是现有制度的彻底改变，是社会根本制度和基本制度安排的更新，是社会形态层面的制度变迁；制度改良又可以称为制度创新，指的是在原有基本制度框架稳定的基础上，为了适应新的变化、达到新的目的而对制度规则进行的一种完善，是对初始制度的加强和修补。西方制度学派一般将制度变迁分为诱致型变迁与强制性变迁两种，而这两种形式归根到底是对改良型制度变迁模式的分析。正如许多研究者所指出的，以诺思为代表的制度主义学说对于社会制度变迁中的质变，即革命性的制度变迁一直没有给出圆满的解释。由此来看，马克思主义制度理论的立场和观点从根本上是比制度学

---

① 《马克思恩格斯选集》（第2卷），人民出版社2012年版，第3页。
② 同上。

派更为宏阔的。

其一，制度革命。

在马克思、恩格斯那里，制度革命往往指的是阶级斗争的尖锐形式，是对现有制度的彻底改变。"生产力和交往形式之间的这种矛盾——正如我们所见到的，它在迄今为止的历史中曾多次发生过，然而并没有威胁交往形式的基础——，每一次都不免要爆发为革命"[①]，这种革命性变革是"历史的直接动力"和"现代社会变革的巨大杠杆"[②]。社会制度革命的作用之所以如此巨大，原因在于通过它的作用，变动制度创设的主体，使得代表社会进步方向的阶级和群体在社会生产和社会生活中占据主导地位，从而不断地改变不适应生产力发展要求的生产关系和不再适应经济基础要求的上层建筑，强力性地建构起与生产力新的发展要求相适应的生产关系和上层建筑制度格局，达到在此基础上促进生产力发展，促进社会的进步的目的。当然，也不能说所有的制度革命都是进步的，甚至有许多制度革命还是倒退的。比如资本主义制度确立之初在英、法等国发生的多次封建王朝的复辟就是如此。在马克思主义的语境中，社会制度革命与社会形态的更替逻辑是一致的，不能将其简单等同于传统时代的政权更迭和改朝换代。从制度的角度看，革命是国体、政体的根本改变，它的展开过程一般是质变式的、反程序化和非经常的。制度是人们在社会经济生产生活中形成的生产关系和利益关系的有序化、规范化表现，革命性的制度变迁中，利益关系的改变往往呈现出"零和博弈"的结果，即有人受益的同时也有人受损。马克思主义经典作家认为，制度的基本矛盾是不太可能通过和平协议方式解决的，往往必须借助于暴力手段通过制度的革命来进行。从人类社会的长程历史视角来看，制度模式的革命和质变是重要的制度变迁形式。马克思主义对制度革命的原因、内容、性质等问题的分析相比较于其他各种制度主义观点显然是最为深刻的。

其二，制度改良。

制度的改良是在原有制度框架基础上的一种制度修补、加强和完善。

---

[①] 《马克思恩格斯选集》（第1卷），人民出版社2012年版，第195—196页。
[②] 《马克思恩格斯选集》（第3卷），人民出版社2012年版，第739页。

有研究者指出，作为无产阶级革命性理论的马克思主义，对制度变迁的革命性形式，特别是无产阶级为主体的制度变革问题给予了极大的关注和浓墨重彩的分析，对于同一制度形态中的制度改良和制度完善则没有给予充分的分析。[①] 但在理论上，马克思对制度渐变和自然演化也是持极其肯定的态度的。如在《共产党宣言》中，马克思就用了大段篇幅来论证资本主义制度如何从最初的形式进一步渐变发展的，行会的工业经营方式被工场手工业代替，工场手工业又被机器大工业所取代，"现代资产阶级本身是一个长期发展过程的产物，是生产方式和交换方式的一系列变革的产物"[②]。在马克思主义发展史上，列宁和邓小平对社会主义制度模式中制度的改良问题的分析和论证最具有代表性，特别是作为中国改革开放总设计师的邓小平，提出了较为系统的社会主义制度改革观，极大地丰富和发展了马克思主义唯物史观制度理论。对社会主义制度形态中的制度改良问题，列宁指出："无产阶级哪怕在一个国家取得胜利后，在改良同革命的关系中就出现了某种新东西"[③]，制度的改良会是一种主要的制度完善方式，"改良又是一种必要的、合理的喘息时机"[④]。邓小平在继承列宁观点和毛泽东有关社会主义基本矛盾思想的基础上，提出了"改革是社会主义制度的自我完善"的科学观点，选择以"渐进"改良的方式推进中国社会主义制度的变迁，形成了系统的社会主义制度改革理论。

西方制度主义理论关于制度变迁形式的分析，从根本上是立足于将资本主义制度形态永续化判断基础上的。因此，关于对同一种制度形态框架中的制度改良形式问题的研究，它们是具有独到之处的。从制度需求与供给的角度出发，西方制度主义一般将制度变迁从形式上划分为需求诱致型制度变迁和供给强制型制度变迁两种类型。这些观点对于我们深入研究社会主义制度的渐变和改良模式，具有重要价值。

---

① 卢现祥、罗小芳：《两种制度范式比较》，《经济学动态》2010 年第 8 期。
② 《马克思恩格斯选集》（第 1 卷），人民出版社 2012 年版，第 402 页。
③ 《列宁全集》（第 42 卷），人民出版社 1987 年版，第 251 页。
④ 同上。

### (四) 制度变迁规律

社会制度变迁的过程虽然充满了不确定性,但也不是无规律可循的。马克思主义唯物史观的社会基本矛盾思想是我们研究社会制度演化规律的科学指南。

规律一:客观必然性与主观能动性相统一。

制度变迁的一个重要规律表现就是在其发展趋势上存在客观必然性与主观能动性的相互统一。毫无疑问,制度变迁是在社会主体的能动推动下实现的,社会主体的主观愿望和价值需求无不渗透和体现在社会制度变迁的历史进程中,但这一事实不会改变社会发展的客观规律,恰恰相反,主体能动性的发挥是以尊重历史必然性为前提的。马克思在其科学社会主义理论中是用"两个必然"和"两个决不会"的判断来揭示社会发展客观规律的。"两个必然"是马克思和恩格斯在《共产党宣言》中最早提出来的,在系统研究人类社会发展一般规律的基础上,他们坚定地指出"资产阶级的灭亡和无产阶级的胜利是同样不可避免的"[①]。这一见解重点阐明了人类社会制度演化和发展具有不以人的意志为转移的客观必然性,任何一种制度和制度体系都有它产生和发展的充分依据,这一依据的根本动因不是什么永恒理性和绝对观念,而是物质生产力的发展。当生产力发展到原有的生产关系框架容纳不了的时候,生产关系就一定会发生变革,社会制度就会发生演化。在1859年的《〈政治经济学批判〉序言》中,马克思进一步提出"两个决不会"观点。"两个决不会"的观点进一步揭示了制度演化进程中的现实复杂性。生产力和生产关系的辩证运动是一个长期的过程,在这个过程中,往往会出现新、旧生产力形式和生产关系形式并存的局面,而且新旧制度往往交织在一起,相互竞争、相互遏制。当代社会主义制度形态与资本主义制度形态的同时并存就反映了制度演化中的这种复杂性。"两个决不会"要求我们客观把握两种制度长期并存形势下中国特色社会主义制度发展完善的复杂性、曲折性;"两个必然"则揭示了前途的必然性,两种制度形态并存竞争的结果只能是代表先进生产力发展方向的社会主义制度形态主体地位的确

---

[①] 《马克思恩格斯选集》(第1卷),人民出版社2012年版,第413页。

立与巩固。

制度演化中的客观必然性与主观能动性的统一,也可以运用马克思主义合规律性与合目的性统一的观点来解释。在唯物史观看来,合目的性和合规律性是人的活动的两个尺度,合规律性体现了人类活动的客观性、必然性原则,合目的性体现了人类活动的价值性、主体性原则。合目的性和合规律性相统一反映了制度的变迁创设与选择具备主体尺度与客体尺度相统一、价值性原则和真理性原则相结合的特点。在社会制度变迁中,社会制度变迁主体的选择和客观真理性规律是同时起作用的。在《资本论》第一版"序"中,马克思明确指出:"一个社会即使探索到了本身运动的自然规律……它还是既不能跳过也不能用法令取消自然的发展阶段。"[1] 社会制度变迁的合目的性和合规律性的统一,进一步表明社会制度变迁具有客观必然性;同时,不同历史主体的合目的性选择和创造活动,也赋予了制度变迁可能性上的多样性和复杂性。

规律二:量变中的质变和渐变中的突变相统一。

人类社会的制度演化实质是一个由量变到质变的过程。制度的改良是小步渐变,即使是制度革命也不是泾渭分明、水火不容的。量变中的质变和渐变中的突变相结合是社会制度变迁的常态规律,无论是社会基本制度层面的变化还是具体制度、机制层面的变化都是如此。首先,在制度演化中,不同形态的制度并存是一个客观事实。制度作为一个系统,始终处于与外界环境发生关联互动的状态中,制度的变化并不仅仅是外在规则的变化,而且意味着深层结构功能的影响因素的变化。制度系统和其某一规则的变化是分阶段进行的,不同规则和制度模式的并存是常规状态。在当前中国社会转型期这种制度双轨的情况大量存在,解决这一问题只有通过进一步的改革才能解决。其次,制度质变本身也是一个量的积累过程。制度演化同其他大多事物的变化一样,往往是在总的量变进程中,首先经过一系列局部性的质变,进而导致根本的全局性质变。我国实行的社会主义市场经济体制,相对于计划经济体制而言无疑是一种质变,但从社会制度形态层面看,这种变化是社会主义制度系统的局部变化。现代西方资本主义制度出现了许多新变化,如部分生产资料股

---

[1] 《马克思恩格斯选集》(第2卷),人民出版社2012年版,第83页。

权占有上的社会化、宏观经济的调控化、分配上的福利化等,这些制度创新是资本主义制度系统的部分质变,这种质变有的从局部已经超越了资本主义的范畴而具有了社会主义的某些因素,当然,这只是局部的质变。

规律三:继承性与创新性相统一。

马克思主义认为,制度演化是在继承的基础上不断创新的过程。诺思将这种历史继承性称为制度变迁的"路径依赖"性。新的制度演化受到以往制度框架的根本影响,原有制度框架可能导致制度变迁进入良性轨道并迅速优化,也可能导致一种制度模式朝着无效率的状态发展,并陷入锁定状态。诺思制度理论中的许多观点都受到马克思主义制度理论的影响,关于制度的路径依赖性观点也具有马克思主义理论的影子[①]。马克思曾指出,人们并不能随心所欲地创造自己的历史,"而是在直接碰到的、既定的、从过去继承下来的条件下创造。一切已死的先辈们的传统,像梦魇一样纠缠着活人的头脑"[②]。马克思所强调的"梦魇"纠缠就是一种路径依赖的表现。制度的路径依赖规律揭示了原有制度在制度演化中的重要作用,制度的历史过往深刻影响制度的演化方向和路径。而且初始的制度选择还具有自我强化功能,任何一项制度创新,都需要谨慎考虑其直接后果,厘清其长远的路径影响。归根到底,制度演化是一个复杂的历史进化过程,前后之间的选择具有密切的关联关系,原有的制度影响是既定的甚至是很难以改变的。

规律四:普遍性与特殊性相统一。

制度的演化还呈现出普遍性与特殊性相结合、共性与差异性的统一。马克思主义是借助于生产力—生产关系—生产方式原理来揭示制度演化中普遍性与特殊性统一规律的。生产力的水平和分工形式的不同产生不同的制度形式。随着人类社会的发展,交往的广泛化和世界历史进程的推进,不同的生产力的水平会逐步接近,因而,具有相似性和共性特征的制度形态也会产生。马克思在此意义上提出了人类社会制度形态演进的观点,在

---

[①] 赵金锁:《中国现阶段制度变迁及其区际差异研究》,博士学位论文,兰州大学,2006年,第27页。

[②] 《马克思恩格斯选集》(第1卷),人民出版社2012年版,第669页。

《政治经济学批判》中就论述了前资本主义生产的各种形式,对亚细亚所有制形式、古代所有制形式、日耳曼所有制形式做了详细分析。但是作为一种客观现实,制度在产生与发展中的差异构成了制度存在的多样性。制度的差异性原因根源于生产力借由社会分工决定制度(生产关系)的具体机制是不同的,这一机制具体到各个制度模式是受各种因素"合力"作用的结果。在这个意义上,马克思主义制度分析理论是一种建立在物质生产力基础上的一种"一元多线复杂性理论模型"。

## 第二节 马克思主义制度分析的科学方法与当代价值

### 一 马克思主义制度方法论

#### (一) 制度分析的整体观

马克思主义唯物史观的制度分析是一种整体观。马克思认为,制度本身具有一种天然的整体性,各种社会制度并不是孤立存在的。物质生产力的发展产生原生层次的生产关系和基本制度,在具体的生产关系中,不同集团、阶级的权力分配和利益矛盾的不同,又会派生出包括政治、法律、意识形态在内的上层建筑制度群。马克思对完整制度体系的分析是由经济基础和上层建筑两个层次构成的,二者之间具有决定与反作用关系。在经济基础的生产关系领域包含了许多相互联系的生产、消费、分配、交换(流通)等子系统,同样上层建筑内部又存在国家政权、法律、意识形态等独立系统。对人类社会制度的研究既要分析和把握整个社会经济基础生产力及与之相适应的生产关系,也要研究耸立其上的政治、道德和法律等上层建筑制度规则,这种全面的把握才能对社会制度的生成发展做出合理的说明。马克思主义制度分析首先通过确立制度的历史前提和起点,在人类系统与自然系统的关系中,认识经济社会的整体性质。社会个体的行为和动机归根到底是受这种整体性影响和制约的。这种整体性的认识逻辑更有利于我们深入认识和分析制度问题的全部。新制度经济学的制度范式是建立在新古典经济学的个人主义方法论基础上的，其制度分析实质是人的行为分析、利益矛盾分析，因为缺失了整体性的制度范式往往很难深入地认识制度的性质和起源等问题。在这方面，马克思主义的制度范式是优于新制度主义的制度分析的。

马克思主义的制度整体主义方法一般可以概括为唯物主义历史观和唯物主义辩证法。这种方法将制度本身看作一种整体性存在，一种有机联系的整体系统。马克思主义制度分析的整体主义方法，并没有陷入以往制度整体主义的桎梏之中，即把个人与社会的关系简单地归结为纯粹的个体与整体谁决定谁的问题，忽视个体在历史活动中的主动性作用。相反，马克思制度分析的整体主义从根本上克服了这种社会整体分析法的机械论倾向，完成了在哲学方法论上的超越。一些西方学者批评马克思主义的方法论只强调阶级、国家等集体概念，而忽视了人的价值、人的主动性，这是对马克思主义的一种极大误解。马克思主义的制度分析是一种社会实践基础上的整体主义方法。首先，人是制度创新的主体，马克思主义的人的本质不是"经济人"，其本质表现为"社会关系的总和"，是主观能动性和客观社会性的统一。其次，人的需要和发展贯穿于制度变迁中的红线。社会制度的发展阶段与人自身的发展阶段不是对立的，而是对应的。马克思关于人类社会发展的"三形态"理论就集中体现了这一思想。最后，与西方制度主义简单将经济绩效作为评判制度的标准不同，马克思主义对制度优劣的评判，是以是否有利于人的全面自由发展为标准的。马克思主义制度分析的这种能动实践基础上的整体主义方法论是科学而有效的，是制度研究的基本方法支撑。

### （二）制度分析的本质观

马克思主义制度分析是一种深入制度系统内核的本质性研究，是从实践社会性的社会关系来把握制度的，这种对制度本质层面的把握有多层次的体现：

首先，注重分析制度发生发展的深层根源。如对资本主义制度的研究，马克思不着重研究资本主义如何配置资源能产生效益最大化问题，也不重点研究这一制度如何能巩固地发展，而是试图通过揭示这一制度内在的经济生产关系与社会生产力的矛盾关系来把握其发展趋势。其次，分析制度演化的阶级因素。对社会具体制度本质的分析关键在于把握其阶级属性，因为在马克思看来，个体的人的行为归根到底是受其生产资料的占有情况而决定的。使用阶级分析法是马克思制度分析框架进行本质分析的基本方式，也是其制度分析的显著特色。马克思主义认为，制度体系尤其是派生层次的上层建筑是占据统治地位的阶级实践的产物，体现统治阶级的意愿，最终目的是为实现统治阶级的利益，是统治阶级的集体行为取向的固定化和系统化。因而，也有学者将马克思的本质分析法直接归结为阶级分析法。最后，从利益的角度把握制度。唯物史观认为，制度是表征社会关系的存在方式，而利益关系是最基本的社会关系，因而制度的核心是利益，"各种社会制度的实质是利益制度，是为了一定人和一定群体的利益而建立起来的，或者说制度是以利益为基础的权利确认"[1]。

### （三）制度分析的历史观

社会制度的变迁是历史长期积累发生发展的过程。唯物主义作为一种全新的历史观，确立了从历史的、动态的、发展的视角看制度的科学框架。马克思提出"我们仅仅知道一门唯一的科学，即历史科学"[2]的观点，集中体现了他的这种看法。这种历史主义的制度分析理论，立足于社会实践的动态发展来考察制度的生成与变迁，更擅长于分析宏观的制度演化，弄清楚其变迁动力与趋势。对人类家庭制度、经济所有制、国家制度、法律制度等的研究都集中体现了马克思主义经典作家的这种历史观。这种历史分析法体现在马克思和恩格斯的许多经典著作中，如《资本论》中对商品、货币的分析；恩格斯在《家庭、私有制和国家的起源》中对家庭制度、氏族制度、国家制度的分析，都是典型的历史分析方法。对此，诺思给予了高度评价，诺思的制度理论吸收了大量历史唯物主义的方法论，将西方制度分析推进到一个新的高度。马克思主义制度分析的出发点是从人类社会实践的高度来把握社会制度的演变，在历史唯物主义根本方法论的基础上，马克思主义构建了自己完整的制度理论。同时，马克思主义的历史分析法，是以宏观的长期的社会形态

---

[1] 崔希福：《唯物史观的制度理论的当代价值》，《学术交流》2011 年第 1 期。
[2] 《马克思恩格斯选集》（第 1 卷），人民出版社 2012 年版，第 146 页。

更替为背景的,侧重的是对社会基本制度的动态分析,属于大的制度变革。

**(四) 制度分析的伦理观**

马克思主义制度理论具有浓厚的伦理本位取向。马克思、恩格斯所创立的马克思主义哲学、政治经济学和科学社会主义的理论中处处闪现着制度伦理的光辉。正是基于对制度的伦理性价值的诉求,马克思、恩格斯对于传统的专制制度和资本主义制度进行了深刻的批判。马克思、恩格斯客观地指出,资产阶级在历史上曾经起过非常革命的作用,"它第一个证明了,人的活动能够取得什么样的成就"[1],它"把一切民族甚至最野蛮的民族都卷到文明中来了"[2]。但同时,马克思、恩格斯深刻地看到,以私有制为基础的资本主义制度在本质上仍然是一种非道德的制度。在他们看来,能为实现每个人的自由全面发展提供支撑的制度安排才是道德的、合理的、有生命力的制度。马克思、恩格斯以人类社会发展的"三形态"理论为基础,展开诠释了自己的制度伦理思想。在《共产党宣言》中,马克思、恩格斯关于"两个必然"的论断是在历史进步的客观规律和人类自我解放的价值规律二位一体的基础上做出的事实判断。唯物史观的制度观是将促进社会发展与全体社会成员的全面发展统一起来做判断的。新制度主义对制度的分析所坚持的生产力效率标准与马克思主义制度分析相似,但是新制度主义忽视了对制度正义性及公平性问题的研究。

## 二 马克思主义制度理论的当代价值

**(一) 对制度变迁客观动因的科学揭示**

"制度分析实质上是人的行为分析、利益矛盾分析、人与人关系分析的总称。"[3] 制度生成和变迁的深层动因在于三点:一是制度根本上反映

---

[1] 《马克思恩格斯选集》(第1卷),人民出版社2012年版,第403页。
[2] 同上书,第404页。
[3] 卢现祥:《寻找一种好制度——卢现祥制度分析文集》,北京大学出版社2012年版,第139页。

的是不同时期人的社会实践行为，人们行为的规则化、稳态化形成制度。马克思主义理论对社会的研究也是首先从对人的行为，特别是改造自然界的生产实践行为开始的，在这一点上，唯物主义是一种实践主义。二是社会实践的实质是人与人的关系，所以制度的实质是人与人的关系。人类改造自然的能力水平决定了人与人之间关系的实质。三是社会人群关系的核心是利益关系，因而制度的核心也是利益。由对社会生产实践行为的研究，上升到对社会人群关系的研究，始终将经济利益关系作为分析主轴，这恰恰正是马克思主义研究人类社会制度的理论指向。因此我们有理由说，相对于其他制度理论，唯物史观的制度理论更为深刻。

**（二）当代中国改革实践的理论基础**

中国改革开放很大程度上是制度的变迁与创新的过程，其实践进程，特别是中国特色社会主义制度的形成，都是唯物史观制度理论对制度变迁的有效解释力的印证。

首先，马克思关于制度变迁的思想，揭示了制度构成性质和水平要与生产力诸要素的性质与水平相适应的原理。这一原理成为当代中国共产党人进行制度创新、推动中国特色社会主义制度自我完善和发展的根本指导原则。新时期中国对具体制度的改革很大程度上是通过变革不适合生产力发展的传统计划经济体制、充分调动劳动者的积极性来实现的，邓小平将其概括为"解放生产力"。一个制度系统始终要保持与生产力发展相一致的标准是最基本的原则。其次，唯物史观立足于利益的制度分析方法为中国创新社会主义框架中的有效利益激励制度提供了指导。作为一个后发现代化国家，近现代中国的社会制度变迁需要两个因素支撑：一是有序性；二是良好的利益激励性。社会主义制度在长期实践中运用高度集中的计划经济体制，没能构建起更适应社会发展需要的利益激励机制，实践证明市场经济是集秩序性与活力性于一体较好的经济规范形式。改革开放30多年来，中国将社会主义与市场经济日趋结合进行了全新的经济体制格局创新，根本上改变了中国现代化建设的外部制度环境和内在运行机制。初步形成了一个有效的社会激励制度结构，较好地解决了后发国家社会发展的秩序和动力衔接互动问题。最后，唯物史观的制度伦理思想为中国特色社会主义制度创新提供了价值维度和方向指导。在中国特色社会主义制度建设中，应坚持生产力标准和伦理标准相统一的基本尺度，应该体现社会主义的固有内涵、秉承的基本理念和核心价值。社会主义不能仅仅停留在一般的人道诉求上，也不能仅仅具有发展生产力的优势，社会主义制度体系应该体现社会经济发展、道德要求与历史发展的统一。在当前，完善和发展中国特色社会主义制度应处理好制度架构适应生产力要求与促进个人的自由全面发展之间的关系，处理好经济发展与人的发展等诸多关系。

### （三）中国特色社会主义制度的基本范式

深化中国特色社会主义制度相关理论问题的研究，需要找准理论研究的方法论视角与范式。在关于中国社会主义框架中的制度问题的各种研究中，存在着一种将西方新制度主义作为主导的倾向，这是值得我们注意并深入思考的问题。我们认为，应该将中国社会主义框架中的制度化建设问题纳入马克思主义中国化的理论范式之中来深入研究。作为制度研究范式的"马克思主义中国化"或简称为"马克思主义的制度化"，一方面指马克思主义制度理论和制度方法的中国化，科学社会主义现代性制度理论的形成与发展；另一方面指的是在马克思主义基本原理的指导下，中国在社会主义制度形态方向中国家新型制度体系的建设成果的理论化。不可否认，西方制度主义对制度问题的研究大大拓宽了我们对于中国特色社会主义制度问题的研究思路和框架视野，某些理论观点对于我们解读许多中国制度问题具有重要参考作用，但中国社会主义框架中的制度化建设问题有许多是靠西方思维解决不了的。如中国特色社会主义制度的属性问题（是社会主义还是资本主义），中国制度特色框架中市场经济与社会主义的结合问题，中国民主政治道路问题以及中国特色与普世价值问题等。对于这几个问题的深入思考和研究是深化中国化马克思主义制度建设、推进中国特色社会主义制度创新的核心性理论问题。

## 第三节 马克思主义制度理论与西方
## 制度主义的相互兼容

### 一 西方制度主义的发展轨迹及基本流派

西方理论界对于制度问题的研究由来已久。过去的三四十年间，在整个社会科学中，特别是经济学、政治学和社会学研究中，新制度主义的影响日趋扩大。在经济学的研究中，由于传统新古典经济学无法解释市场失灵等一些新问题，促使新制度主义经济学兴起，奈特、哈耶克等学者都是新制度经济学的先行者，科斯将交易成本引入经济分析，其理论贡献成为新制度经济学诞生的重要标志。诺思开拓性地使用新制度经济研究方法解释了经济制度的演变过程，并从制度经济史的视角将新制度经济学的不同研究取向统合起来。巴泽尔、张五常等人的产权理论构成了新制度经济学从交易费用到博弈均衡的重要转折点。进入新世纪之后，新制度主义经济学的分析范围几乎扩展到所有社会科学领域，制度经济学的研究方法越来越多地被政治学、社会学、法学等学科的学者关注并使用，甚至有学者开始思考"用新制度经济学统一社会科学"的可能性问题。第二次世界大战后，行为主义和理性选择成为西方政治学的主流理论，对国家、宏观模式等制度问题的研究被放弃了。这种情况在20世纪80年代之后得到了扭转，制度研究开始重新受到政治学者的关注，新制度主义政治学得以兴起并蓬勃发展，政治学新制度主义在某种程度上是对制度传统的回归，出现了一大批代表性人物。豪尔和泰勒将政治学领域的新制度主义划分成历史制度主义、理性选择制度主义和社会学制度主义三个流派，这一划分观点也成为新制度主义政治学流派的最常被人引用的划分方法。

### 二 西方制度主义的基本理论观点

西方新制度经济学和新制度主义政治学的流派众多，观点多样，对于制度的研究在三点上有基本的共识：制度很重要，制度具有连续性，制度建构了更广泛的人类行为的规律性[①]。同时与早期制度主义不同的是，新制度主义十分注重制度整体主义与个体行为主义结合的可能性。

### （一）新制度经济学的基本理论观点

新制度经济学的产生与发展吸收了大量马克思主义的理论资源，在制度问题的研究上取得了巨大成就，为新制度主义在政治学等领域的兴起提供了强大的理论支持。其对制度问题的研究最基本的观点表现为：

其一，对制度概念的扩展。诺思认为"制度是一个社会的博弈规则，更规范地说，它们是一些人为设计的、形塑人们互动关系的约束"[②]。制度构造了人们在政治、社会或经济方面发生交换的激励结构，制度变迁则决定了社会演进的方式，"是我们解释历史变迁路径的关键之所在"[③]。这一界定在一定程度上打通了制度概念的学科界限。新制度经济学也从纵向上把制度分为规范性行为准则、宪法秩序和制度安排三个层次，因此准确地讲，新制度经济学，虽然称为经济学，但其研究的视野是贯穿社会科学总体的，这也正是诺思等学者最大的理论贡献之一。规范性行为准则从文化层面约束人们的行为；宪法秩序是制定社会各个领域相应行为规则的根据。在新制度经济学的制度定义中，道德、意识形态等都被纳入制度的内涵之中，扩展了制度的含义。其二，对制度变迁机理的研究。制度变迁理论是新制度经济学中的重要组成部分。产权理论、国家理论和意识形态理论是诺思制度变迁理论的三块基石。诺思在考察西方世界的经济发展史后得出结论，经济增长的历史和产权关系——作为组织人类关系、经济关系和社会关系的一门技术——演变的历史是分不开的，产权的变革是不同社会制度格局变革的深层次原因，也是产业革命以及作为其重要标志的技术革命的真正原因，一个有效率的产权结构能为社会提供良好的激励机制，因而如何界定和行使产权对一个制度体

---

[①] Peter Hall & Rosemary C. R. Talor, "Political Science and Three New Institutionalism", *Political Studies*, 1996 (XLIV).

[②] [美] 道格拉斯·C. 诺思：《制度、制度变迁与经济绩效》，杭行译，上海三联书店2008年版，第3页。

[③] 同上书，第7页。

系至关重要。诺思认为，对产权的合理界定需要外在的权威力量，这就是国家。但国家因素对制度变迁的作用是双向的，由此诺思提出了制度变迁中的"国家悖论"理论，在学界产生了很大影响。诺思提出，制度变迁具有路径依赖性，也就是一个制度体系的最初选择会影响制度变迁的整个过程，具有自我强化机制，国家政府既可以在形成有效率的制度、促使其形成良性路径依赖中发挥积极促进作用，但又可能在制度形成恶性路径依赖中发挥主导作用。国家因素和意识形态因素对形成何种"路径依赖"至关重要。新制度经济学对制度变迁问题的研究，为我们研究制度演化问题提供了一个非常有用的分析框架。同时，新制度经济学认为制度变迁的模式主要有两种：诱致性制度变迁和强制性制度变迁。对制度变迁模式的两分法与马克思唯物史观的制度发展质量互变的分析有相通的地方，也被后来许多学者拿来分析发展中国家的现代化制度建设问题。

**（二）新制度政治学的基本理论主张**

新制度主义在政治学和社会学领域的勃兴，始于 20 世纪 80 年代，可以看作是对行为主义政治学的一种理论反动。

其一，对制度概念的多元解读。新制度政治学对制度问题的研究视角多元，在他们那里，制度的内容非常广泛。彼得·霍尔把宏观层面的正式规则、法律服从的程序以及规范政治体和经济人关系的操作程序等看作制度。理性选择制度主义更趋向于把制度定义为一种决策规则，奥斯特罗姆（Ostrom）将制度界定为个人行动如何转换为集体决策等过程中所使用的规则，这一界定更倾向于将制度定位为制度化的程序机制。而布坎南和塔洛克将宪法和宪法规则看作制度。与上述观点相比较，社会学制度主义认为组织中的认知性框架影响个体行为，这种认知性框架是制度的精髓所在。如斯科特认为"制度包含了可认知的、规范性的或规制性的结构或活动"[①]。马奇对制度概念的界定更加详细，除正式的组织如议会、官僚系统外，将规范、仪式、庆典、生活惯例等都看作制度。

---

① W. R. Scott, "The Adolescence of Institutional Theory", *Administrative Science Quarterly* 32, pp. 493 – 511.

在新制度政治学的分析中,关于制度的定义可以分为三类,即规范性界定,将制度界定为规则,特别是制度化的深层机制;结构性界定,将制度定义为规则形成的文化、观念与行为的联结机制;组织性界定,将制度定义为组织框架。不同的研究派别强调的重点有所不同。

其二,关于制度来源的分析。历史制度主义一般认为制度生成于"观念转化",当一种观念意识被社会中大多数人都接受和自觉实践时,这一意识观念也就制度化了。[①] 理性选择制度主义认为制度来源于个体的理性与偏好的转移,人们从理性计算中内化出规则、组织、契约等制度形式,以保证集体选择或公共政策得以实施。哈耶克将这种出现的方式称之为"自生自发秩序"。社会学制度主义更多地趋向于从社会有机体自身中寻找制度的来源。他们认为,制度来源于人们社会生活中存在的"适宜性逻辑"(a logic of appropriateness),受这种适宜性逻辑支配的人们之间的互动会很自然地形成制度结构。

其三,关于制度的内生与外设。历史制度主义吸收新达尔文主义的基本概念,认为制度的变迁是环境压力下的一种进化,制度的变化与其说是来自理性设计,不如说是一种适应环境挑战的渐进式的变迁,是对原有制度框架的一种创新。理性选择制度主义更倾向于从利益人的理性计算、偏好转移等角度来研究制度的问题。他们认为,制度的变迁往往是因为原来制度本身的失效,不遵守规则的社会个体逐步达到制度失效的"关键节点",然后导致原来的制度完全失败。这在根本上是因为存在制度供给不能满足制度需求的矛盾。如何理性设计具体有效的制度,如何构建规范的委托代理结构,如何规范产权关系结构等都是他们所关心的问题,关于这些问题的研究也是理性选择制度主义制度设计的典范。在制度变化的建构性与自发性的研究上,社会学制度主义的观点持中一些。社会学制度主义认为制度的变化是社会个体在对某种共性观念的认知不断加深的条件下,结合外在环境的变化综合起作用的。这一过程不仅仅像历史制度主义认为的那样是对环境变化的被动性反应,而是主体主动学习与适应的过程。社会学制度主义不太赞同制度来自有目标的、

---

[①] [美] B. 盖伊·彼得斯:《政治科学中的制度理论:"新制度主义"》,王向民等译,上海人民出版社 2011 年版,第 69 页。

理性设计的观点。如马奇认为制度的变化是通过改变制度中的偏好及偏好适应而产生的,"制度变化,任何有意识地把制度转变为一种武断的形式都会导致很多问题,成功者几乎在西方民主体制中没有听说过"[1]。

其四,如何评价制度好与坏。对于制度的效果评价也是新制度主义政治学所关心的问题。理性选择制度主义认为制度是设计出来克服市场的缺陷或者产生集体决策结果的政治体制,好的制度应该能高效完成这一任务,并能维持其权威性规范。奥斯特罗姆认为,好的制度能使个体理性与集体理性得以协调,在二者冲突时,好的制度应具有能够控制个体理性最大化倾向的机制。社会学制度主义在对制度绩效进行评价时更看重制度的包容性以及制度适应环境的能力,制度框架的容量大、适应性强是好制度的重要标准。同时,能将主导价值灌输给群体成员、有效引导和控制成员行为、很好地适应环境等也是好制度不可缺少的。历史学制度主义不大愿意评价这些制度或政策的本质,他们更倾向于解释制度和政策存在的坚韧性,更看重制度能否把观念转换为行动。

## 三 西方制度主义与马克思主义制度理论的兼容性

### (一) 与马克思主义制度理论具有互补性

基于历史唯物主义立场的马克思主义制度理论科学地解释了人类社会制度变迁的规律及基本趋势,是一种历史的、整体的、现实的制度变迁观。西方新制度主义经济学和政治学在研究和解释社会具体制度的选择和变迁规律问题上具有独到之处,在某种意义上和马克思主义制度分析理论具有理论互补性。

首先,对制度研究侧重点的不同形成的互补性。

马克思主义是从内容层面来定义和考察制度的,将制度研究定性为人与人之间所结成的社会关系。新制度主义无论是新制度经济学和还是新制度政治学都是从形式的角度来考察和定义制度的,他们更倾向于将制度定义为制约人们行为的一套规则。如对制度内容层次的划分,马

---

[1] James March & Johan P. Olsen, *Rediscovering Institutions: The Organizational Basis of Politics*, The Free Press, 1989, pp. 56 – 57.

思主义一般是根据社会基本经济制度的性质，划分为不同的制度形态。同时马克思主义也往往根据社会的不同领域将制度体系划分为经济制度、政治制度、文化制度等。西方新制度主义者更多地从制度功能角度来划分制度体系的层次。如威廉姆森将制度体系分为制度文化基础、基本制度环境、治理机制和短期资源分配制度四个层次。诺思对制度环境和制度安排的划分也是如此。再如马克思主义制度分析更关注决定社会基本性质、对社会发展起决定作用的社会基本制度，对经济社会运行中、微观层次制度运行和演变的规则问题关注不太够。而西方新制度主义更关注在一个宏观基本制度结构确定的社会中，对经济社会直接起作用的微观运行层面制度问题，提出了许多有价值的观点。马克思主义制度范式在宏观、历史、动态以及制度性质等分析上是最具说服力的，而新制度主义在微观、个体、具体制度运行等方面的研究上则取得了不少成果。对制度研究的侧重不同，使得制度分析的这两种范式具有某种程度的互补性。

其次，制度研究方法上具有互通性。

西方新制度主义超越传统制度主义的地方主要表现在研究方法上，摒弃了古典经济学、行为主义政治学研究中静态的、非历史的、完全个体性的研究方法，这在很大程度上受到马克思主义研究方法论的影响。其一，两者都将制度因素看作经济社会发展中的内生变量，而不是独立于社会经济发展之外的。如诺思批评古典经济学错误地将制度看作是经济发展的外生变量，强调制度安排对经济绩效的直接影响，其许多观点显然受到马克思主义方法论的影响。其二，注重历史的分析方法。历史分析法是马克思主义最典型的方法论表现，西方新制度主义从诺思开始也日益重视对制度的历史分析，这种思路在历史制度主义学者那里得到了继承和发扬。西方制度理论在对制度变迁问题的研究中大量运用历史实证的分析方法，提出了许多重要理论观点，如诺思的路径依赖理论就是其典型。其三，注重现实分析方法。马克思主义制度分析认为人的理性活动都是在一定的社会历史结构中的活动，强调研究社会人群的社会交往关系。新制度主义经济学和政治学在一定程度上也反对古典经济学和行为政治学单纯从理性人、经济人的简单假设去研究制度问题，尽管这种超越最终并没有完全跳出西方学术传统的这种不足，但也取得了一定成效。如诺思理论对制度变迁中产权、意识形态和国家关系互动的理论分析框架，已经使新制度主义研究带有了一些整体主义、现实主义分析的因素。

正因为在研究侧重点上的不同和研究方法上的互通，所以西方新制度主义理论研究中形成和提出的许多制度分析的理论观点是可以被马克思主义制度分析所吸纳的。如吸纳路径依赖理论研究社会具体制度变迁的影响因素问题，如吸收利益集团理论、寻租理论研究转型社会的制度不足问题，再如吸收国家能力理论研究发展中国家国家制度能力建设问题等。当然这种吸收是在马克思主义制度分析的体系框架中的扬弃性吸收，把马克思主义制度分析体系与中国的制度转型过程相结合，这本身就是马克思主义中国化的一个重要内容。

**（二）对中国特色社会主义制度研究具有理论参考性**

首先，可以开拓社会主义框架下制度建设问题的研究视野。

制度分析一直是科学社会主义研究的主导性方向，但由于受旧制度主义思维方式的影响，科学社会主义领域对制度问题的研究在很大程度上运用的是结构—功能的思维框架，制度往往被视为一个先在的、客观的约束性规范机制。制度设计所追求的是使个体行为严格遵守客观性制度规范，从而达到一种稳定的治理秩序或状态。这种研究在实践中虽然取得了一定的积极成果，但往往与现实政治社会实践脱节甚大，往往空洞甚至失效。马克思主义制度分析在宏观立场和价值上是超越旧制度主义传统的，因此是科学社会主义领域深化制度问题研究的主导范式。同时，西方新制度主义经济学和政治学则力求在制度生成、演化、运行等相对具体层面的研究上超越旧制度主义，而且也取得了许多积极成果。传统旧制度主义结构—功能的分析思路过分强调外在制度的制约性，而忽视了制度中的主体行动者，忽视结构性制度与具有能动自主性的行动者之间的辩证互动关系。新制度主义吸收了行为主义政治学的合理之处，努力建构以行动者为中心的制度分析理论。其相关理论对制度与行动、结构与功能的高度关注以及所得出的一系列理论成果，在一定程度上能为转型国家国家制度建设的探寻、走出制度失效的沼泽地提供行进路标与指南。西方新制度主义研究制度问题的视角极为广阔，"历史制度主从更宽广的大历史视角来解释制度的形成和变迁，有利于加强对制度体系的了解和政治目标的实现。理性选择制度主义采取的研究视角定在对个人政治偏好和制度多维特征造成的与现实不符的结果的因素分析上，社会学制度主义将视角放在超越文化以外的和超越制度以外的因素对制度的影响的因素分析上"[1]。其拓宽了对制度问题的研究对象和研究领域，值得认真研究。

其次，有助于推进中国特色社会主义制度体系研究。

从20世纪90年代新制度主义传入中国时起，国内不少学者就开始尝试运用其基本观点和方法来分析研究中国制度问题。寻租理论、利益集团理论、路径依赖理论在分析中国权力腐败、改革理论等问题上都获得很大范围的应用。这些研究成果为深入系统地研究中国特色社会主义制度体系问题奠定了基础。但这些分散性研究存在很大的不足，研究的对象往往定位于中国制度转型的某单一因素，结论之间往往彼此矛盾。同时，这种研究以经济学和政治学为主但存在两个学科领域割裂化的倾向，实际上对转型期中国特色社会主义制度体系的系统研究离不开制度研究的政治经济关联性视角。新制度主义的理性选择学派的研究在这种统合性分析上取得了很大成绩，对我们开展相关研究意义重大。中国特色社会主义制度和制度体系的理论提出不久，对其理论基础、历史演变经验规律、结构层次间运行关系等问题的整体研究不可缺失。在进行这些研究时，西方新制度主义提出的许多理论观点都有应用价值，如诺思制度变迁研究的产权、意识形态与国家的关联互动的理论，在分析政党的理论创新与制度演化的关系、中国特色社会主义制度的理论基础等问题时不可缺失。新制度主义关于制度的强制性变迁与诱致性变迁的研究，有助于对中国特色社会主义制度体系的生成规律进行分析。新制度主义对正式制度与非正式制度关系的研究，对制度与行动者互动关系的研究，有助于我们深入分析中国特色社会主义制度体系的运行层次及制度失效等问题。

当然，在进行这种引进和借鉴时始终需要注意，当前我国经济社会转型中的制度性问题是不能简单套用西方新制度主义理论来解释的。一

---

[1] 刘燕：《论新制度主义的研究方法》，《理论探讨》2006年第3期。

是因为立足的国情条件毕竟不同，中国社会转型中的许多问题都是独有的；二是因为新制度主义本身的缺陷所致。比如其理性人假设的观点无法充分解释中国新时期制度变迁的主要原因。另外，像"国家悖论"观点也往往与中国政府在制度变迁中的主控性作用不相符合。这些不能简单套用的观点还有许多，就不一一列举了。另外，作为西方政治、经济学中的重要理论派别，新制度主义不同学者之间的观点本身彼此孤立，没能形成整合型学术话语，这也极大地影响了它作为方法的使用。在中国特色社会主义制度体系相关问题的研究中，马克思的制度分析及其制度变迁理论是我们基本的研究框架，对中国特色社会主义制度的基本经济制度问题、国家理论问题、制度的公正性问题等，我们必须回到马克思主义的制度框架中才能找到正确答案。把马克思主义制度分析与中国的转型过程结合起来，既是用马克思主义的制度方法研究中国制度转型的问题，也是用马克思主义制度理论来指导中国特色社会主义制度建设的过程。同时，要充分吸收西方新制度主义学派的合理性观点与方法，形成对中国特色社会主义制度体系问题较为全面、系统而又符合实际的理论解读。

# 第三章

# 中国特色社会主义制度创新的理论基础

任何制度系统都有其制度理念和理论基础的指导,这一点集中反映了制度的建构性特点。中国特色社会主义制度创新的理论基础是支撑这一制度化过程的指导思想、理论依据及推动其不断发展的内在思想动因。中国共产党成立以来,在不断推进马克思主义中国化制度创新与建构的历程中,始终坚持解放思想、实事求是、与时俱进,形成了毛泽东思想和中国特色社会主义理论体系关于社会主义制度的一系列思想理论,直接指导着中国社会主义制度建设的进程,不断塑造着制度化的思想文化环境。从马克思主义中国化的视角研究中国特色社会主义制度形成和发展的理论指导与思想基础,对于深刻理解中国特色社会主义制度形成发展的理念原则和思想动因,正确把握中国特色社会主义制度体系的发展方向,具有十分重要的理论意义和实践价值。那种将中国传统儒学思想或西方许多文化理念作为中国社会主义制度建设指导思想的观点是偏颇的,制度理论基础与理论指导是根本不同于一般性思想资源的。

## 第一节 中国特色社会主义制度创新理论基础的宏观解读

### 一 科学社会主义的基本理念是中国社会主义制度建构的理论原则

马克思主义经典作家揭示了人类社会发展的内在规律和趋势,创建了科学社会主义的理论学说。以列宁为代表的布尔什维克党人在新的实践中继承和发展马克思的科学社会主义理论，建立了人类历史上第一个社会主义制度国家，使社会主义从理论成为实践，极大地丰富和发展了马克思主义。科学社会主义的理论学说在与各国实践的不断结合中向前发展，逐步形成了为世界社会主义各国公认的科学社会主义的基本原则。社会主义基本原则丰富的内容，是社会主义本质在社会主义社会各个领域的集中体现。其中，生产力的解放和发展，生产资料的社会化占有，共同富裕和人的自由全面发展，无产阶级专政和共产党的领导，马克思主义的指导地位等，是社会主义基本原则的主要方面。我国社会主义制度的建立，超出了马克思的设想，它不是在资本主义高度发展的基础上建立的，而是在经济文化十分落后的社会条件下建成的。因此，中国的社会主义建设就必须从本国国情出发，既坚持马克思主义关于社会主义的一般原则，又要凸显中国特色，实现共性和个性的有机结合，独立自主地建设适合中国国情的社会主义道路，形成独具特色的社会主义制度。

### （一）中国社会主义制度坚持了科学社会主义关于上层建筑的基本原则

科学社会主义与空想社会主义的根本区别在于，它不仅将代替资本主义社会的未来社会作为一种价值理念来对待，而且是作为一种科学的制度体系来对待。从制度层面来讲，有剥夺剥夺者的经济制度规则，而保证这一规则实行的上层建筑中的无产阶级专政、马克思主义的思想指导、人民民主的原则都是不可缺失的。邓小平将社会主义在上层建筑领域中的这些原则要求简明概括为"四项基本原则"。四项基本原则，并不只是中国的特殊条件的产物，它表明了科学社会主义的共性。抛弃了四项基本原则，也就不成其为社会主义国家。这四项基本原则是一个整体，公有制的建立和维护会受到资产阶级的抵制和反抗，这就需要无产阶级政党的政权保障，在公有制的基础和政权的保障下，才能实行按劳分配和共同富裕，而这些都是无产阶级的世界观的表现，也都需要在无产阶级世界观——马克思主义的引领下才能做到。邓小平在提炼这四项原则时就指出，这些原则并不是什么新东西，而是中国共产党长期以来始终坚持、须臾不可偏离的基本原则。四项基本原则是中国特色社会主义制度体系的核心和灵魂，是社会主义制度理念的集中展现。

**（二）中国特色社会主义制度是生产社会化发展所要求的制度，是能促进生产力进一步解放和发展的制度**

社会生产力的发展，科学技术的进步，都要在一定的制度框架中进行，不同的制度框架为社会生产力的发展和提高所提供的促进作用是不同的。与特定时代生产力水平和生产关系要求相适应是制度安排的基本原则。资本主义制度的资本私有制至上的制度安排在带来生产力解放和发展作用的同时，伴随着自身进一步的发展也越来越陷入成为生产力社会化发展的桎梏的境地，生产力的武器对准了资本主义制度本身。生产资料社会性占有的公有制原则是从根本上适应社会化生产力解放发展内在要求的，是新型社会主义制度的基本生产关系原则。生产力的观点是唯物史观的核心观点，在马克思的学说中，社会主义始终是同生产力紧密联系在一起的，生产资料公有制的建立不是主观随意的产物，而是生产社会化的客观要求，是以生产力为基础的社会基本矛盾运动的结果。中国特色社会主义基本制度是立足于生产力解放和发展的要求来安排的，公有制为主体、多种所有制经济共同发展的基本经济制度以及与这一经济制度相适应的社会主义市场经济体制、政治体制、文化体制等，符合中国国情、适应时代潮流，有利于解放和发展生产力，推动经济社会全面发展。

**（三）中国特色社会主义制度是在中国国情下为实现每个人自由全面发展保驾护航的制度**

制度的核心体现的是一种权利—义务关系，自由是"善"的制度的核心理念。制度的自由表达的是一种社会权利—义务关系的合宜性和自洽性。马克思主义深刻抨击了那种存在人身依赖关系、少部分人拥有更多权利，大多数人被剥夺了自由权利的社会制度形态。呼唤"每个人的自由发展是一切人的自由发展的条件"的"自由人联合体"的社会理想。马克思对人的自由解放的呼唤是始终建立在生产力发展的基础上的，社会主义制度作为超越资本主义形态的新制度应在保证劳动生产力高度发展的同时保证人能全面自由发展的一种制度形态。邓小平在此意义上将社会主义原则概括为：第一是发展生产，第二是共同富裕。能将生产力标准和平等的自由标准集合于一体的制度，一定是一个社会本位的制度，是一个真正人本化的制度。这一制度在经济上能保证社会大众的生产资料的平等性占有、在政治上保证平等政治权利。这一制度一定是社会主义价值取向的制度。这一制度框架有利于调动广大人民群众和社会各方面的积极性、主动性和创造性，维护和促进社会公平正义、实现共同富裕。

## 二 毛泽东探索社会主义建设规律的重要成果是中国特色社会主义制度的理论准备

新中国成立之后，以毛泽东为核心的第一代中央领导集体进一步发展了马克思主义的国家政权学说，系统提出新民主主义国家理论，这一理论是新中国政权上层建筑组建的基本指导原则。20世纪50年代，通过生产关系的改造，建立起了社会主义制度形态的基本经济格局。人民代表大会制度的创建、民族区域自治制度和多党合作制度成型，奠定了中国社会主义制度框架的总体格局。中共八大前后，毛泽东提出"以苏为鉴，走自己的路"的重要思想，系统阐述了社会主义社会基本矛盾的思想，在适合国情实际需要的制度体系问题的认识上提出了一系列具有创造性的意见，积累了正反两方面的历史经验。

### （一）"以苏为鉴，走自己的路"的思想指明了中国社会主义制度建设的基本方向

苏联的社会主义制度模式是中国社会主义框架的成型蓝本。20世纪50年代中期，毛泽东对苏联模式的弊端就有所察觉，总觉得不满意。1956年，毛泽东发表《论十大关系》的重要讲话，正式提出了"以苏为鉴，走自己的路"[①]的思想。在这一思想的指导下，中国共产党和毛泽东对经济体制、政治体制和其他方面体制进行了探索性的改革。在分析中国经济、政治实际存在的相关矛盾问题时，毛泽东分析了苏联在处理这些问题时的经验教训，阐明了解决这些问题的办法。这些都表明毛泽东

---

① 《毛泽东文集》（第7卷），人民出版社1999年版，第23页。

在突破苏联社会主义模式,探索适合中国情况的社会主义制度模式的历程中迈出了最初的步伐。借鉴和超越苏联模式,走自己的路,这为改革和完善中国社会主义制度框架提供了基本原则。邓小平在新时期推进社会主义制度创新和建设时,在很多方面吸收了毛泽东的思想精华。

**(二) 社会主义社会基本矛盾学说奠定了中国特色社会主义制度完善发展的理论根基**

唯物史观认为,生产力与生产关系、经济基础与上层建筑的矛盾运动是人类社会制度形态更替、制度模式演化的根本规律和内在动力。在这一理论前提下,马克思、恩格斯系统提出了科学社会主义的理论学说。在社会主义制度形态初步建立后,支撑社会主义上层建筑和基本制度框架不断发展的内在动力又是什么呢?对于这一问题,马克思主义经典作家,没有给予明确回答。斯大林在领导苏联社会主义建设中,对这一问题一直没有形成科学正确的认识,先是不承认社会主义中生产力与生产关系、经济基础与上层建筑间仍然存在矛盾,到晚年才吞吞吐吐地承认社会主义社会仍然存在矛盾,但对矛盾的具体把握则缺乏正确认识,将其界定为"政治与道义的不一致"。在马克思主义发展史上,毛泽东第一次系统阐述社会主义社会基本矛盾学说,认为社会主义社会的基本矛盾仍然是生产关系与生产力之间的矛盾、上层建筑与经济基础之间的矛盾,它们之间是"又相适应又相矛盾"的状况[①]。毛泽东关于社会主义社会基本矛盾思想的另一个重要创建是提出了社会主义两类矛盾观点,认为社会主义国家政治生活的主题是处理人民内部矛盾。毛泽东的社会主义社会基本矛盾学说奠定了中国特色社会主义制度完善发展的理论根基。其一,指出社会主义社会的生产关系和上层建筑的制度安排是适应生产力社会化发展要求的,是必须坚持的,但在具体制度和运行机制等方面又是很不完善的,是需要不断创新、建设和完善的;其二,指出社会主义社会制度建设的根本目的是在发展生产力的基础上不断满足人民日益增长的物质文化需要。当然客观地讲,毛泽东晚年在实践中偏离了他关于社会主义基本矛盾的正确思想,片面强调阶级斗争的作用,没有将工作

---

[①] 《毛泽东文集》(第7卷),人民出版社1999年版,第215页。

重心放在发展生产力上，脱离生产力的实际水平任意变革生产关系，这个沉痛的历史教训是需要认真汲取的。

**（三）社会主义人民民主思想对基本政治制度的完善发展具有指导价值**

以毛泽东为核心的第一代中央领导集体对社会主义人民民主和马克思主义国家学说进行了积极的探索，提出了许多重要思想，这些思想对中国特色社会主义基本政治制度的完善发展具有重要指导价值。毛泽东将人民民主专政制度定位为中国社会主义国体制度，这使得中国社会主义国家政权既符合无产阶级专政原则又体现出中国特色。在政体上，中国吸收了苏联苏维埃制度的优点，结合中国社会阶级阶层实际，创建了人民代表大会制度。在政党制度上，坚持共产党的领导地位，并在此基础上提出了共产党和各民主党派"长期共存、互相监督"的方针。对于社会主义上层建筑制度确立后，在运行中有可能出现的官僚主义和腐败现象等问题，毛泽东提出了加强执政党的建设，反对脱离群众的官僚主义和腐败现象，让人民来监督政府等许多富有创见的思想，这对于中国特色社会主义民主政治建设具有重大现实意义。

**（四）对社会主义商品生产和交换的思想探索对新时期具体经济体制的发展具有重要启迪**

毛泽东等第一代领导集体对社会主义基本经济制度和经济体制的完善发展进行了最早的改革探索，积累了大量经验。毛泽东在总结"大跃进"教训以及在杭州读苏联《政治经济学教科书》期间的谈话中，阐述了许多关于社会主义商品经济和运用价值法则的独创观点。他认为商品生产与社会的制度性质无关，关键看它和哪种制度相联系[1]。据此有研究者认为，毛泽东关于商品经济的观点，可以看作是社会主义市场经济的早期先声[2]。同时，陈云、邓子恢等在理论上对社会主义基本经济制度的

---

[1] 《毛泽东文集》（第8卷），人民出版社1999年版，第137页。
[2] 薛汉伟、王建民：《制度设计与变迁：从马克思到中国的市场取向改革》，山东大学出版社2003年版，第390页。

合理格局等进行了理论探索，陈云关于"三个主体、三个补充"的思想体现了我们党这一时期对社会主义所有制及其运行机制的正确认识，在中国特色社会主义经济制度的形成发展进程中具有重要地位。在经济管理体制上，20世纪50—60年代围绕改革经济管理体制，扩大地方和企业自主权等进行了积极的理论与实践探索，对新时期具体经济体制的发展具有重要启迪。

**（五）文化建设上的"双百"方针、"两为"方向等思想确立了中国特色文化制度的基本原则**

新中国成立后，毛泽东在新民主主义文化纲领和经验基础上系统提出"百花齐放，百家争鸣"的文化方针，这一方针很好的遵循和反映了社会文化建设的规律要求。毛泽东认为，实行"双百"方针需要有一定的政治标准和前提，除了宪法原则外，毛泽东还提出了鉴别"香花与毒草"的六条政治标准，最主要的是要坚持社会主义道路和党的领导两条。这些准则是发展社会主义新文化的基本原则。在文化建设上，毛泽东提出要批判地继承历史文化遗产，学习借鉴外国进步文化，做到"古为今用，洋为中用"。要坚持文化"为人民服务、为社会主义服务"的基本方向，并对社会主义文化建设中坚持马克思主义的指导地位，坚定社会主义和共产主义的理想信念等问题进行了深刻的分析。这些思想为新时期建设有中国特色社会主义文化体系提供了指导方针和实践典范，奠定了中国特色社会主义文化制度的基本格局，对推动社会主义文化大发展大繁荣，具有重要指导意义。

## 三 中国特色社会主义理论体系是中国特色社会主义制度创新的行动指南

十一届三中全会后，以邓小平为核心的第二代领导集体重新恢复和进一步确立了解放思想、实事求是的思想路线，全面放弃"以阶级斗争为纲"的错误路线，实现了党和国家工作重心的战略转移，在科学总结社会主义建设历史经验的基础上，明确提出建设中国特色社会主义的科学命题。改革开放30多年以来，中国共产党人经历了一系列实践探索和理论探索，坚持和发展了马克思主义的科学社会主义，极大地推进了马克思主义中国化的历史进程，取得了理论、道路、制度三位一体的创新成果。在这一进程中，理论创新、实践探索与制度建构相互影响、互相促进，形成了良性互动的格局。道路的探索和制度的创新都是在理论成果的指导下开辟和拓展的。中国特色社会主义理论体系是中国特色社会主义制度创新的行动指南。

**（一）社会主义初级阶段理论是中国特色社会主义制度体系的总的理论依据**

党的十八大报告指出，"社会主义初级阶段"理论作为中国特色社会主义理论体系的重要组成部分，是建设中国特色社会主义的"总依据"。社会主义初级阶段理论确立了我国社会主义发展的历史坐标和方位，为中国特色社会主义制度体系的形成和建设提供了根本依据。马克思主义制度理论认为，对制度本质的理解，既不能从它本身来理解，也不能从所谓人类精神的一般来理解，而要从其物质生活实际关系和社会经济基础来理解。在这个意义上，制度是一个历史范畴。把握一个制度体系的合理性与功能价值，归根到底要看其是否适应背后的特定生产力发展水平和国情实际的要求，这是制度合规律性的基本要求。

社会主义社会是一个漫长的历史过程，是可以而且应该划分阶段的，这在马克思主义发展史上也是经历了一个认识过程的。马克思在《哥达纲领批判》中认为，共产主义社会由于"不是在它自身基础上已经发展了的"，因此是应划分为"第一阶段"和"高级阶段"的。共产主义"第一阶段"由于刚刚从资本主义的"母胎"中产生出来，生产力水平还有限，因而不可避免地还会带有资本主义社会的某些弊病。等社会生产力极大增长之后，才能进入"高级阶段"[①]。列宁在领导俄国社会主义建设实际中，继承和发展了这一思想，将马克思所指出的共产主义第一阶段称为社会主义阶段。而且认为社会主义阶段是一个相当漫长的历史时期。在苏联社会主义建设时期，一直未能正确判断本国所处的历史方位和发展阶段，这对其社会主义制度的把握和建设造成了前提性的制约。

---

① 《马克思恩格斯选集》（第3卷），人民出版社2012年版，第364页。

毛泽东在 1959 年到 1960 年读苏联《政治经济学教科书》时系统思考了社会主义建设的许多相关理论问题，认为"社会主义这个阶段，又可能分为两个阶段"[①]。但在实践中，毛泽东这些正确的思考没能作用于实践，我国在社会主义建设的探索中也出现过脱离国情、超越阶段的现象，造成严重的政治和经济后果。改革开放伊始，邓小平就深刻意识到，在理论上正确认识把握中国社会主义的发展阶段问题具有突出的重要性。从 1981 年的十一届六中全会决议提出"我们的社会主义制度还是处于初级的阶段"的论断，到党的十三大明确提出并系统阐发社会主义初级阶段理论，制定党在社会主义初级阶段的基本路线，经过后来几次党的全国代表大会的进一步深化和发展，社会主义初级阶段理论已经牢固确立起来。十八大在十七大"两个没有变"的基础上提出"三个没有变"的论断，进一步深化了对中国社会主义初级阶段国情实际的认识。

社会主义初级阶段的科学理论包含着丰富内涵，主要有两方面的含义，需要从"质"和"量"两个层面来把握。从质上看，我国已经是社会主义社会，社会主义是中国社会的基本性质；从量上看，我国社会主义社会仍然处于生产力不发达、生产关系以及各项制度还不完善的初级阶段。历史的经验告诉我们，建设社会主义必须从实际出发，我国最大的实际就是处于并将长期处于社会主义初级阶段，我们制定政策必须从这一实际出发而不能逾越社会主义初级阶段。党的十三大形成的社会主义初级阶段理论，是中国特色社会主义制度的理论基石。对制度建设而言，其总依据地位表现在三个方面：一是对中国制度的特色提供了合理性说明。中国特色社会主义一些基本制度安排是适应于现阶段中国生产力解放和发展的实践要求的，在一些具体性制度的创新上，按照"三个有利于"的标准，进行操作是正确合理的做法。二是初级阶段的社会主义性质，对中国特色社会主义基本制度框架提出了基本要求，成为中国特色社会主义根本政治制度、基本政治制度和基本经济制度等制度建设所要坚持的基本原则。实践表明，中国特色社会主义制度建设，既不能走僵化封闭的老路，也不能走改旗易帜的邪路，只能走以中国特色社会主义理论体系为行动指南、以中国特色社会主义制度为根本保障的中国

---

① 《毛泽东文集》（第 8 卷），人民出版社 1999 年版，第 116 页。

特色社会主义道路。三是为中国特色社会主义制度的完善成熟给出了路线图和时间表。邓小平在"南方谈话"中曾设想过一个"三十年制度完善定型图"①，其设想是在社会主义初级阶段理论的框架下做出的推论，其着眼点在于说明中国特色社会主义制度的长期性。中国特色社会主义制度会伴随着初级阶段发展走向成熟、而上层建筑制度的完善本身是初级阶段重要的任务。从党的十五大报告提出后，对党的历史任务的部署，每一次都会有经济制度、政治制度完善的相关要求。十六大报告部署了全面建设小康社会的社会主义初级阶段的当前发展战略阶段的任务，这对于中国特色社会主义制度体系建设至2020年也是一个重要阶段。十八届三中全会《决定》指出"到二〇二〇年，在重要领域和关键环节改革上取得决定性成果，完成本决定提出的改革任务，形成系统完备、科学规范、运行有效的制度体系、使各方面制度更加成熟更加定型"②。社会主义初级阶段作为总依据，是当代中国的最大国情、最大实际，我们推进任何方面的改革和发展都要牢牢立足这个最大实际。

**（二）社会主义本质理论是中国特色社会主义制度体系的基本理论原则**

制度包含理念和规则等要素，而规定制度性质的关键在于其制度理念。关于社会主义的制度理念，马克思、恩格斯虽有所论及但并不具体，真正从制度理念深层来思考"什么是社会主义"问题的领导人可以说是邓小平。在邓小平理论的科学体系中，最能体现他的社会主义制度理念的就是社会主义本质理论。所谓社会主义本质，其实质就是社会主义基本制度的本质，是中国特色社会主义制度体系自我完善和发展的基本原则。从本质层次解读社会主义制度，才能对"什么是社会主义"做出完整而深刻的诠释。

首先，社会主义本质规定了社会主义制度形态的理念价值，是区别于其他制度形态的核心。任何一个制度形态都具有自身的核心理念，并通过合宜的规则组织形态展现出来，其中制度的核心理念最为关键。社

---

① 《邓小平文选》（第3卷），人民出版社1993年版，第372页。
② 《中共中央关于全面深化改革若干重大问题的决定》，人民出版社2013年版，第7页。

会主义本质这个词眼，集中体现的就是社会主义的制度形态应该集中体现的制度价值所在。本质，顾名思义指的是事物的根本性质和内在联系，是一个事物和其他事物相区别的根本依据，社会主义的本质就是社会主义这一制度形态有别于其他任何社会形态的根本依据。尽管在邓小平之前，马克思主义经典作家没有用过社会主义本质这个概念，但不意味着他们没有社会主义本质层面的认识。马克思、恩格斯在《共产党宣言》中提出了"每个人的自由发展是一切人自由发展的条件"①的自由人联合体思想。在他们看来，促进每个人的自由全面发展和人的解放应该是新社会形态的本质要求，但他们没有用社会主义本质的概念进行表达。本质作为制度形态内在理念价值的集中要求，必须通过外在的规则和制度规定来得到展现。马克思、恩格斯通过对人类社会生产力发展规律的考察，初步提出了在生产力大发展基础上的公有制、按劳分配、无产阶级专政等制度规则的设想，这些规则是保障和实现人的自由全面发展不可缺失的条件。在社会主义国家的建设实践中，长期存在离开本质实现前提生产力发展来单纯认识社会主义制度规则的偏失，给社会主义建设造成了严重的不良影响。邓小平用中国化的语言对社会主义本质作了简明的科学概括，使人们认识到，社会主义存在和发展的依据就是生产力的解放和发展，在生产力解放发展的基础上，社会主义应该能在生产关系和制度规则上消除人不自由的社会关系障碍，消除分化、实现共富，否则社会主义就不能存在和发展下去。邓小平从生产力和生产关系统一的角度，对社会主义本质的五句话概括构成一个整体，任何断章取义，都不能体现社会主义本质。

其次，社会主义制度是社会主义本质的属性表现和外在特征。不同制度形态的制度理念和本质不能独立表现出来，都要通过与国家政权联系的正式的，或与社会道德文化意识联系的非正式的制度、规则表现出来。在这个意义上，制度是一个社会形态的本质理念在经济、政治、文化等领域的外化表现和特征。关于社会主义形态的本质理念，无论是马克思、恩格斯所提的"人的自由全面发展"，还是邓小平立足于生产力与生产关系的二维把握，都可以简要概括为富裕与公正两大价值原则。富

---

① 《马克思恩格斯选集》（第1卷），人民出版社2012年版，第422页。

裕和公正是人类实现自由和保障自由的两大支柱,生产力水平低,社会不富裕,人们会陷入不自由;社会不公正,政治的解放和人自身的解放就谈不上。在社会主义由理论到实践的长期实践中,逐步摸索形成了能集中体现和保障社会主义富裕与公正价值原则的一些基本制度规则,包括建立全社会生产资料公有制的经济制度,建立以人民当家做主为核心的政治制度和以马克思主义为指导的社会主义意识文化制度等。这些制度原则不是独立存在的,而是具有内在有机联系的一个整体,生产资料公有制是其核心。只有坚持公有制才能从根本上解放发展生产力,因为公有制更适合现代社会化大生产的要求,完全私有化的主张不适合现代经济社会发展的基本要求。同样只有坚持公有制才能真正保障共同富裕的实现,剥削和两极分化产生的根源是生产资料私人占有,这是马克思主义的常识。邓小平在社会主义本质理论中一再强调要坚持公有制的主体地位,因为只有以公有制为主体,才会有以按劳分配为主体的分配制度,才能从根本上防止两极分化,实现共同富裕。社会主义制度形态的内在理念是一贯的,但在其制度规则的表现形式上,社会主义的不同发展阶段,其制度规则在底线稳定的前提下,是存在一个调试空间的。中国在社会主义初级阶段形成的中国特色社会主义制度体系,在基本制度层面就形成了社会主义制度理念为主体的融合了多元阶层利益要求在内的"一主多元"的制度格局,将生产力的富裕与生产关系的公正理念较好地反映在一个制度体系中。

再次,社会主义本质是推动中国特色社会主义制度体系完善发展的基本理论原则。邓小平对社会主义本质的概括和把握是动态的,将社会本主义属性的实现看作是一个不断充分展现的过程,本质论指明了中国特色社会主义制度体系完善发展的基本方向。鉴于过去单一公有制超越了生产力的发展水平,中国社会主义的制度安排没能在生产力的解放和发展上发挥出更大的作用,为了更好地解放和发展生产力,我们逐步探索形成了中国特色社会主义的基本经济制度。在坚持公有制为主体的前提下,大力发展各种非公经济,并本着"三个有利于"的标准大力改革和完善各项经济、政治、文化具体体制。中国特色社会主义制度体系支撑生产力解放发展的作用极大彰显出来。当前,在进一步完善我国制度体系的进程中,社会主义的公正价值也应得到充分的体现。在市场经济体制的完善中要更好地解决社会收入的合理公正分配问题,形成更有利于共同富裕的经济制度格局。在政治制度的完善上要进一步满足社会大众政治参与的新要求,在文化制度和社会管理制度上,要更好地体现社会主义共建共享原则。

**(三) 改革开放理论是中国特色社会主义制度体系演化发展的理论指导**

邓小平在领导中国改革开放伟大事业的过程中,形成了一套比较系统的关于改革开放的理论思想。邓小平的改革开放理论是中国特色社会主义理论体系的一个重要组成部分。从制度主义的视角看,改革开放的实质是体制转轨和具体制度的重构与创新,改革开放理论也就是中国特色社会主义的制度变迁理论。

首先,从基本矛盾论到改革开放论,奠定了中国特色社会主义制度演化的哲学理论基础。

20世纪50年代,毛泽东关于社会主义社会基本矛盾的思想奠定了新时期邓小平改革开放理论的哲学基础,从社会主义社会基本矛盾理论到社会主义改革开放理论,理论的不断发展为中国特色社会主义制度的演化发展提供了坚实的理论根基。毛泽东对社会主义社会基本矛盾的理论认识明确界定了社会主义社会基本矛盾的表现,科学概括了社会主义社会基本矛盾的性质和特点,初步提出了解决社会主义社会基本矛盾的原则和方法,为后来的改革开放提供了理论依据。但由于主客观条件的限制,毛泽东对社会主义社会基本矛盾的理论认识是最一般层面的概括,有些基本方面还没有展开。这一理论在一段时间里没能发挥出它应有的指导作用。十一届三中全会后,邓小平在毛泽东创立的社会主义社会基本矛盾理论的基础上,结合新的实践进一步完善发展了这一理论,并形成了系统的中国特色社会主义改革开放理论。邓小平深刻认识到社会主义社会依然有一个通过具体制度的改革完善来解放生产力的问题。毛泽东对社会主义基本矛盾在生产力与生产关系上的把握,是认为没有进行社会主义改造的私有制生产关系的存在影响了社会主义社会生产力的解放和发展,"在工商业的公私合营企业中,资本家还拿定息,也就是还有剥削;就所有制这点来说,这类企业还不是完全的社会主义性质的。农业生产合作社和手工业生产合作社有一部分也还是半社会主义性质的"①。毛泽东的这一把握事实上脱离了生产力发展的实际水平,为后来的超越阶段,简单从生产关系角度理解社会主义埋下了伏笔。邓小平改革开放理论对基本矛盾的把握不是从生产关系和上层建筑出发,而是立足于现实生产力状况,这是符合唯物史观的基本要求的。邓小平明确指出,社会主义基本制度框架是具有巨大优越性的,但高度僵化的各项具体制度与生产力的发展存在矛盾,解决矛盾的基本途径是改革各种不适应生产力发展要求的旧体制,使生产力获得进一步的解放和发展。邓小平的这一认识确立了解决社会主义社会基本矛盾的出发点。

其次,改革开放理论对中国特色社会主义制度变迁的系统理论构想。

其一,中国特色社会主义制度变迁的基本前提是坚持社会主义基本制度。社会主义基本制度指的是制度系统的原制度层,包括经济、政治领域的根本制度和基本制度。对于社会主义的根本和基本制度邓小平主要将其概括为社会主义道路、人民民主专政的政权、无产阶级政党的领导制度和马克思主义的指导,称为"四项基本原则",认为这是中国社会主义制度形态的根本,是立国之本。坚持社会主义基本制度规则与坚持社会主义的制度理念是一体的,邓小平用社会主义的本质来概括社会主义的内在制度理念,并强调"一个公有制为主体,一个共同富裕,这是我们所必须坚持的社会主义的根本原则"②。从制度与本质理念相统一的角度坚持社会主义是邓小平制度改革观的一贯思想,那种认为邓小平只强调本质,不重视制度原则的看法是别有用心的。社会主义或者说中国特色社会主义既是一种价值存在,更是一种制度存在。其二,中国特色社会主义制度变迁的目的是完善社会主义制度。邓小平的改革观认为,现实中社会主义制度形态在具体制度和运行机制层面存在许多不完善的地方,如经济体制僵化封闭,在政治体制方面,党和国家的领导制度和组织制度等极不完善,具体制度层面的这些问题严重影响了社会主义基本制度优越性的发挥,已经到了非改不可的地步。不改革这些阻碍生产力发展的僵化体制,社会主义制度就很难坚持住。其三,中国特色社会

---

① 《毛泽东文集》(第7卷),人民出版社1999年版,第214—215页。
② 《邓小平文选》(第3卷),人民出版社1993年版,第111页。

主义制度变迁是全面的、深刻的。在邓小平看来，中国社会主义改革要从多方面改变中国的社会生产关系，包括上层建筑。"改变工农业企业的管理方式和国家对工农业企业的管理方式"①，不是枝梢末节的小修小补，而是一场全面的、深刻的革命性变革。是一场根本改变我国面貌的"伟大革命"。② 其四，中国特色社会主义制度变迁的具体衡量标准是明确的。中国特色社会主义的制度变迁的主要对象是经济、政治、文化、社会领域中的各项具体制度，衡量这些制度变迁得失成败的基本标准应该是实践，是生产力发展的实践。邓小平将唯物史观中的实践标准具体化为三条，即"三个有利于"③的相对具体的操作标准。这是对解决社会主义社会基本矛盾的实际效果标准的新思考。其五，中国特色社会主义制度变迁的基本形式是渐进式变迁。虽然邓小平从来没有用过"渐进"等概念来描述中国改革的形式，但其理论方法指导下的中国制度变迁呈现典型的渐进式变迁格局，在基本制度框架稳定的前提下，全面改革具体制度和机制，在方法上的大胆试验，摸石头过河，在领导力量上政党对秩序的把控等，都具有鲜明的渐进式制度变迁特色。

**（四）"三个代表"重要思想拓展了中国特色社会主义制度化建设的理论视野**

其一，"三个代表"重要思想从制度伦理学角度提升了对社会主义制度建设问题的认识。

代表先进生产力的发展要求是社会主义制度伦理的基本表现。马克思主义经典作家所创立的科学社会主义之所以更为科学，就在于他们的思想摒弃了同时代那些思想家们惯用的空洞的"人性""善"之类的抽象名词，而采取一种历史主义的态度。他们认为一种制度形态的"善"，基本的表现是反映时代性，能代表先进生产力的发展要求。从是否代表先进生产力发展要求的角度来把握社会主义制度的"善"或者说优越性，是中国共产党人一贯的认识。毛泽东的社会主义社会基本矛盾学说是对

---

① 《邓小平文选》（第 2 卷），人民出版社 1994 年版，第 135 页。
② 同上。
③ 《邓小平文选》（第 3 卷），人民出版社 1993 年版，第 372 页。

这一认识的阐述，邓小平对于生产关系的调整也是对这一认识的实践，"三个代表"重要思想则是更进一步的把握。代表先进生产力的发展要求是社会主义制度伦理的基本表现，这要求我们在完善发展社会主义制度的过程中，要进一步改革那些不适应生产力发展要求的落后生产关系和各项体制机制，解放和发展生产力；同时，先进生产力的发展要求与广大人民群众的根本利益诉求在方向上是一致的，这要求社会主义制度在完善和建设中要处理好效率与公平的关系，经济发展与人的发展的关系。代表先进文化的前进方向是社会主义制度伦理的内在要求。制度是文化的重要组成部分，制度伦理是一个时代文化体系的核心内容。社会主义制度伦理应该是这个时代反应先进生产力发展要求的先进性文化的核心内容，这种伦理性内容不仅要有，而且应该在实体性制度建设中发挥其价值引领作用。在"三个代表"先进文化观的思想助推下，党的十七大系统阐述了社会主义核心价值体系，对社会主义制度伦理做出了全面把握。代表最广大人民的根本利益是社会主义制度伦理的核心内容。人的全面发展和解放是马克思主义经典作家论证科学社会主义的科学性与价值性的最终落脚点，中国共产党人对这一思想的重要继承和发展就是提出和形成了系统的"人民观"。由"人"到"人民"的演化，奠定了马克思主义中国化的核心范畴。人民观的核心是人民利益观，以毛泽东为核心的第一代中国共产党人围绕代表最广大人民利益的思路来构建新中国的基本制度体系，基本政治制度应能充分反映人民主权，基本经济制度应能保障人民平等的经济基础，文化制度应能反映人民性。新时期以邓小平为核心的第二代领导集体，将提高和改善人民生活水平作为体制改革的重要标准。"三个代表"重要思想将这一认识和实践提到一个新的高度，将代表中国最广大人民根本利益作为衡量一切工作的基本立足点和落脚点。

其二，依法治国与以德治国相结合的判断拓展了社会主义制度建设的理论视域。

在推进中国社会主义制度建设的进程中，党的十五大提出了"依法治国，建设社会主义法治国家"的治国方略，具有重要的价值和地位，是对社会主义制度建设和法制建设重要地位的深刻认识。同时在十五大报告中，江泽民还提出"将党的领导、人民当家作主和依法治国相统一"

的重要思想，这为中国制度建设和民主政治发展奠定了基本原则。江泽民在强调坚持"依法治国"的同时，也强调"以德治国"的重要性，"二者缺一不可，也不可偏废"。① 从制度主义视角看，江泽民这一判断拓展了社会主义制度建设的理论视域。马克思主义制度思想非常强调制度和观念的相互影响关系，诺思将文化观念、道德意识作为一种非正式制度来强调，而且异常重视非正式制度对正式制度的深层影响。作为正式制度的制度规则，法律的产生与运行受到特定文化观念、道德意识的直接影响，这一问题在一些发展中国家的制度现代化进程中具有突出意义。江泽民"法治"与"德治"相结合的看法，从这一点看是包含了深层意蕴的。同时，在中国特色社会主义的经济体制改革、政治体制改革和其他具体制度改革的理论探索上，"三个代表"重要思想做出了重要贡献，对于这一点，我们将在历史进程一章中做出阐述。

**（五）科学发展观是指导中国特色社会主义制度完善发展的最新理论指导**

其一，科学发展观包含着重要的制度主义价值。

从马克思主义制度化的视角看，科学发展观的提出进一步丰富发展了马克思主义的制度理论，使科学社会主义制度化发展在价值目标、方向原则、基本方法上进一步得到完善丰富。

首先，以人为本集中体现着社会主义制度的正义原则。作为科学发展观核心的以人为本，与中国古代只具有工具性价值的"民本"思想根本不同，也与西方抽象人性论基础上的"人本主义"存在原则性不同。从现实社会生产力发展实践性维度来把握人本身是马克思主义人学和制度观的基本立场。在马克思、恩格斯看来，不存在什么固定不变的人性，人们的观念意识都会随着生活条件、社会关系的改变而改变。资本主义生产中的问题归根到底是制度问题，而不是人性问题。马克思、恩格斯关于资本主义必然灭亡、社会主义必然胜利的"两个必然"的判断，是基于社会生产力发展的历史实践对社会制度形态演变所做出的科学判断。社会的发展外在表现为社会制度形态的发展，而社会制度的发展从根本

---

① 《江泽民文选》（第3卷），人民出版社2006年版，第200页。

上又是人的发展,合理性的制度应该是体现人的需要和价值的制度,以人为本是衡量制度优劣、正义与否的基本尺度。科学发展观将以人为本作为其核心价值,这在科学社会主义实践史上还是第一次。这是对马克思主义人本价值理念的弘扬和对马克思制度主义理论的发展。保障以人为本是社会主义制度正义的集中体现,促进以人为本的发展是社会主义制度完善发展的基本指导原则。代表最广大人民根本利益是中国社会主义语境中以人为本的最好诠释,发展依靠人民、发展为了人民、发展的成果应该由广大人民群众共享,这是对马克思主义人本制度观的进一步创新和发展。

其次,全面、协调、可持续是良性制度变迁的基本要求。制度变迁是一个复杂的过程,决不仅仅是表面所反映出来的社会制度法律规则文本表述的变化,其深层是社会实践和社会文化观念的变化。制度系统的全面性、层次间的协调性、构成上的可持续性是良性制度变迁不可或缺的基本要求。科学发展观提出全面、协调、可持续的发展要求,其实也是我国社会主义制度改革变迁的基本要求。中国特色社会主义各项具体制度改革,是包括政治体制、经济体制、文化体制和社会治理体制在内的全面性制度创新过程。单一的推进往往会造成制度变迁的失衡,影响制度系统整合力量的发挥。中国特色社会主义制度建设要协调推进,一方面要在制度创新的力度、发展的速度和社会可承受的程度上保持一个好的张力,另一方面要协调好正式制度的变迁和非正式制度的更新之间的关系。落实科学发展观需要观念和利益的双重解放。只有这样中国特色社会主义制度建设才能持续保持后劲。科学社会主义的制度化建设将是一项长期的历史任务,具体制度和机制的完善是不可能停步的,这是因为社会实践是不断发展的。保留初始制度的良性路径依赖,克服其非良性的部分,始终强调政党主体对整个制度变迁的领导,使用正确的方法都是中国社会主义制度变迁具有持续性的重要因素。

最后,统筹兼顾是中国特色社会主义制度建设的基本方法。中国特色社会主义制度建设既要总揽全局,统筹规划,又要抓住牵动全局的主要工作,正确处理中国特色社会主义事业中的重大关系。在制度建设中统筹兼顾好国家与社会、政府与公民的关系,规制好执政党、国家权力机关、民意代议机关等之间的关系，改革国家领导制度和组织制度等问题在社会主义国家制度建设中长期占有重要地位。制度建设既要大胆探索，勇于创新，又要总揽全局，循序渐进，增强改革措施的协调性。统筹兼顾好改革、发展与稳定的关系。统筹兼顾好制度安排与制度环境的关系，处理好社会大众观念启蒙、观念解放与先进制度引领塑造之间的关系，处理好理论创新与制度变迁相互促进的关系，树立中国特色社会主义制度权威。

其二，贯彻落实科学发展观是完善中国特色社会主义制度的基本方向。

科学发展观作为中国共产党最新的执政理念，一方面为科学社会主义制度化建设提供了最新的理论指导，蕴含着丰富的制度主义价值；另一方面，贯彻落实科学发展观也成为完善中国特色社会主义制度的基本任务和方向。科学发展观的实质是促进经济社会和人的全面发展，推进社会的公平与全面进步，而从实践来看，深入推进各项具体经济社会制度的创新是贯彻落实科学发展观的主要途径。正如十八大报告所指出的："必须把科学发展观贯彻到我国现代化建设全过程、体现到党的建设各方面"[①]。而在当前发展中，科学发展观虽然得到全社会认识上的高度认同，但在实践中制约中国社会科学发展的体制机制障碍还很多，科学发展还缺乏有力、科学、完备的制度支撑。贯彻落实科学发展观是完善中国特色社会主义制度的基本方向，是推动中国特色社会主义制度自我完善和发展的基本要求。

## 第二节 中国特色社会主义制度体系理论基础的微观解读

在上一节中，我们对中国特色社会主义制度创新的宏观理论指导从马克思主义中国化的视野和进程进行了系统的分析，主要是从哲学基础、

---

[①] 胡锦涛：《坚定不移沿着中国特色社会主义道路前进，为全面建成小康社会而奋斗》，人民出版社2012年版，第8页。

理论原则和价值方向等方面来展开的。对中国特色社会主义制度理论基础的研究，也需要分别对经济、政治等领域的根本、基本制度的微观理论支撑加以研究，这有助于我们在实践中更好地把握完善发展这些基本制度的正确方向。

## 一 中国特色社会主义基本经济制度的理论基础

中国特色社会主义经济制度是由基本制度、具体制度等构成的有机整体，它在所有制层面表现为以公有制为主体、非公经济共同发展，在分配制度上表现为以按劳分配为主体的多种分配方式并存，在具体经济体制上表现为社会主义市场经济体制等。那么，中国特色社会主义基本经济制度的理论基础是什么？这是一个在经济学界存在很大争议的问题。

### （一）马克思主义政治经济学是中国特色社会主义基本经济制度的理论基础

现代经济学理论由于其立场、方法论的不同，可以划分为两种类型，即马克思主义的政治经济学理论和西方经济学理论。中国在1992年将建立社会主义市场经济体制作为中国经济具体制度改革的目标确定下来，并在实践中初步形成了市场经济运行的公有制为主体、多种所有制经济共同发展的所有制格局，这一经济领域的制度变迁方向和框架成为中国制度特色的集中体现。那么，建立和完善并运行中国的经济制度格局、发展市场经济，究竟应该以什么样的经济理论为理论基础，这是一个重大的理论与实践问题。对于这一问题认识，学术界有着较大的争议。不少学者认为，社会主义市场经济根本上是市场经济，市场经济没有资本主义和社会主义之别，不存在什么社会主义市场和资本主义市场之分，西方经济学市场经济的各种理论之大全，应该是中国市场经济实践的理论基础。但也有许多学者认为中国建立的市场经济是社会主义性质的市场经济，必须从市场经济的产权基础、分配形式以及其他一些层面体现出这种社会主义性质来。由此，完全以西方服务于资本主义私有产权的经济学理论为主导从根本上讲是错误的。社会主义市场经济必须以马克思主义政治经济学及其中国化的理论创新为基础。很显然，第二种观点更符合中国特色社会主义的内在选择和要求。这是因为：

其一，马克思主义政治经济学理论是现代经济学诸种范式中最科学的范式，它对人类社会，特别是资本主义社会经济现象科学辩证的研究方法和在宏观经济方面研究的优长，完全可以承载作为中国特色经济制度理论基础的重任。在马克思的政治经济学巨著《资本论》中，马克思运用唯物辩证法，"以研究商品和货币为切入点，从宏观和微观两个方面深入考察了社会资本的再生产与总过程，全面、深刻地认识和把握了人类经济活动尤其是资本主义经济活动的内在本质联系及其发展趋势，阐明和揭示了资本主义生产的一系列基本原理和运行规律，诸如价值与使用价值原理、劳动的二重性原理、剩余价值理论、分配原理、消费原理、社会生产两大部类原理和价值规律、供求规律、竞争规律、资本增殖规律、积累规律、社会资本再生产过程中的社会总产品实现规律等等"[①]。对以市场经济为基础的资本主义生产关系的研究，是马克思主义政治经济学的重点研究对象，这一点是无可置疑的。在现实的社会主义实践中，在社会主义条件下大力发展商品经济是社会主义解放发展生产力的内在要求，如果说，马克思主义政治经济学为建立在生产力大发展基础上的科学社会主义作了方向性预示，那么它对成熟社会主义经济关系的作用反而不如对发展市场经济的社会主义社会的作用大，这是可以得出的结论。在经济问题的研究中，把握社会整体、重视阶级性质分析，是很有必要的，西方自由主义经济学对超越阶级阶层利益的配置方式问题的研究，不利于引导中国经济社会的良性转型。

其二，马克思主义是社会主义的意识形态，中国特色社会主义各项制度建设都必须坚持以马克思主义为指导。中国市场经济的构建不能偏离马克思主义的基本原则，不能离开社会本位、人民本位的立场，否则就真有可能迷失方向。比如对公平与效率关系的处理，社会本位内在具有公平维度是从根本上矫正完全市场化两极分化弊端的原则；比如与资

---

① 李闽榕：《以马克思主义经济学为指导建立和完善社会主义市场经济理论》，《福建论坛》(人文社会科学版) 2006 年第 3 期。

本主义制度形态中的资本至上逻辑不同，社会主义市场经济中对资本加以控制性的利用，是社会主义市场经济与资本主义市场经济的重大区别。而能为这样做提供理论指导的，只有马克思主义理论。上层意识形态建筑与经济基础以及政治制度上层建筑具有一体性，这是马克思主义的基本理论判断。

**（二）社会主义市场经济理论是中国特色社会主义基本经济制度的理论基础**

社会主义市场经济理论是马克思主义经济理论中国化的最新成果，其提出和日益成熟为中国特色社会主义经济制度的完善、发展提供了直接理论基础。社会主义市场经济理论是由邓小平首先系统地论证和确立的，并经由中国经济改革实践检验和发展而不断走向完善。1979年邓小平在会见外宾时第一次阐述了社会主义可以同市场经济相结合的思想[①]，将市场经济定位为具体经济制度这是一个理论认识上的重大进步，从根本上超越了"两个等于"教条性认识。它的基本依据是马克思对一般商品经济与资本主义经济之间的本质区别的理论认识。把市场经济等同于资本主义经济是资产阶级经济学的普遍做法，其目的在于用市场交换关系掩盖所有制关系。列宁、毛泽东也曾提出过社会主义搞商品经济的许多设想，这些对社会主义市场经济体制都有重要启示。邓小平的认识创造性地发展了他们的看法。一是用市场经济代替过去通常使用的商品经济概念，这为全面突破计划经济提供了理论方向。二是在公有制为主体、多种所有制共存的所有制基础上，发挥市场的决定性作用。这不仅是经济运行方式的革命性变化，而且也是对公有制的实现形式等问题的认识的变化。邓小平关于社会主义市场经济的理论认识奠定了中国特色社会主义经济制度的基础，这一理论基础在后来又伴随中国市场经济体制改革的深化而不断得到完善和发展。更为细致的问题，我们放在历史进程研究一章中再去探究。

---

① 《邓小平文选》（第2卷），人民出版社1994年版，第236页。

## 二 人民代表大会制度的理论基础

### (一) 马克思主义人民主权理论

法国思想家卢梭最早较为系统地提出人民主权学说。卢梭认为国家权力作为一种"公意"是直接来源于人民的,社会契约论是卢梭人民主权理论的建立基础。马克思主义经典作家对卢梭的人民主权学说进行了扬弃性改造,将社会契约论的人民主权思想改造成历史唯物主义的人民主权观,将主权在民原则纳入社会主义国家政权建构原则之中。对于主权在民的实现形式马克思主义经典作家进行了不懈的探索,建立议行合一的巴黎公社式的代表制度是他们得出的基本结论。

马克思、恩格斯通过研究国家的起源和历史发展,正确揭示出国家是来自于社会的,是从市民社会中产生的。恩格斯指出:"国家决不是从外部强加于社会的一种力量",而是"社会陷入了不可解决的自我矛盾"的产物。对于国家的政权组织形式,马克思主义经典作家对两种国家组织形式,即君主制和民主制进行了比较,充分肯定资产阶级民主共和国较之以往的专制国家形式是一个巨大的历史进步。"在民主制中,国家制度本身只表现为一种规定,即人民的自我规定"[①],马克思、恩格斯同时指出,资产阶级民主制由于其生产资料占有上的私有制,因而不可能是"真正"的民主共和国,但在形式上,为无产阶级的民主提供了可供借鉴的形式。对此恩格斯提出"民主共和国甚至是无产阶级专政的特殊形式[②]"的论断。由此,马克思主义经典作家找到了无产阶级国家政权实现人民民主最合理的途径,那就是社会共和制思想。在法国巴黎公社的第一个工人阶级政权的创造性实践后,马克思系统总结了其基本经验,第一次提出建立无产阶级专政的思想。他高度评价了巴黎公社在保障人民民主、社会共和方面的实验性做法,那就是创设真正由人民普选的代议机构,这一机构"不应当是议会式的,而应当是同时监管行政和立法的

---

① 《马克思恩格斯全集》(第3卷),人民出版社2002年版,第39页。
② 《马克思恩格斯选集》(第4卷),人民出版社2012年版,第294页。

工作机关"①。通过无产阶级的代议机关使全部国家政权牢牢掌握在人民手中，他认为这是对以往旧国家形式的超越，"公社就是帝国的直接对立物"。同时，马克思高度评价了巴黎公社实行廉价政府的做法，认为为防止社会公仆变成社会主人，必须对他们实行普选和监督，保证人民可以随时撤换他们。马克思主义的人民主权思想和社会共和理论奠定了社会主义国家政权组织形式的基本理论基础。中国共产党从其诞生之日起，就一直遵循着这一原则。民主革命时期，中国共产党便对人民共和制进行不断的探索和实践，从工农共和国到"三三制"参议会制，再到人民代表会议制，进行了艰苦卓绝的努力。在新中国成立前后，党对中国式社会主义的政权形式有了更深入的认识，实行民主集中制，由各级人民代表决定大政方针、选举政府的认识已经基本成熟。至1953年底，各级人民代表大会组建起来，1954年第一届全国人民代表大会第一次会议召开，标志着作为中国社会主义政体的人民代表大会制度正式确立。

**（二）马克思主义代表制理论**

马克思主义人民主权理论是人民代表大会制度的理论基础，但同时仅有这一理论基础是不够的，因为这一理论只提供了人民代表大会制度的实体性理论支撑。在实际运行中，人民代表大会制度，也离不开程序性的支撑。那种认为中国"人大民主"只是本质民主而无程序民主的观点是错误的，支撑起程序民主和运行的理论基础是马克思主义的代表制理论。

有不少学者认为代表制理论是西方非马克思主义学派的专属，认为马克思对资产阶级的代表制、代议制一直是持否定态度的，因而没有自己的代表制理论。这种观点是有失偏颇的，事实上，马克思是阶级代表理论的主要阐述者。马克思认为，在资本主义社会中，其首要任务是维护资本主义制度，国家只是管理资产阶级事务的委员会，代议机构掩盖阶级斗争作用往往大于其代表社会利益的作用，其作用是有限的。社会主义国家需要建立新型的代议制度，"公社必须由各区全民投票选出的市

---

① 《马克思恩格斯选集》（第3卷），人民出版社2012年版，第167页。

政委员组成，这些市政委员对选民负责，随时可以罢免"①。马克思在这里阐述了新型代议制度中的代表学说，说明了代表的阶级性。列宁继承了马克思的这一思想，从政权的归属中阐明了俄国代议机构代表的阶级本质要求，系统阐述了工农兵代表苏维埃制度的代议制原则。在马克思主义中国化的发展中，中国共产党人从中国阶级和阶层的实际情况出发，将马克思主义的阶级代表论与基层团体代表论相结合，采用阶级、党团、界别、阶层等领域划分与代表选举相结合的做法，大大拓宽了社会主义代表制代议制运行的理论视野。

### （三）民主集中制理论

人民代表制度的基本组织原则是民主集中制，马克思主义者对民主集中制的理论构想也是人民代表大会制度的重要理论基础。民主集中制这个概念是由列宁首先创造使用的。1905年在俄国布尔什维克党第一次代表会议上，列宁阐述了这一制度原则②，1906年民主集中制作为组织原则被写进俄共（布）党章，1920年共产国际第二次代表大会提出："加入共产国际的党，应该是按照民主集中制的原则建立起来的。"此后民主集中制就成为各国共产党共同遵守的基本组织原则被确认下来。在十月革命胜利后，民主集中制被扩大到国家制度的建设上来认识和强调。中国共产党人一开始就接受了较为完整的列宁建党理论，民主集中制的原则深深影响着中共自身的发展。在新民主主义革命后期，毛泽东日益将民主集中制作为国家政权组织原则来加以认识。在《论联合政府》中，毛泽东第一次正式提出新民主主义国家的政体采用民主集中制。"在民主基础上的集中，在集中指导下的民主"③。围绕民主集中制的理论毛泽东有过多次论述，后来邓小平在新时期进一步发展了其理论内涵。作为我国政体和根本政治制度的人民代表大会制度将国家政权的民主集中制原则集中体现了出来，民主集中制理论是其重要的理论基础。完善、发展人民代表大会制度需要在理论上加强对民主集中制原则内在问题的研

---

① 《马克思恩格斯选集》（第3卷），人民出版社2012年版，第167页。
② 中央编译局：《苏联共产党决议汇编》（中文版）第1分册，人民出版社1956年版，第119页。
③ 《毛泽东选集》（第3卷），人民出版社1991年版，第1057页。

究，用现代性政治理论加以分析。民主集中制含有协商性民主与选举性民主的双重维度，实际上可以将其看作连接这两种民主形式的架构原则与机制。

## 三 中国特色社会主义政党制度的理论基础

中国共产党领导的多党合作和政治协商制度是独创的具有鲜明中国特色的政党制度，是中国特色社会主义制度体系中非常重要的一项基本政治制度。这一政党制度的形成，不仅有深厚的历史依据，更有坚实的理论基础。马克思主义政党理念、毛泽东人民民主思想和中国特色社会主义政党理论都是其理论基础的构成部分。

### (一) 马克思主义多党合作思想是中国特色政党制度的理论基础之源

1847年6月第一个无产阶级政党——共产主义者同盟在伦敦成立，无产阶级有了自己的政党，就产生了与其他政党的关系问题。1848年，马克思和恩格斯在《共产党宣言》中明确提出了无产阶级政党的多党合作思想，提出无产阶级政党在革命进程中可以也应该和当时其他民主政党结成联盟以及保持自己的先进性、独立性的思想。列宁在无产阶级革命时代，发展了马克思主义的多党合作理论。在《俄国社会民主党人抗议书》中，列宁指出，无产阶级"应该支持进步阶级和进步政党去反对反动阶级和反动政党，应该支持一切反对现存制度的革命行动"[①]。十月革命胜利后，列宁曾设想实行一种布尔什维克党领导的多党制结构，但由于右派社会革命党人和孟什维克不断向布尔什维克政权发起挑战，组织武装叛乱，从而使苏联形成了一党制的局面。经典作家对无产阶级政党实行多党合作制度和结成广泛统一战线思想的理论与实践探索为中国特色政党制度的确立奠定了理论基础。

### (二) 毛泽东人民民主思想是中国特色政党制度的理论基础之基

中国特色政党制度是产生并发展于新民主主义革命时期，正式成型

---

[①] 《列宁选集》（第1卷），人民出版社1995年版，第268页。

于新中国成立前后。毛泽东的人民民主思想是中国特色政党制度产生的理论基础。对于政党制度的理论与实践的探索过程，我们在后面再具体阐述，在这里我们重点分析支撑其产生的人民民主思想。在新民主主义革命和社会主义革命及建设时期，毛泽东将马克思主义政党理论和统一战线学说与我国实际相结合，系统提出了中国特色人民民主思想，阐明了中国民主的诸多重要的原则，奠定了中国特色的多党合作制度和民主政治的理论基础。

在"三三制"政权的建立和实践中毛泽东民主建政的理念开始日益成熟，"三三制"政权是各个革命阶级的联合专政，是民族统一战线性质的政权，这一政权"是一切赞成抗日又赞成民主的人们的政权"[1]。在"三三制"政权中共产党同党外人士、其他党派实行民主合作的原则是基本的要求。在这种实践中，共产党领导和尊重其他党团的民主权利的原则都得到很好的体现。1945年，毛泽东在《论联合政府》中，明确地提出了由中共和各进步的政党共同组织联合政府，建立新型共和国的国家政治制度的设想，将无产阶级政党与其他党派的合作关系提升到国家基本政治制度层面来认识。1948年"五一口号"的发表，表明坚持共产党的领导地位的基本政治原则已经得到民主党派一致的认同。这为新中国政党制度的正式确立奠定了基本政治原则。1949年新政协会议召开，标志着我国多党合作的格局基本形成。在人民代表大会制度建立后，中国进入社会主义建设时期，共产党领导的多党合作开始被纳入"长期共存，互相监督"的理论框架来运行，对人民代表大会制度发挥了重要的政治辅助作用。

**（三）中国特色社会主义政党理论是中国特色政党制度的直接理论基础**

中国特色社会主义政党理论是研究中国特色社会主义事业中的政党关系及其发展规律的理论，这一理论在改革开放实践中不断发展。中国特色社会主义政党间的关系是什么样的？我们对其已经有了正确的认识，那就是共产党领导、多党派合作，共产党执政、多党派参政。共产党领

---

[1] 《毛泽东选集》（第2卷），人民出版社1991年版，第741页。

导就是执政的共产党是中国特色社会主义事业的领导核心,其领导主要是对政治原则、方向和重大方针政策的领导;不是西方执政联盟中的短期合作而是荣辱与共的长期合作,是参与执政的合作。政治协商、民主监督和参政议政是参政党的主要职能。这种政党关系的总定位,为多党合作制度提供了科学指导。对于中国政党制度的定位和价值,我们也有了更理性的认识,以便在建设社会主义政治文明系统进程中整体把握其地位和价值、功能和优势。以"长期共存、互相监督、肝胆相照、荣辱与共"为政党间合作共处的基本方针,从选举民主与协商民主的互动中来把握其价值,多党合作制度日益走向制度化、规范化、程序化,基本形成了中国特色社会主义政党理论的话语体系。为中国特色社会主义政党制度提供了理论指导。

## 四 基层群众自治制度的理论基础

中国特色社会主义群众自治制度的实践始于 20 世纪 80 年代初期,以农村村民自治的形式展开。90 年代得到普遍推行,并发展为城市社区和企事业职工大会等多种形式。十七大报告第一次把基层群众自治制度纳入中国特色社会主义民主政治制度的基本范畴。在 2011 年"七一"讲话中和党的十八大报告中,胡锦涛系统提炼出中国特色社会主义制度体系的概念,并将基层群众自治制度作为中国特色社会主义的一项基本政治制度加以定位。在当前对中国基层群众自治的研究中,将西方的自由主义政治学理论框架当作中国基层民主理论基础的观点较多。我们认为,西方一些相关理论对中国基层群众自治制度的产生发展提供了理论借鉴,但归根到底不能将其看作中国群众自治的理论基础。直接指导我国群众自治制度的理论原则和理论指导是马克思主义的群众自治思想。

### (一)马克思群众自治理论是社会主义基层自治制度的理论基础

首先,消除异化劳动和异化国家是马克思自治思想展开的出发点。人的自由而全面发展是马克思主义的最高命题,但自从人类社会出现阶级以来,人的全面发展就受到政治、经济等因素的制约。马克思吸收了黑格尔的"异化"思想,并在社会实践领域中对"异化"产生的原因进行了分析。马克思在对国家产生进行历史分析后认为，国家不是从来就有的，也不会永久存在，阶级产生是国家产生的前提条件。国家实质上是阶级统治的工具。国家产生于社会，本来是社会用简单分工的办法为自己建立的一种维护共同利益的特殊机关，但国家产生就形成了凌驾于社会之上的力量，从社会的"公仆"变成了社会的"主人"。这就是典型的国家的异化。消除国家异化的根本途径是群众的自治，把生产资料和公共权力掌握在"联合起来的个人的手里"。① 在马克思、恩格斯的思想中，群众自治是和国家消亡联系在一起的。

其次，群众自治是无产阶级国家民主的实质。在马克思的国家理论中，马克思、恩格斯认为无产阶级专政的新社会形态中，国家还不可能立即消亡，只能是"不得不立即尽量除去这个祸害的最坏方面"②。在无产阶级国家中，群众自治是一个基本原则。马克思和恩格斯对巴黎公社解除资产阶级常备军，取缔旧警察机构，改造司法机关，实行普遍选举以及在所有制、分配、管理和劳动立法方面实施的具有社会主义性质的改革给予了高度的评价，认为巴黎公社实践了群众自治的政治原则。指出公社是"人民群众获得社会解放的政治形式"③，公社的真正秘密就在于，它"是终于发现的可以使劳动在经济上获得解放的政治形式"④。马克思、恩格斯通过对巴黎公社经验的分析，初步提出了他们对社会主义民主形式的构想，其中，群众自治是无产阶级民主非常重要的一个原则。

最后，群众自治是社会主义民主的重要组成部分。在对巴枯宁的无政府主义进行批判时，马克思、恩格斯较深入地阐述了自治与无政府主义的根本区别，阐述了群众自治与无产阶级专政、权威秩序以及国家管理的关系。马克思和恩格斯剖析了无政府主义的错误，指出无产阶级不能简单运用旧的国家机器，而应该将其打碎，建立新型的无产阶级专政。那种用人民的名义而与人民对立并镇压人民的旧政权，和真正服务于人民利益的无产阶级政权是根本不同的。人民自治可以在无产阶级专政的新形式中得到实现，其方法是扩大自治。自治应成为新社会基层组织单

---

① 《马克思恩格斯选集》（第1卷），人民出版社2012年版，第422页。
② 《马克思恩格斯选集》（第3卷），人民出版社2012年版，第55页。
③ 同上书，第140页。
④ 同上书，第102页。

位的组织基础，是一种"生产者联合体"的形式。同时在社会公共事务中，群众自治与民主代表制及普选制并不矛盾，代表与普选是自治的重要体现形式。无产阶级政权采取普选制，但与资产阶级的选举不同，群众自治是无产阶级专政的实质和核心，同时，人民自治与国家管理、与无产阶级政党的领导、与社会主义的选举民主并不矛盾，是密切联系在一起的整体。人民群众自治是社会主义性质的治理，而国家管理是国家的一项重要职能。同时，群众自治与无产阶级政党的领导以及法制权威相统一。恩格斯在《论权威》中指出，"把权威原则说成是绝对坏的东西，而把自治原则说成是绝对好的东西，这是荒谬的"[①]。在社会主义国家，无产阶级政党的领导是人民自治的保障条件和最高实现形式。此外，群众自治与社会主义的选举代议民主，是相辅相成的，两者都是社会主义社会人民当家做主的重要方式。

**（二）马克思主义群众自治思想在社会主义国家政治实践中的创新发展**

其一，苏联社会主义群众自治思想的实践与发展。

列宁继承和发展了马克思主义的自治思想，同时结合苏俄实际情况进行了许多大胆的理论创新与社会实践。首先，列宁第一次把民主和自治在社会主义社会中联系起来，进行了人民参与国家管理的大胆实践，实践了包括民主选举、民主监督等民主形式，为后来社会主义国家民主自治发展提供了宝贵的经验。其次，列宁把民主自治思想与发展社会主义经济联系起来，带领苏俄党和政府进行了人民参与国家管理的初步尝试，为社会主义国家以民众为主体的社会管理提供了宝贵经验。同时，列宁在提高群众组织在国家政治生活中的作用方面，给予了一定程度的重视。与马克思、恩格斯在自由人联合体的视域内探讨自治的思想不同，列宁的群众自治思想更倾向于在国家管理和社会主义民主的框架中进行分析，进行了许多创新与变通，也更具实践特色。

其二，南斯拉夫的社会主义自治理论。

对马克思主义自治思想的重视，南斯拉夫的理论贡献是巨大的。正

---

[①] 《马克思恩格斯选集》（第3卷），人民出版社2012年版，第276页。

如南共最著名的理论家爱德华·卡德尔所指出的，自治一向是社会主义这个概念的不可分割的组成部分①。在铁托领导下，南斯拉夫将建设有自己民族特色的社会主义——自治社会主义作为国家的主导理论来对待。在实践中，1950年前后，南斯拉夫社会政治经济制度分权化和民主化的进程以"工人自治"的形式全面展开，在"把工厂交给工人管理"的口号下，全面实行工人自治。20世纪50年代后期，"工人自治"发展到"社会自治"阶段，这一阶段的突破，也使南斯拉夫的经济体制进一步变为自由的市场经济。发展到70年代，自治思想由经济领域为重点发展到整个政治领域和社会管理领域。在城乡区域建立了"地方共同体"，在政权机关、社会政治团体内建立了"社会政治共同体"等。南斯拉夫的自治社会主义实践了一种全新的民主形式，对社会主义自治理论与实践进行了创造性的探索和尝试。但由于其实践仍然不够制度化和法制化，建立在铁托个人的力促之下，忽视了必要的集中，伴随着铁托去世和国家解体戛然中止。但在社会主义的社会自治和社会自我管理的探索中，南斯拉夫积累了宝贵的理论与实践经验。

其三，马克思主义群众自治理论的中国化发展。

青年时期的毛泽东，深受自治理论的影响，在新文化运动和五四运动之后，毛泽东曾提出过湖南"联省自治"的思想。不过如研究者所指出的，青年毛泽东接受的自治思想很大程度上是无政府主义的自治主张，而非完整的马克思主义思想。在1921年中国共产党成立、更全面地认同苏联革命经验后，毛泽东就从根本上放弃了"联省自治"思想主张。但在后来的思想发展中，群众自治的观念并没有完全淡出毛泽东的视野。在标志着他思想走向成熟的新民主主义理论中，毛泽东将群众自治中包含的群众观和自治民主观做了选择性取舍，在改造自治思想的同时发展了群众观点，将群众观点纳入其新民主主义国家理论框架中，成为衔接无产阶级政党领导与人民民主的中间桥梁和纽带，在理论上较好地解决了落后国家建构新型国家秩序与发展社会民主的两难问题。新中国建立后，毛泽东在中国社会主义建设的思想大框架中，吸收了许多列宁的自

---

① 苏绍智、郭树清：《南斯拉夫社会主义自治制度与马克思主义理论的关系》，《当代国外社会主义问题》1984年第2期。

治观点，并将其与中国制度框架相结合。一是对社会主义民主的发展作了总体设想，认为群众自主性是社会主义民主的基本要求，强调人民的民主权利应当由人民自己去行使的观点。二是在民主建设中充分发挥群众路线的作用，强调发挥群众对国家公职人员的监督作用，反对官僚主义。三是强调劳动者管理军队、管理国家、企业和文化教育等权利，是"社会主义制度下劳动者最大的权利，最根本的权利"①的观点，在探索引导人民参与国家管理上做出了积极尝试。

在改革开放新时期，以邓小平为主要代表的中国共产党人在全面改革计划经济体制，发展市场经济和全面推进中国社会主义民主政治建设的进程中，深入认识和积极实践马克思主义的群众自治思想，将社会主义自治理论推进到了新的发展阶段。一是在全面推进中国的改革开放进程中，邓小平始终坚持人民群众主体观。强调社会主义现代化建设要依靠人民群众的力量，尊重人民群众的创造，吸取人民群众的智慧。相信群众能自己解放自己，充分发挥群众首创精神和积极性，这本就是马克思主义社会自治思想的核心灵魂。在这一点上，邓小平坚持和发展了马克思主义，并在现实中大大推进了中国社会主义在这一方面的实践。二是强调简政放权，政社、政企分开，同时大力加强社会主义民主法制建设。简政放权、极大程度地给予基层企业、组织自主权，是中国20世纪80年代改革的一大特点，产生了非常积极的效果。同时，在提升社会自主性、自治力的同时，打造社会自治能良性发展的国家经济、制度、法制大环境是邓小平的重要思路。在这一方面的认识和实践将社会自治在社会主义政治框架中良好运行带上了正轨。

20世纪90年代，伴随着农村村民自治和城市居委会自治的大发展，以江泽民为核心的第三代领导集体大大深化了对基层群众自治的理论认知。一是明确提出"基层民主是社会主义民主的基础"的基本判断。这一思想有力地指导了农村村民自治实践活动的全面推行。二是明确提出了农村基层民主建设"四大民主"的基本内容要求。"四大民主"的思想指明了基层群众自治实践的核心内容，深化发展了我们党关于发展基层民主的思想。十六大以后，以胡锦涛为主要代表的中国共产党人对基层

---

① 《毛泽东文集》（第8卷），人民出版社1999年版，第129页。

民主自治思想进行了高度凝练和升华,将基层群众自治思想发展到了一个新的历史高度。一是将农村基层群众自治制度纳入中国特色政治制度范畴,作为一项重要的政治制度来认识。这是我们党不断推进社会主义政治制度自我完善发展,基层群众自治制度深入推进的生动体现。二是对扩大基层群众自治范围、增强基层民主的广泛性和实效性,推进其制度化、法制化发展做了积极的理论和实践探索。将发展基层群众自治与建设社会主义和谐社会、理顺政府与社会关系、创新改革社会基层管理以及加强基层党组织建设联系在一起进行整体性布局。十八大报告在这一方向原则上提出了完善发展基层群众自治制度的基本原则。

在实践中,尽管中国 1954 年宪法就确立了基层群众自治的人民民主原则,也建立了居委会。但由于缺失其运行的制度体制环境,而没有能起作用。真正全面意义上的社会自治是在 20 世纪 80 年代中后期才开始的。这和改革开放后实行社会自治的条件逐步具备紧密相关。伴随着新时期中国基层社会自治的深入发展,中国共产党人关于社会主义群众自治的理论认识也日益完善和成熟。对于群众自治在整个社会主义事业中的基本地位、价值作用、运行的内在规律等有了更为深刻的把握,为指导中国社会主义基层群众自治制度良好发展提供了较为完备的理论指导。

## 五 加强对中国特色社会主义制度创新理论基础的研究

作为中国基本政治制度的民族区域自治制度是在马克思主义自治理论、民族理论和中国共产党的新民主主义理论指导下产生的,对于这一问题我们在历史进程篇章中会有涉及,这里不进行详细分析了。总之,中国特色社会主义制度体系的生成是以政党为核心的政治理论创新来提供理论指导的。实践证明,理论的不断创新支撑着制度的创新和中国特色社会主义制度体系的生长和成熟。

关于中国特色社会主义制度的理论基础问题是中国特色社会主义制度研究的薄弱环节,加强对社会主义制度化问题理论基础的研究是保障制度建构顺利发展的重要条件。党的十八大报告从道路、理论体系与制度相统一的角度对中国特色社会主义作了全新的阐述,并且提出"道路是实现途径,理论体系是行动指南,制度是根本保障,三者统一于中国特色社会主义伟大实践"的科学论断。我们认为，作为一种以建构为主的制度系统，中国特色社会主义理论体系是制度体系生成的直接理论基础，二者之间的关联互动机理值得我们深入研究。首先，理论创新具有先导性。要使实践不停步、制度不断发展，就需要理论不停步。理论创新上的与时俱进是制度与时俱进的前提。"实践发展永无止境，认识真理永无止境，理论创新永无止境"[①]，不断探索和把握中国特色社会主义的内在规律，丰富中国特色社会主义理论体系的实践特色、理论特色、民族特色和时代特色是首要的问题。其次，要很好地研究实践探索与理论创新的关系问题。其实质就是处理人民群众首创精神与政治理论精英理论建构间的关系，在制度建设中将摸石头过河与顶层性设计相结合，将局部的实践探索和经验积累与宏观的理论概括和整体创新相结合。衔接这二者的内在机制是"坚持党的群众路线，建立社会参与机制，充分发挥人民群众积极性、主动性、创造性"[②]，将党性与人民性相结合。最后，需要深入研究理论成果转化为制度规则的内在机制问题。这一问题也就是探讨制度的发生学机制问题，历来都是不同制度理论研究的核心问题。尽管制度建构论与制度演化论在这一问题上持有许多截然不同的看法，但二者的融合是理论发展的大趋势。作为以建构为主的制度模式，政党为核心提炼出的政治思想理论如何转化为有用的规则并被足够多的人所采用，达到制度化的基本"临界点"，规则被长期保持，并通行于整个共同体这是我们需要深入研究的问题。制度的理论建构不是为所欲为的，不仅要考虑社会环境与效益的问题，还必须考虑到内在价值问题。将政治意识形态嵌入社会结构、精神基础和人心秩序之中，形成合理认知和社会"共同观念"是制度化的关键。在中国特色社会主义理论体系与制度演化的互动关系上，马克思主义的中国化与中国化马克思主义的大众化都是不可或缺的，这一过程具有"嵌入"与"改造"的双重面向。

---

① 胡锦涛：《坚定不移沿着中国特色社会主义道路前进，为全面建成小康社会而奋斗》，人民出版社 2012 年版，第 9 页。

② 《中共中央关于全面深化改革若干重大问题的决定》，人民出版社 2013 年版，第 60 页。

# 第 四 章

# 中国社会主义制度创新的最初探索与重要奠基

中国共产党人在新民主主义革命时期对新型国家制度建设进行了初步的探索，并且在局部执政中进行了多方面的实践。在建构怎样的国家政权和政权组织形式，实行什么样的政党制度以及国家构成形式，建构什么样的经济形态等问题的认识上不断与时俱进，积累了丰富的实践经验和理论成果，为中国社会主义制度的形成奠定了基础性资源。新中国建立后，国家基本的政治制度得以形成。三大改造的完成，最终在中国确立了社会主义基本制度。新中国的成立和社会主义制度框架的确立，为中国特色社会主义的形成和发展奠定了坚实的政治前提和制度基础，实现了马克思主义中国化制度创新与建构的重大历史突破。以毛泽东为代表的中国共产党人在理论上和实践上深入思考和推进了社会主义制度改革和完善的重大课题，对我国社会主义经济、政治体制改革进行了初步探索，为新时期中国特色社会主义制度的创新和发展提供了宝贵经验。

## 第一节 新民主主义革命时期制度建设初步探索的成就与逻辑

### 一 共产党人对近代中国国家制度建设的理论认知

对于一个后发现代化国家而言，赶超先进国家发展的压力异常沉重，人力资本、资源、知识、技术及等动力因素很难在短期内取得突破性进展,将这些不同因素合理安排配置的制度因素的重要性就尤为突出。高度重视制度因素作为现代国家发展的关键性内生变量的作用,是马克思主义和西方制度主义学派都特别强调的。进入近代的中国社会面临争取民族独立、人民解放和实现国家富强、人民富裕的两大历史任务,而从现代化的视角来看,也可以看作一个问题,那就是具备现代化的资格和推进现代化建设。而这一进程能否顺利的核心问题,就是建立同现代化相适宜的社会制度框架问题。成长于五四新文化运动中的中国共产党人,对完成革命救亡和谋求国家未来现代化发展的国家制度建构问题在吸收以往先进经验的基础上,将马克思主义与中国实际相结合,不断与时俱进,进行了影响深远的国家制度建设的理论和实践探索。

**(一) 建构新型的现代国家制度体系是民主革命的中心任务之一**

1911 年辛亥革命之后,在现代化方向上推进国家建设的探索全面展开。在这个进程中,1921 年中国共产党的成立,是一个重要的转折和日后走向成功的开始。中国共产党在中国现代国家建设中扮演了核心角色,开辟了以社会主义为取向的现代国家建设和发展历程,并取得巨大成就。中国共产党在其成立伊始就提出了要建立一个新政权、建设一个新社会的主张,当然对于怎样建设一个新国家制度还没有清晰的概念。中共二大时,中共对建设一个新国家开始进行比较系统的思考。在分析中国社会政治经济情势的基础上,二大提出了一份共产党的建国构想[①],此时,中国共产党对未来国家基本制度的认识还没有结合国情的更深刻认识,其理念更多地带有浓厚的苏俄经验成分。如在国家形式上采用联邦制的观点,离国情实际相差甚远。大革命的失败,从根本上改变了中国共产党人国家建构的最初设想,国家建设更多地被纳入革命逻辑的框架之中。"八七会议"后,将武装斗争与政权建设有机统一,在中国农村开辟革命根据地成为正确的选择。1929 年下半年至 1930 年上半年,中国共产党在全国范围内建立了十几块农村革命根据地,红军兵力也发展到十几万。在此基础上,中共开始构想建立中华苏维埃共和国。1931 年 11 月,在江

---

① 中央档案馆编:《中共中央文件选集》(第 1 册),中共中央党校出版社 1989 年版,第 115—116 页。

西瑞金成立了中华苏维埃共和国临时中央政府，并且通过了《中华苏维埃共和国宪法大纲》等一系列法令。这些法令是根据政权建设和根据地建设的实际制定的，也包含了中国共产党人对未来国家建设一些基本制度原则的设想。中华苏维埃政权是工农革命政权，抗战爆发后，中国共产党为了更好地凝聚全民族和全体人民的力量进行抗日斗争，调整国家建设的取向，扩大政权利益的包容程度，把工农共和国改为人民共和国。对此，毛泽东在理论上分析说"我们的政府不但是代表工农的，而且是代表民族的"[1]。抗战时期在延安局部执政的中国共产党围绕人民共和国的国家建设的一系列制度实践为以后建立以人民民主为基础的人民共和国奠定了重要的政治和社会基础。1940年，毛泽东在《新民主主义论》中系统地阐述了共产党在中国建设新国家制度体系的构想。"在这个新社会和新国家中，不但有新政治、新经济，而且有新文化"[2]。这个新国家的基本政治制度格局是"国体——各革命阶级联合专政。政体——民主集中制"[3]。对于新型国家的基本经济制度格局，毛泽东认为"在中国建立这样的民主共和国，它在政治上必须是新民主主义的，在经济上也必须是新民主主义的"[4]。新民主主义方向的国家建设一直指导着中国共产党此后的国家基本制度建设实践，并在新中国成立后，伴随着建设和改革实践不断得以完善。建构新型的现代国家制度体系问题一直是民主革命时期中共将马克思主义中国化，推进理论创新、实践创新和制度创新的主旨问题之一。历史实践也证明了它对这一问题的解答取得了成功。与中国共产党相比，中国国民党对处在现代化诉求中的新型国家建设问题的回答一直没有提供一个清晰的、整体性的、可行的未来蓝图，这是它整体战略上的失败。

### （二）社会主义是中国现代国家制度建构的基本方向

俄国十月革命的胜利，使得社会主义思想在中国广泛传播，由此也成为中国变革社会、建构新型国家的方向目标。"中国共产党在这样的历

---

[1] 《毛泽东选集》（第1卷），人民出版社1991年版，第158页。
[2] 《毛泽东选集》（第2卷），人民出版社1991年版，第663页。
[3] 同上书，第677页。
[4] 同上书，第678页。

史背景下诞生，与生俱来地承担了在中国建设社会主义的历史使命。"① 将社会主义作为国家制度建构的未来基本方向是中国共产党人一直秉持的认识原则。毛泽东认为中国的新民主主义革命："是建立社会主义社会之间的一个过渡的阶段"，"中国的社会必须经过这个革命，才能进一步发展到社会主义的社会去，否则是不可能的"。② 中国共产党人根据马克思主义基本原理与中国实际提出了中国由新民主主义革命向社会主义革命转变的理论和策略，由新民主主义国家制度体系进一步建构社会主义国家制度体系，是中国现代国家制度建构的基本方向。正如毛泽东在《新民主主义论》中所提出的，"共产主义是无产阶级的整个思想体系，同时又是一种新的社会制度。……是自有人类历史以来，最完全最进步最革命最合理的"③。中国共产党人关于新型国家制度体系建设社会主义方向的认识，在一定程度上是近代先进中国人革命救国理论认识的进一步延伸，特别是民主革命先行者孙中山新三民主义思想的深化。孙中山晚年在共产国际和中国共产党的帮助下，顺应时代要求，发展旧三民主义为新三民主义，也即"革命的三民主义"，而且孙中山认为"民生主义就是社会主义，又名共产主义，即是大同主义"。④ 虽然孙中山的社会主义并不是真正的科学社会主义，但其思想认识代表了当时先进中国人对世界发展趋势和未来中国前途理性的、负责任的思考，其中不少内容为以后的中国共产党人继承、发展乃至实践。

**（三）新民主主义国家理论是制度建设的理论支撑**

中国共产党人在民主革命时期的制度化建设的实践是在一种全新的理论支撑下进行的，这一理论的核心就是新民主主义国家理论。毛泽东是新民主主义这一国家理论的集中阐述者。关于新民主主义国家理论的认识经历了由工农民主专政到革命阶级联合专政再到人民民主专政的发展历程。毛泽东新民主主义国家理论在政治层面包括国体和政体两大方

---

① 林尚立：《社会主义与国家建设：基于中国的立场和实践》，《社会科学战线》2009年第6期。
② 《毛泽东选集》（第2卷），人民出版社1991年版，第647页。
③ 同上书，第686页。
④ 《孙中山全集》（第9卷），中华书局1986年版，第355页。

面。国体理论，是指社会各阶级在国家中的地位的界定。政体理论，是对国家政权形态和组织形式的基本安排。此外，毛泽东新民主主义国家理论还包含经济、文化等方面的多重内容，是马克思主义国家理论中国化的集中成果。

首先，关于新民主主义国体理论的认识。在新民主主义革命时期，中共一开始是想完全模仿苏联式的无产阶级专政形式的，在土地革命时期的"左"倾冒险时期表现得尤为突出。实践很快证明，这种照搬是行不通的。毛泽东关于新民主主义的国体理论是在否定了旧的资产阶级专政道路以及完全苏联化模式之后所做的，旨在过渡到社会主义社会形态的国家制度选择。毛泽东同时又高度重视革命实践的客观要求，认为在新民主主义革命阶段中国尚不具备确立完全社会主义制度的条件。一个符合中国国情，且目标是朝着社会主义社会建立的过渡型的国家制度形态——新民主主义国家制度，才是理想的选择。在1938年的《论新阶段》中毛泽东说，"这个国家是一个民权主义的国家"。在1939年发表的《中国革命与中国共产党》中，毛泽东说："它不造成资产阶级专政，而造成各革命阶级在无产阶级领导之下的统一战线的专政。"[1] 在《论联合政府》中毛泽东则直接提出"新民主主义的国家制度"[2] 的概念。从以上毛泽东的著作和相关论述中，我们可以看出，新民主主义国家制度应该是一个无产阶级领导下的、以工人农民两大阶级联盟为基础的、各个革命阶级联合专政的新型人民民主共和国。其中，无产阶级政党的领导、各进步阶级统一战线的联合执政以及人民民主是其基本规定。

其次，对新民主主义国家政体问题的认识。毛泽东认为"没有适当形式的政权机关，就不能代表国家"[3]。那么，新民主主义共和国的政权形式是什么样的呢？在《新民主主义论》中毛泽东指出，中国现在可以采取国民大会、省级、县级以及区乡等各级民众代表大会的系统，并由各级大会选举政府。这种操作"适合于新民主主义的精神，这种制度即是民主集中制"，"就是今天'建国'工作的唯一正确的方向"[4]。在随后

---

[1] 《毛泽东选集》（第2卷），人民出版社1991年版，第648页。
[2] 《毛泽东选集》（第3卷），人民出版社1991年版，第1056页。
[3] 《毛泽东选集》（第2卷），人民出版社1991年版，第677页。
[4] 同上。

进一步的认识中，毛泽东又对这一基本思想进行了补充。在《论联合政府》中毛泽东分析新民主主义政治中的政权构成指出，民主集中制是新民主主义政权构成的基本原则，并且对民主集中制的具体内涵要求作了阐述和分析。在1948年晋绥干部会议上的讲话中，毛泽东充分肯定了在土地改革过程中同时建立区乡两级人民代表会议及其选出的政府委员会的做法，新民主主义政权建设思想指导了这时人民民主政权的建立工作，并在实践中完善发展。在1949年的中国人民政治协商会议第一届全体会议通过的《中国人民政治协商会议共同纲领》中，以宪法的形式确立了人民代表大会制度为我国政权组织形式的地位。新民主主义国家政体的组织形式具有两大特点：一是民主集中制的组织原则；二是选民选举产生的人民代表大会是新民主主义政体中的最高权力机构。这些原则规定不仅是新民主主义国家政权的基本组织原则，也是今天中国特色社会主义国家制度体系规定的基本原则，其基本精神的彰显和体现形式的完善是发展中国特色社会主义制度的重要问题。另外，在对新民主主义国体和政权组织形式的论述中，关于共产党领导的多党联合执政的理论探索也在发展。毛泽东在《论联合政府》中提出建立多党合作的联合政府的战略目标①，1948年4月，中共中央发布了《纪念"五一"劳动节口号》，郑重提出，"各民主党派、各人民团体及社会贤达，迅速召开政治协商会议，成立民主联合政府"②。由此，揭开了中国共产党领导的多党合作事业的新篇章。

最后，新民主主义国家理论在经济文化等层面的认识。毛泽东新民主主义国家的经济形态理论，相当系统地阐明了新民主主义经济的基本图景。其基本特征是实现民主革命与社会主义革命直接衔接并领导社会主义革命顺利进行，在中国确立以社会主义公有制制度基础为目标的经济理论。第一，新民主主义经济是一种先进的社会主义经济和旧的资本主义经济并存与竞争，并由社会主义经济逐渐取得胜利的混合经济形式。在1941年《农村调查》的跋中毛泽东说，在新民主主义经济的各种成分当中，"国营经济与合作社经济是应该发展的，但在目前的农村根据地

---

① 《毛泽东选集》（第3卷），人民出版社1991年版，第1062页。
② 中共中央文献研究室：《中华人民共和国文选》，中央文献出版社1999年版，第3页。

内，主要的经济成分，还不是国营的，而是私营的，而是让自由资本主义经济得着发展的机会，……这是目前中国最革命的政策，反对与阻碍这个政策的施行，无疑义地是错误的"①。在《论联合政府》中，毛泽东进一步说，"在现阶段上，中国的经济，必须是由国家经营、私人经营与合作社经营三者组成的"②。1948年9月，中央政治局会议关于经济构成更加明确地认为，国家经济包括掌握着经济命脉的社会主义性质的国营经济、国家资本主义经济、合作社经济和私营经济等。第二，新民主主义经济是各革命阶级联合的民主性经济模式。这种经济民主体现为全国各阶级各有财权，各得其所，尤其是要保证广大工人农民的利益。在六届六中全会报告《论新阶段》中，毛泽东说："这个国家是一个民生主义的国家，它不否认私有财产制。但须使工人有工作，并改良劳动条件。农民有土地，并废除苛捐杂税重租重利。学生有书读，并保证贫苦者入学。其他各界都有事做，能够充分发挥其天才。一句话，使人人有衣穿，有饭吃，有书读，有事做。我们所谓民主共和国，就是这样一种国家，就是真正三民主义的中华民国。不是苏维埃，也不是社会主义。"③ 第三，国营经济在新民主主义经济中应居于领导地位。在整个民主革命的过程中，中国共产党和毛泽东本人都不断强调节制资本，不允许私人资本主义经济操纵国计民生。同时，强调国营经济掌控国计民生的领导地位。这样做的根本目的在于为民主革命的胜利和巩固其政治制度提供经济保证。

总之，中国共产党人在新民主主义革命时期对通过革命变革，建立一个新的国家制度体系在理论认识上形成了一套较为完整和成熟的理论观点，这一时期制度建设的实践很大程度上是依托这些理论认识，通过政党主导的强制性制度变迁。在实践中，新民主主义革命时期的制度建构的探索历程表现为土地革命时期的工农民主制度实践向后来的人民民主制度实践的转变过程。

---

① 《毛泽东选集》（第3卷），人民出版社1991年版，第793页。
② 同上书，第1058页。
③ 《中共中央文件选集》（第11册），中共中央党校出版社1991年版，第634页。

## 二 新民主主义革命时期制度建设的主要成就

### (一) 根本政治制度的建设探索

中国特色社会主义的根本政治制度是人民代表大会制度，人民代表大会制度的雏形是苏维埃制度。在土地革命时期中国共产党人实践过苏维埃制度，在抗战早期实践过议会民主倾向的"三三制"模式，在民主革命后期则逐渐向人民代表会议制度转型发展。

第一阶段：苏维埃模式的制度化实践。

土地革命时期中共政权制度建设的代议制模式普遍模仿和实践苏联的苏维埃模式，这一模仿和实践的时间虽然不长，却对后来国家根本政治制度的运行和改革留下了重要影响。中共中央对苏维埃政权制度的较为详细的规划与设计这个时期主要有三次。第一次是1928年3月10日通过的《中央通告第37号——关于没收土地和建立苏维埃》（简称《通告》）；第二次是1928年在莫斯科召开的中共六大通过的《苏维埃政权组织问题决议案》；第三次是1930年对地方性苏维埃的运行所做的补充规定。在《通告》和《苏维埃政权组织问题决议案》后成立的苏维埃政权，绝大多数都是以召开工农兵代表大会，选举产生政府主席和执行委员会的方式来进行的。各地建立苏维埃政权的基本模式是由党组织发起召开工农兵代表大会，通过大会宣言及大会决议案，选举以主席为首的政府成员。[①] 由于这一时期的苏维埃政权建设已经上升到县级以上的层次，各个苏维埃区域也开始逐步以立法形式设定苏维埃产生的方式和模式。在产生方式上，一般规定代表大会的代表和政府组成人员都应由选举产生。选举产生的人员按一定层级就位和工作。在政权结构模式上，此时期由于全国性政权尚未形成，各区域的做法有很大不同。关于代表的选举制度，大都强调要排除地主和资产阶级，要由工农兵代表组成，但不同区域对代表权的运用，存在较大差异。

1931年11月7日—20日，中国共产党所领导的苏维埃政权的第一次

---

① 何俊志：《从苏维埃到人民代表大会——中国共产党关于现代代议制的构想与实践》，复旦大学出版社2011年版，第39页。

全国代表大会在江西瑞金召开,这次大会已经是站在全国性政权的高度来进行的。此后,苏维埃政权就开始按照全国性政权的模式和权力结构来统一规划和运行。在组织模式上,中央层面的苏维埃组织由全国苏维埃代表大会、中央执行委员会、中央执委会主席团和人民委员会四个层次构成。中央执行委员会主席团是中央执行委员会闭会期间的最高权力机关,主席团由主席1人,副主席2—4人,和不超过25个委员组成,主席团向中央执行委员会负责。人民委员会是中央执行委员会的行政机关,负责处理全国政务。人民委员会对中央执行委员会及其主席团负责,并向他们做工作报告。人民委员会包括外交、劳动关系、土地分配、军事斗争、财政粮食、教育文化、司法内务等委员会,并下设各职能部门。地方苏维埃政权的组织模式方面,省、县和区级苏维埃政权分为代表大会、执行委员会和主席团三个层次。乡和市级苏维埃政权是苏维埃共和国的基层组织,其代表由选举直接产生,也不设下级组织,采取一种高度简化和议行合一的模式。在选举制度上,中华苏维埃执行委员会制订了《中华苏维埃共和国选举细则》,1933年又颁布了修改后的《苏维埃暂行选举法》。这些法条对选举权和被选举权的要求做了详细设定。并在选举权上给予无产阶级以特别的权利,增多无产阶级代表的比例名额。[①]另外,当时的苏维埃代表的选举活动主要以运动的形式来进行,选举运动的举行受当时选举以外的其他政治意图所支配。这一现象也在后来的制度化建设中存续了很久。在苏维埃政权的党政关系方面,苏维埃政权是在党的领导下产生的,中国苏维埃在产生之日起,就是中国共产党领导下的政权机关。苏维埃的选举活动也是在党的领导下具体展开的,代表大会选出之后,党组织就会通过在各代表团内部建立党支部的方式,来实施对各代表团的领导。苏维埃代表大会的会议内容和议程,也来自党组织事先所准备的方案。在大会闭会期间,党通过建立党团的方式对政务进行领导。苏维埃政权期间党政关系格局的影响仍然可以在当代中国政治制度的框架中寻找到端倪。

第二阶段:参议会制度模式的实践探索。

---

① 中央档案馆:《中共中央文件选集》(第7册),中共中央党校出版社1991年版,第773页。

延安时期，中国共产党根本政治制度的实践在苏维埃之后，实践了参议会的制度模式，参议会制度也成为从苏维埃制度向人民代表会议制度转型的过渡性制度。参议会制度相对苏维埃制度而言有许多突破，这些因素大部分都融入了中国特色社会主义制度体系之中。

在参议会制度的实践历程中，经历了由最初的议会阶段，到参议会阶段，进而发展到"三三制"原则之下的参议会阶段的三个发展阶段。华北事变后，中国共产党意识到，以"抗日反蒋"为原则的"人民共和国"的政权主张需要随着客观形势的变化而加以调整。1936年8月25日，中共发表宣言"赞助建立全中国统一的民主共和国"[①]，在1937年2月10日致国民党五届三中全会的电文中提出，决定将工农政府改为中华民国特区政府，接受南京中央政府之指导，并在特区实施普选的彻底的民主制度。在经过研究后，中华苏维埃共和国西北办事处开会通过了《陕甘宁边区议会及行政组织纲要》和《陕甘宁边区选举条例》。西北办事处主任林伯渠对此发表了《由苏维埃到民主共和制度》的文章，在文中林指出这种新的民主制度的特点是：实现真正民主选举制度及议会制度，各级议会议员均按平等直接无记名的投票方法产生，议员对选民负责；议会议员产生按生产单位选举，而且必须有武装部队直接选出的议员代表；各级行政长官由议会代表会议选举，对议会负完全责任。[②] 这些阐述表明，这一时期，中国共产党试图追求议会制民主模式。在实践中，这时的议会民主制实践相当短暂，而且运行非常有限。其主要原因是相关的规定要求在操作中存在许多现实问题。如在选举方面，在边区经济文化落后地区进行直接选举困难较大、事倍功半。在政权体系设计方面，议会与行政并立的二元体系在实践中难以真正运行，事实上，在实践中仍然沿用苏维埃后期的运作模式。1938年7月，国民政府在汉口召开国民参政会第一届一次会议，做出了在各省召开参议会的决定。边区政府作为国民政府下属的一个地方政府，相当于省的建制。为此，边区政府决定参照国民政府颁布的《省参议会组织条例》，召开边区参议会。陕甘

---

[①] 中央档案馆：《中共中央文件选集》（第11册），中共中央党校出版社1986年版，第83页。

[②] 中央档案馆：《陕甘宁边区抗日民主根据地》（文献卷·上），中共党史资料出版社1990年版，第194页。

宁边区第一届参议会曾通过了《陕甘宁边区各级参议会组织条例》，第二届参议会又通过了新的《陕甘宁边区各级参议会组织条例》。① 在这两个组织条例中，设定边区参议会的组织体系包括边区、县和乡三级参议会，在性质上，规定参议会为代表边区各级之民意机关。

在中共践行参议会制度发展史上，非常重要的一个历史阶段就是从1940年开始，中共中央提出了边区政权建设的"三三制"原则。在操作层面上，边区先在陇东、绥德两个分区试行，进而在1941年发布《陕甘宁边区施政纲领》，开始彻底实行"三三制"的选举运动，给各级党委发出指示②。"三三制"的实行对参议会制度的运行产生了深远的影响：一是参议会议员的选举与构成发生了非常大的变化，不仅在理论上扩大了享有选举权与被选举权的主体，而且在政府内部构成中，也向其他社会阶级敞开了空间，使代议机构阶级成分更为多元化；二是"三三制"的实行，也意味着中共在边区执政的方式会发生变化，处理好中共与非党员、非工农群众的议员和官员的关系成为现实问题。这预示着协商作为一种工作方式现实地摆在执政进程中。同时，参议会与政府组成人员的调整对党的领导提出了挑战，也带来了许多现实的问题。在革命的逻辑中，自由民主主义的参议会宪政实践与革命现实要求的组织集中、决策高效的矛盾越来越多地表现出来。在这一背景下，中共中央政治局在1942年通过的《九一决定》和随后召开的中共西北局高干会议重新提出党对根据地领导的"一元化"问题。在这两次会议前，围绕参议会制度的争议集中在两个方面：一是参议会的常驻会与党的领导关系如何摆，该不该保留常驻会；二是参议会是实行议行并立的二元模式，还是民主集中制的一元模式。在《九一决定》和高干会议后，为贯彻会议精神，纠正实践中存在的一系列问题，中共西北局重申新民主主义政权的民主集中制组织原则，深刻批判了一些地方参议会实践中存在的"三权分立"或"两权分立"的倾向。作为二权并立的参议会常驻会的"性质已改变"，其监督与制约作用进一步弱化。另外，对选举的重视程度也开始下

---

① 杨圣清：《新中国的雏形——抗日根据地政权》，广西师范大学出版社1994年版，第154—155页。
② 陕西档案馆、中央档案馆：《中共陕甘宁边区党委文件汇集（1940—1941）》甲2，档案出版社1994年版，第304—305页。

降。在西北局高干会议的总结报告中，任弼时代表中共中央提出，"单单只有选举一项，并不能成为真正的民主主义"，"三三制"政府都是由人民选举出来的，政府是为人民办事的，"今天边区的中心任务，不是选举而是建设，尤其是经济建设"。① 在经过两次会议的争论后，原来试图在边区建立起议会民主制模式的制度化趋势，已经完全让位于在民主集中制的基础上建立人民代表会议制度的主张。

第三阶段：参议会向人民代表会议的转变。

实际上，中共中央即使在1937年决定将原来的苏维埃模式改为参议会模式时，在内部决议中还是决定"将来还是要搞苏维埃的"②。在经过对议会民主的参议会模式的反思与重构后，将参议会模式改为"人民代表会议"的主张，就越来越多地被提了出来。1945年10月5日，陕甘宁边区政府选举委员会发出的《关于今年乡选工作致各专员县市长的信》中，就已经明确提出"为使乡（市）政权真正的实行议行合一制，议员直接由人民选举，直接向人民负责，现在边区参议会常驻会和边区政府决定改乡参议会为乡人民代表会制"③。在实践中，参议会模式及"三三制"原则在逐步弱化和消亡。毛泽东在晋绥干部会议上也讲到"建立区村两级人民代表会议及其选出的政府委员会，是可能的和必要的"④。新型代表会议模式的探索，在1948年召开成立的华北临时人民代表大会上得到了集中体现。这次大会的召开，为后来各区召开代表会议提供了样板。第一，华北临时人民代表会议模式确立了代表选举的基本规则和中国共产党关于代表构成的一些基本政策。在代表选举的基本规则上，确立了区域代表、妇女代表、职工会代表、军队代表、社会贤达代表、商会代表等10种类型的代表产生模式。在党派构成上，确立了中共党员在各级人民代表大会中约占2/3的传统。第二，初步探索了中共的组织结构如何在代议机构中运行的程序和方式。华北临时人民代表大会的召开及其在区县一级的扩展，不但在华北结束了原有的参议会模式而建立起了新的代表会议模式，而且对解放初期其他地方代表会议的召开和政权

---

① 中共中央文献研究室：《任弼时传》，中央文献出版社2004年版，第599页。
② 谢觉哉：《谢觉哉日记》（下），人民出版社1984年版，第740页。
③ 韩大梅：《新民主主义宪政研究》，人民出版社2005年版，第200页。
④ 《毛泽东选集》（第4卷），人民出版社1991年版，第1309页。

建设产生了直接影响,是中共探索根本政治制度建构历程中的重大成果。

### (二) 政党间协商制度关系的探索

近代中国民主共和思想是在与其他政治思想体制的对比中被选择出来的。中国共产党在对比资产阶级民主共和体制和苏联式的民主共和体制后选择了以"几个革命阶级联合执政"为基本特征的新型共和体制。这一体制设想内含的是政党间的协商民主形态在中国政治制度格局中居于非常重要的地位,它既是一种主要的民主形式,也是一种国家新制度建构的基本原则。在新民主主义革命时期,中国共产党在长期的革命战争实践中一直秉持"协商民主"精神,同其他社会民主力量合作共事、政治协商,为中国特色政党协商民主制度的建立奠定了坚实的理论与实践基础。

中国共产党对于协商性政党关系的探索始于大革命时期。大革命失败后,国民党右派极力推行一党专政,残酷镇压中共和其他第三党派,此时共产党在争取与民主党派合作、推翻国民党右派的反动统治上做出了积极的努力。虽然当时由于种种原因双方的协商合作没有真正实现,但其中的政党协商愿望是很明显的。九一八事变后,随着民族矛盾的上升,在反蒋抗日的联合斗争中,中共由积极谋求推翻国民政府逐步转向支持推动国民政府以实现全民族团结抗战的战略目的。由此,正式开始了中共和其他党派政党协商与合作的实践历程。《八一宣言》号召全国各党派停止内战一致抗日,瓦窑堡会议决议正式提出要建立最广泛的抗日民族统一战线[①]。1936年9月,中共中央发出了《关于逼蒋抗日问题的指示》。西安事变和平解决后,中共加强了和国民党方面的协商谈判。经过艰苦的努力,1937年9月,抗日民族统一战线正式建立,这既是政党间协商的重要成果,又为抗战时期政党协商的进一步发展奠定了框架。

抗战时期,中国共产党政党间协商的实践存在两个领域,一个是由中共主导的和各民主党派的协商;另一个是中国共产党以合作党的身份参与以全民抗战为主旨的政治协商。其主要载体是国民政府参政会等机

---

① 中央档案馆:《中共中央文件选集》(第9册),中共中央党校出版社1986年版,第610页。

构。在第一个协商政治领域，中共高度重视和第三党等民主党派的政治协商。在武汉期间，第三党章伯钧和彭泽湘曾经和周恩来、秦邦宪进行协商，双方共同回顾总结了过去两党之间的关系，一致表示要在今后密切合作。中共和乡村建设派也进行了认真的协商，1938年1月，梁漱溟访问了延安，毛泽东和他进行了两整夜长谈，梁漱溟认为毛泽东"说得头头是道，入情入理"[①]。皖南事变后，各党派领导人于1941年2月11日在与中共代表周恩来会谈后，经过反复讨论，决定在统一建国同志会的基础上组建中国民主政团同盟。中共积极支持他们的决定。1940年，中共在陕甘宁边区政权中实行的"三三制"原则，为这一时期与边区各阶层代表进行协商提供了一种组织化的路径。陕甘宁边区第二届参议会第一次会议选举的长驻议员中，共产党员只占1/3。许多民主党派（主要是国民党民主派）参加了政权。曾经提出"精兵简政"建议的开明绅士李鼎铭被选为陕甘宁边区政府副主席。"三三制"政权以普遍的平等的选举权为基础，兼具民主的价值与协商的精神，成为中国政党协商民主的一次试验。在国家层面的协商是以国民参政会为载体的，国民参政会是抗战初期成立的由各抗日党派和无党派人士代表组成的国民政府咨询机构，它的前身是1937年8月国民政府设立的国防参议会。国民参政会成立于武汉，抗战中迁往重庆，抗战胜利后又迁往南京。国民参政员由国民党在各抗日党派中"遴选"，国民党党员居多数。毛泽东、董必武、秦邦宪、吴玉章等都是第一届国民参政会参政员。国民参政会设有文化、经济、社会等团体参与渠道，中共及其他民主党派一些成员往往借助这些渠道参加参政会。国民政府规定国民参政会有决议权、建议权、询问权等权力，尽管实际上名实不符，但以召开国民参政会为契机，中共和民主党派之间进行了形式多样、次数频繁的政治协商。此外，各党派还利用参政会推动民主宪政运动，开展了宪政期成会、座谈会和促进会等协商活动。

抗战胜利后，中国政党协商的政治生态有了较大的变动，由于国民党右派不能容忍中共和其他民主党派的合法性，仍然试图维护一党专政，撕毁重庆政协会议达成的决议致使内战全面爆发。各民主党派在调解内

---

① 梁漱溟、汪东林：《访梁漱溟问答录》（五），《人物》1986年第6期。

战的努力失败后，特别是在遭到国民党的打压之后，开始更真诚地靠近共产党，接受共产党的政治主张。中国政党协商开始从以国民党为中心逐步变成由中共来主导。伴随着解放战争的节节胜利，1948年4月30日，中共中央发布了《纪念"五一"劳动节口号》号召"各民主党派、人民团体、社会贤达迅速召开政治协商会议，成立民主联合政府"[①]，重新举起了政治协商的旗帜。"五一口号"很快就得到了在香港的各民主党派的积极回应，何香凝、李济深、沈钧儒、马叙伦等民主党派领袖联名给中共中央和毛泽东发表电文，盛赞其"适合人民时势之要求，尤符同人等之本旨"[②]。中共在发出"五一口号"同时，也对即将召开的新政治协商会议作了规划[③]。"五一口号"发出后，在香港的各民主党派立刻纷纷召开各种形式的讨论会、座谈会，发表文章，围绕召开新政协的问题进行各种讨论，草拟各种方案。经过与各民主党派多次反复协商，1948年11月25日，中共和各民主党派达成了《关于召开新的政治协商会议诸问题的协议》，准备以新政协会议筹建新中国的各项事宜。1949年1月22日，李济深、沈钧儒等55人在解放区发表了《我们对于时局的意见》，表示"在人民解放战争进行中，愿在中共领导下，追求独立、自由、和平、幸福的新中国之早日实现"[④]。这个意见的发表意味着中国共产党与民主党派的党际合作关系已经由平等伙伴关系开始向领导与被领导关系转变。

### （三）对民族区域自治制度的初步探索实践

在新民主主义革命时期，中国共产党思考新型国家建设的一个重要问题还包括怎样建立新型的中央与少数民族地方政府关系问题。借鉴马克思主义国家自治思想，吸收俄国民族自治的成功经验，中国共产党对中国特色的民族区域自治理论和制度建设进行了创新和积极探索。中共

---

① 中央档案馆：《中共中央文件选集》（第14册），中共中央党校出版社1987年版，第111页。
② 同上书，第260页。
③ 《毛泽东书信选集》，人民出版社1983年版，第301—302页。
④ 中央统战部：《中共中央解放战争时期统一战线文件选编》，档案出版社1988年版，第319页。

在幼年时期思考解决中国国家政权与民族问题的思路受到苏俄模式的深深影响,在二大上第一次制定的民族问题的纲领中使用了"自治""民主自治邦""联邦共和国"的口号和主张,民族自决和联邦制是这时的基本认识。此后,在国内革命战争时期的认识一直沿用了二大的观点,强调民族自决权和联邦制。长征到达陕北后,鉴于日本帝国主义扩大侵略战争,民族危机加剧,中共开始对抗日条件下民族"自治"理论进行创新性思考,把民族"自治"政策与抗日救亡运动联系起来①。此后加强党对民族工作的领导,成为重要方向。1937年党中央设立少数民族工作委员会,下设回民和蒙古工作部,1941年设西北中央局,这是抗战时期党处理民族区域自治问题的主要机构,不适合中国国情的"联邦制"的想法开始被逐步放弃。1941年,《陕甘宁边区政府施政纲要》提出了建立蒙回民族自治区的设想②,根据这一原则,中共在关中地区的正宁县建立了回民自治乡,在城川建立了蒙民自治区。这预示着县、乡两级民族区域自治制度已经在实践创新了。1947年5月,内蒙古自治政府正式成立,这是最早建立的省级自治区,标志着省级民族区域自治制度的初步形成,这也是新中国成立后执政党选择适合国情的单一制下的民族区域自治制度的初始尝试。

**(四) 对基本经济制度格局的主要探索**

经济制度是社会制度包括政治制度、法律制度和其他具体制度的基础。新民主主义革命时期,中国共产党将马克思主义经济理论与国情实际相结合,形成了对根据地和整个国家现实经济状况的较准确认识,在新民主主义的经济形态、性质及其向社会主义的过渡等重大理论问题上做出了较为系统完整的解答,并在执政实践中进行了多方位制度化的努力。

其一,对所有制格局的探索。

马克思主义制度理论认为生产力的发展水平总体上决定社会生产关系和制度的格局。共产党人对新民主主义时期国家基本生产关系的把握

---

① 何作庆:《新民主主义革命时期党对民族区域自治理论的创新》,《红河学院学报》2003年第2期。
② 中央档案馆:《中共中央文件选集》(第13册),中共中央党校出版社1991年版,第93页。

是建立在对中国半殖民地半封建社会经济形态的科学分析基础上的，近代中国半殖民地半封建的国情是新民主主义经济理论和实践的现实依据。中国共产党人直接汲取了20世纪20—30年代中国社会性质和中国社会史论战的成果，总结了马克思主义理论工作者对中国社会性质问题探索的珍贵思想结晶，形成了对中国社会性质科学化的认识。毛泽东在他的新民主主义理论框架中深入分析了半殖民地半封建中国的经济社会关系和社会基本矛盾，这些见解为新民主主义经济理论的提出奠定了坚实的理论基础。所有制是经济制度的基础，新民主主义经济产生的历史前提和社会基础决定了其在所有制格局上是多种所有制类型并存的混合制度模式。毛泽东在《新民主主义论》中首次较完整地论述了新民主主义经济所有制构成，明确了新民主主义的经济将由国营经济、自由资本主义经济和农民的个体经济这三种主要的经济成分所构成的观点。在《论联合政府》的报告中，进一步提出："在现阶段上，中国的经济，必须由国家经营、私人经营与合作社经营三者组成的"①。这里的私人经营，包括了私人资本主义和个体经济两种经济成分，在七大报告中，又较细地区分了这两种经济类型。1947年12月，毛泽东在《目前形势和任务》的报告中，进一步明确了对新中国的经济构成的理论认识②。在混合所有制格局中最重要的是公有制与私有制的地位关系问题，这一问题决定这种所有制的根本性质和发展方向。学者于光远研究后指出，在新民主主义经济所有制格局的认识上，经历了由早期私有制主导到后来强调国有国营经济主导的演变过程。③ 在20世纪40年代早中期，新民主主义经济所有制格局中，关注的重心主要在私人资本主义经济的发展上，这时期毛泽东强调得较多的是发展私人资本主义经济对半殖民地半封建中国的重要性，因为这样做"不但有利于资产阶级，同时也有利于无产阶级"。伴随着解放战争形势的发展，在1948年"九月会议"后，中共主要领导人在这一问题的认识上开始变化，开始更有意识地强调国有、公有经济的社会主义性质和主导性地位。这一认识的后续发展，已经包含了新中国成立后

---

① 《毛泽东选集》（第3卷），人民出版社1991年版，第1058页。
② 《毛泽东选集》（第4卷），人民出版社1991年版，第1254页。
③ 于光远：《从新民主主义论到社会主义初级阶段论》，载《于光远经济学文选》，经济科学出版社2001年版，第1—3页。

很快建立单一制、完全计划经济模式的思想框架。①

其二,对分配制度的探索。

在新民主主义革命时期,正确处理经济收入的分配问题对于保障新民主主义革命战争的胜利有着极为重要的意义。在革命战争的环境中,中国共产党较为正确和妥当地处理了分配问题,在实践中形成了丰富的分配制度思想。在分配原则上,按劳分配思想已经初步形成。毛泽东在抗战初期指出"平均主义的薪给制抹杀熟练劳动与非熟练劳动之间的差别,会降低了劳动者的积极性,代之以计件累进工资制,能鼓励劳动积极性"②。在实践中,提出了抗日根据地实行按劳分配的三种形式,分别是企业员工可以身份入股获得分红制,实行计件工资分配及按质分红和个人分红制相结合。③ 1941年颁布的《陕甘宁边区施政纲领中》明确提出,"实行合理的税收制度,居民中除极贫者应予免税外,均需按照财产等地或所得多寡,实施程度不同的累进税制。"④ 半殖民地半封建经济状态中,土地是最主要的生产资料,中国共产党人继承了孙中山晚年新三民主义的基本主张,将"平均地权""耕者有其田"的思想实践化。依据革命不同时期社会矛盾的变化,中共灵活制定符合当时革命实际的土地分配政策,第二次国内革命战争时期制定了变封建半封建的土地所有制为农民的土地所有制的土地革命路线;抗日战争时期实行地主减租、农民交租的土地政策;解放战争期间,中共中央又制订了《中国土地法大纲》,规定了没收地主阶级土地、废除封建土地剥削制度,实现耕者有其田,按农村平均人口数量平均分配土地的土地制度。在分配土地的具体方式方法和对象范围的规定上,也在不断与时俱进地进行调整。民主革命时期的经济分配制度已经在初步探索与所有制的格局相适应的问题,分配政策主要服务于当时的战争和保障生产的需要,开始思考摆正公平

---

① 任晓伟、赵启:《新民主主义政治经济学说与中国计划经济的确立》,《陕西师范大学学报》(哲学社会科学版)2005年第6期。

② 卫兴华、洪银兴:《中国共产党经济思想史论》,江苏人民出版社1994年版,第136—137页。

③ 吴丰华、白永秀等:《中国共产党90年分配思想:阶段划分与成果梳理》,《经济学动态》2011年第6期。

④ 中央档案馆:《中共中央文件选集》(第13册),中共中央党校出版社1991年版,第92页。

与效率的关系。正如毛泽东在1947年12月中共中央扩大会议上指出的，"新民主主义国民经济中的指导方针，必须紧紧地追随着发展生产、繁荣经济、公私兼顾、劳资两利这个总目标。一切离开这个总目标的方针、政策、办法，都是错误的"①。

### （五）新型法律体系建设的探索

法律体系是一个政权制度体系的规范表达和文本形式，现代国家制度的构建需要明确的法律表达和规定。马克思主义法律制度观认为，法律规则和制度体系都是统治阶级意志的体现，国家政权的性质决定法律的性质。中国共产党在民主革命时期建构新型国家的制度实践中非常重视法制体系建构的重要性，其法制体系建设经历了从无到有、从零散简单到系统完整的进步过程。在江西瑞金中华苏维埃共和国时期，制定了《中华苏维埃共和国宪法大纲》，其明确规定了以工农民主专政为核心的国体、工农兵代表大会制度为特征的政体以及以工农兵从政治经济文化诸方面享有高度的民主自由权利为主要内容的新型法律体系。依据这一宪法大纲陆续颁布了选举法、土地法、劳动法、婚姻法及各种刑事法规，建立了新型的审判和司法制度。这一新型法律体系与北京政府时期的《暂行新刑律》以及南京国民政府颁行的"六法全书"相比较，其反对大地主、大资产阶级各种特权，保障社会工农大众基本政治、经济、社会权利的阶级立场是非常鲜明的，为新型国家专政形式提供了重要保障。民主革命时期中共法制建设的主要成就集中在这样一些方面：一是高度重视新制度的立宪工作，在不同革命形势下，以宪法大纲的形式及时确立新型政权体系。先后在土地革命时期制定了《中华苏维埃共和国宪法大纲》，抗日战争时期制定了《陕甘宁边区施政纲领》，解放战争时期颁行了《陕甘宁边区宪法原则》这三个宪法法案。二是法制建设的内容较为广泛，包括民主宪政、廉政法制、经济法制、社会管理规则等方面。三是建构了较为完整的法律法规体系，通过一系列法律、法令、条例、训令等形式，民主政权形成了宪法、行政法、选举法、组织法、刑法、土地法、经济法、劳动法、税法、商法、军事法、婚姻法和社会保障法

---

① 《毛泽东选集》（第4卷），人民出版社1991年版，第1256页。

等新型法律法规体系。这些法律法规很多都成为新中国法制建设的直接渊源。四是司法体制的建设,形成了比较完善的司法组织体系和颇具特色的诉讼审判制度,健全了陪审制度,探索了诸如公开审判制度、死刑复核制度、人民调解制度、四级两审终审制度等行之有效的司法制度。还比如抗战时期探索的将群众路线的工作方针运用于司法审判工作的"马锡五审判方式"以及解放战争时期首创的"管制"刑种等。这当中有许多制度、概念、原则,今天仍在沿用。

**(六) 对政治、经济、文化、社会管理等具体体制的实践探索**

一个社会的制度体系是包括基本制度、具体制度和运行机制在内的完整系统。中国共产党在民主革命时期,特别是局部执政时间最长的延安时期,围绕着新型国家制度建构的探索也伴随着对制度安排实效运行的操作。在局部执政实践中,形成和积累了大量围绕经济、政治、社会、文化的具体运行层面的行之有效的体制和机制。

在政治运行层面,随着新型人民民主政权的各阶级联合执政的国体以及由参议会形式、人民代表会议形式的政体实践的推进,中共在民主革命时期对实行怎样的政党与政权的连接形式,如何改善党对政权的领导方式,实行怎样的决策机制、干部人事制度以及行政运行体制,怎样扩大群众的政治参与等政治运行层面的具体制度问题,进行了积极的探索。在正确处理党政关系问题上,中共先后多次颁布施政纲领来规范党与政府的关系,如在1941年5月1日,中共中央政治局批准的《陕甘宁边区政府施政纲领》(即《五一纲领》)强调"本党愿与各民主党派及一切群众团体进行选举联盟,……在共产党员被选为某一行政机关之主管人员时,应与党外人士实行民主合作,不得一意孤行,把持包办"[1]。毛泽东在谈到党在政权中的领导问题时讲得很清楚:"所谓领导权,……说服和教育党外人士,使他们愿意接受我们的建议。"[2] 在延安时期非常重视党内民主实践,初步形成了党内民主的制度框架。在探索民主高效的

---

[1] 中央档案馆:《中共中央文件选集》(第13册),中共中央党校出版社1991年版,第91页。

[2] 《毛泽东选集》(第2卷),人民出版社1991年版,第742页。

决策机制方面，多次调整和精简中央决策机构，完善决策的过程和方法，形成了非常多的思想认识和经验。在党的领导干部的选拔、任用、教育、监督等体制方面，探索了一系列行之有效的具体规则。

经济体制是一定社会阶段进行生产、流通和分配等经济活动的具体组织形式和管理体系，包括生产体制、流通体制、财政体制、税收体制、投资体制、金融体制、监管体制等。在民主革命时期的局部执政实践中，尽管边区的经济规模不大、经济结构相对简单，但在如何发展生产、搞活经济等方面，也积累了不少好的经验。毛泽东在这一时期曾不止一次谈及利用外国资本的问题。虽然这些设想因当时的历史条件所限没有实现，但却发出了经济发展开放性的先声。《陕甘宁边区施政纲领》中也明确提出"奖励私人企业，保护私有财产，欢迎外地投资……"[①] 20 世纪 40 年代初期，由于国民党政府对陕甘宁边区实行严密封锁，边区财政经济陷入严重困难之中。以陈云为代表的一批领导大胆进行经济理论创新，在革命的大环境中积极探索边区发展商品经济的可能性和现实路径，对边区的生产体制、流通体制、财政体制等方面的发展和完善进行了积极探索，积累了丰富经验。

在文化运行管理层面，延安时期奠定了新中国文化管理体制的基本框架[②]，围绕新型文化的性质与发展方向、文化与政治的关系、文化与民众的关系以及知识分子的地位与作用等问题，中共民主革命后期阐述了全新的文化观点。并且在实践中对文化的生产机制、传播机制、管理机制等进行了积极探索，这其中有许多文化管理体制成为新中国文化体制的重要来源。

在社会管理运行层面，中国共产党在民主革命时期，立足于旧中国诸多社会矛盾交织，人民生活贫苦，战争与匪乱重杂的异常复杂的现实，在局部执政时期，对社会的良性管理问题进行了积极的实践，积累了许多成功的历史经验。首先，注重围绕主要政治任务，对广大群众进行充分的政治动员，凝聚共识。其次，以保障各阶层民众的经济、政治基本

---

① 中央档案馆：《中共中央文件选集》（第 13 册），中共中央党校出版社 1991 年版，第 92 页。

② 蒯大申：《新中国文化管理体制形成的思想理论根源》，《毛泽东邓小平理论研究》2010 年第 2 期。

权益为中心,创新社会矛盾化解和利益调节机制,对社会的管理充分体现了公平、人本、大局为重的基本价值。最后,通过文化扫盲、思想宣传、改造二流子等多重手段,创新社会风尚,构建诚信和睦的新型社会关系。此外,中共还积极促进民众的联合和组建各类型社会团体,形成政党、政府、各党派团体、民众组织复合参与的基层社会管理体制,创新了基层组织管理体系,维护了良好的边区社会秩序。

## 三 新民主主义革命时期制度建设的内在逻辑

### (一) 革命逻辑与民主逻辑双重变奏中的制度建设

梳理中国共产党局部执政时期制度建设的轨迹可以看出,追求以人民主权为核心内容的新型国家制度格局是制度建构的逻辑起点,这一国家建设的追求在近代半殖民地半封建国情条件下是以民族国家建构和民主国家建构的二维尺度展开的。先进的中国人从1840年的鸦片战争中被警醒,与此开始了现代国家建设的艰难探索。结束中国自古以来的"天下观",走向现代主权国家观的思想探索成为严复、梁启超、孙中山等一批仁人志士思考践行的主题。完成这种建构的途径大致有二:一是渐进改良,二是革命。中国建构现代民族国家走的是一条革命的路径。现代主权国家观传入中国是伴随着现代国家民主宪政观念的,在突出主权、理清与别国关系的民族国家建构任务的同时,理顺国家内部统治者与人民、国家与社会的关系的民主国家建构的任务同时提了出来。民主宪政和国家独立的理念是同样深入人心的,由此革命的逻辑和民主的逻辑成为影响近现代中国历史走向的双重逻辑。李泽厚先生从文化的角度将其总结为"救亡与启蒙"的双重逻辑。

革命与民主的双重逻辑决定了在近代中国不管是什么政党和政治力量,都需要把民族国家建设放在优先位置,在民族国家建构的进程中同时又要正确积极地应对民主国家建设的任务。革命先行者孙中山对国民党的几次改组重造,毋宁说是在逐步认识这一趋势中的积极探索,努力试图使其领导的政党组织能更加顺应民族国家与民主国家建构双重任务带来的挑战,对西方竞争松散性政党不能适应民族国家建构艰巨任务要求的反思,促使晚年孙中山开始靠近苏俄列宁式的组织严明、纪律严密、具有高度群众动员能力的政党模式。但在孙中山解答民族国家与民主国家建设的实践中其理论蕴含矛盾，割裂了民族国家与民主国家建构的关系，实践终归于失败。应对现代国家建设革命逻辑与民主逻辑的双重挑战，中国共产党在局部执政时期的新型国家制度建构进程中较好地解决了这一难题。在实践中，民主宪政逻辑讲究权利制度与规范，革命逻辑则强调组织服从与效率，如何兼顾这两种矛盾性要求，中共在局部执政的制度建设中，进行了积极的探索。革命与民主的交互作用成为推动这一时期中共制度演进的内在动力。

第一，革命建国是中共局部执政时期制度建设的首要目标。以革命的方式来建构一个全新的国家体系是近代中国的首要任务，也是中国共产党一开始就具有的坚定信念。党的二大指出，"中国全部统一的实现，是在中国能脱离世界帝国主义的侵略和推翻封建制度的军阀，建设真正民主主义国家的时候"[①]。在革命实践中，针对革命形势的变化而不断调整制度理念是中共国家制度建设的突出特点。第一次国共合作时期，中国共产党在建国问题上虽然还没有形成自己明确的理论回答，但已有初步的"革命民众合作统治"的国家构想。在四大的宣言中，明确提出："我们号召工人和农民，手工业者和知识阶级，来巩固自己的组织，并极力赞助国民会议促成会，要求国民会议之召集。"1925年11月，毛泽东在《国民党右派分离的原因及其对于革命前途的影响》一文中指出："现代殖民地半殖民地的革命，乃小资产阶级、半无产阶级、无产阶级这三个阶级合作的革命"，"实际革命的乃小资产、半无产、无产这三个阶级成立的一个革命的联合"，"其结果是要达到建设各革命民众统治的国家"[②]。这一思想是在第一次国共合作的大革命形势下形成的建国理念。大革命的失败促使中共的建国思想发生根本改变，"用统一的革命的苏维埃政权去和反革命的国民党政权对抗，去领导起全国的革命运动，为着苏维埃政权在全国的胜利而斗争"[③]。在这一认识的指导下，中华苏维埃

---

[①] 中央档案馆：《中共中央文件选集》（第1册），中共中央党校出版社1989年版，第62页。

[②] 《毛泽东文集》（第1卷），人民出版社1993年版，第25页。

[③] 中央档案馆：《中共中央文件选集》（第6册），中共中央党校出版社1989年版，第345页。

共和国的制度安排和架构，体现出更多的和国民党政治制度体系彻底决裂、全面靠近苏俄模式的调整倾向。日本侵华使中国革命的形势发生变化。瓦窑堡会议上，中共把"工农共和国"的建国主张改为"人民共和国"的主张。华北事变后，党进一步认识到，坚持用"人民共和国"的主张取代蒋介石的"中华民国"的政治设想，不利于抗日民族统一战线的形成。两党的对峙内耗，不利于国家革命的大局。因此，提出愿将"工农政府"改为中华民国"特区政府"的主张。国共第二次合作政治局面的形成，促使中国共产党的国家基本制度建设的设想也在发生着根本的变化，建立以几个革命阶级联合专政为国体，普遍选举的人民代表大会为政体的新民主主义国家政权思想日臻成熟。而在新民主主义政权制度建构的具体实践中，从较早时期的实行参议会模式到"三三制"组织原则，再到较晚时期的向人民代表会议框架的转变，其制度建构的趋势是服从整个革命逻辑的内在要求的。如伴随着"三三制"在边区的实行，带来了如党政关系疏离、参议会与政府关系显现二元并立等诸多制度困境。正如有研究者所言："这些制度建构与运行中的诸多困境，更多的是基于自由主义的制度安排在革命的制度空间里面临的逻辑悖论。"① 所以，应对这些问题，用革命逻辑规制民主逻辑就成为合乎要求的选择。1942年，中共中央通过《关于统一抗日根据地党的领导及调整各组织间关系的决定》，在这一文件中正式提出党对根据地实行"一元化"领导的原则。同年，在中共西北局召开的陕甘宁边区高级干部会议上，也强调在"三三制"政权中，党的政治优势和发挥领导作用的问题，坚决纠正"对党的政策决议的自由主义态度"②。梳理中国共产党局部执政时期的制度建设历程，我们可以看到，根据地的制度是在革命的空间格局中成长的。革命建国是第一要务，大量民主宪政的理念逻辑最终服从于革命的逻辑。

第二，实行民主是革命建国不可缺失的条件。孙中山晚年在回应民主国家建设与民族国家建设的二维矛盾时将二者截然分开，提出"军政、训政、宪政"的三阶段理论。甚至不惜主张用严格的集权统治先建国，

---

① 王建华：《中国共产党局部执政时期制度建设的逻辑分析》，《江苏社会科学》2011年第2期。

② 《林伯渠文集》，华艺出版社1996年版，第293页。

而后"以党治国",等民主条件成熟后,再还权于民,实行宪政。应对中国现代国家建设的这两重挑战,中国共产党历史性地解决了这一难题。中共解决这一难题的基本思路是将民主国家建设寓于民族国家建设的总任务中。认为中国革命的任务是"对外推翻帝国主义压迫的民族革命和对内推翻封建地主压迫的民主革命,而首要任务是推翻帝国主义的民族革命","那种把民族革命和民主革命分为截然不同的两个革命阶段的观点,是不正确的"。①将民主推进制度建设作为革命的重要保障条件的观点,是毛泽东20世纪40年代的重要思想。1940年2月毛泽东在延安各界宪政促进会成立大会上演讲时强调,"现在我们全国人民所要的东西,主要的是独立和民主"②。胡乔木在研究中也指出,以民主保障抗战的胜利,以民主推动中国的进步,是毛泽东这一时期非常强调的。③将民主建设与革命建国二位一体推进的理论与实践是从这样几个方面展开的:一是认为民主过程就是动员大众的过程,中国革命必须动员社会大众广泛参与,在此意义上,革命离不开民主。在毛泽东看来,中国革命要反对的敌人包括帝国主义、封建主义,后来又加上官僚资本主义,他们的力量非常强大,如果不能很好地将中国社会各个阶级、阶层的力量发动起来,是很难取得成功的。而发动大众的过程就是民主的过程。对相关文献的考察表明,把民主的内涵等同于"大众的",是延安时期毛泽东对民主概念的一个最基本的判断。二是在推进民族国家与民主国家双重性国家制度建设的实践中,中国共产党将马克思主义无产阶级革命理论、国家政权理论与中国"两半社会"的国情实际相结合,提炼出了人民民主专政的建国理论与制度设计。人民民主专政理论的最大特点是把对人民实行民主与对敌人实行专政有机地结合起来,强调民主的阶级本质,在人民内部实行充分的民主,调动人民群众的积极性;对敌人实行强有力的专政,打击他们的破坏活动,形成强大的政治统治力量,由此保证了在现代国家建设过程中保障国家主权与建构新的民主秩序的二元兼顾。另外人民概念本身的多阶级结构,提供了中国式共和制度的构成基础。

---

① 《毛泽东选集》(第2卷),人民出版社1991年版,第637页。
② 同上书,第731页。
③ 参见《胡乔木回忆毛泽东》,人民出版社1994年版,第29—30页。

三是在党的一元化领导下建设民主运行机制。顺应革命逻辑的要求，建立党的一元化领导在所难免。在一元体制下应对民主的路径冲突，中国共产党一方面借鉴苏联建党经验，提出了民主集中制的组织原则；同时，又找到了民主的中国路径——群众路线。党的一元化领导框架中的党内民主集中制和群众路线是一个有机整体，这是中国共产党人在应对新型国家制度建设面临的民族解放和民主建设双重要求的理性成熟的回答。

新民主主义革命时期，在革命逻辑与民主逻辑双重变奏推动中，中国共产党的制度建设积极而富有成效，成功解决了民族国家的基本任务，也探索了进行民主国家建设的基本制度框架。其中，无产阶级政党的领导、民主集中制的组织原则、多党合作的政党制度，以及群众路线的民主途径，可以说极具包容性和灵活性。新民主主义的国家制度成长直接影响了新中国的基本政治制度，包含了中国特色社会主义根本和基本政治制度的优势，而其中蕴含的没来得及进行更深入思考的内在问题也同样在后者的运行中体现出来。

### （二）中国实际与外在模式双重影响中的制度选择

中国共产党在民主革命时期的制度建设还受到一个重要因素的影响，那就是苏俄十月革命后社会主义的建设模式，立足国情实际与受外在制度模式的影响是这一时期中共制度建设的一个重要逻辑。苏联社会主义模式对中国革命时期制度建设的影响实际上在这个模式形成过程中就开始了。20世纪20年代末至30年代上半期，是苏联模式形成和基本确立的时期。在这一时期，中共党内也盛行把马克思主义教条化、把共产国际决议和苏联经验神圣化的错误倾向。在制度建设的实践中，苏联制度经验深深影响着土地革命时期根据地政权制度的总格局。主要表现为：在基本经济制度上，宣传和实行土地国有。如《井冈山土地法》中规定没收一切土地归苏维埃政府所有，在《兴国土地法》中虽然对没收土地的对象范围作了修改，保护了中农利益，但是仍然规定土地归苏维埃政府所有。在根本政治制度建设上，从政权的名称、形式到内容，都搬抄了苏联的做法。如剥夺有产阶级选举权、对工农阶级实行不平等的代表权、实行共产党一党单独存在等做法基本都是模仿和实践苏联的苏维埃模式。这一模仿和实践的时间虽然不长，但却为后来的制度改革留下了重要遗产。在民族问题的制度安排上，中国共产党在较早时期一直主张学习苏联的民族政策，在中国建立"联邦"制。党的二大宣言中提出，在边疆地区的蒙古、西藏、回疆建立民主自治邦，然后和中国本部联合建立中华联邦共和国。这些观点显然有着浓厚的苏联模式的特色。

对苏联制度模式的模仿和不断超越是中国共产党局部执政时期制度建设的重要特点，把马克思主义与中国革命实际相结合，实现马克思主义的中国化成为走向成熟后的中国共产党的理性选择。在长征到达陕北后，在国家制度建设上，中国共产党开始了真正独立自主的思考，而支撑这一制度建设的理论基础是新民主主义革命和社会理论。在政权根本制度的安排上，探索将西方式参议会制与苏联式党政体制结合的可能性，探索实行三三制的参议会模式。在政党关系上，毛泽东认为苏联的一党制有它形成的历史原因和合理性，但在中国的新民主主义社会时期不适合建立这种政治体制。毛泽东在《论联合政府》中把建立民主联合政府问题看作是一个"历史法则"[①]，认为实行多党派合作是中国社会历史发展的基本选择。实行其他任何别的什么"专政形式"都是不可取的。在民族问题的解决上，中国共产党开始逐渐抛弃不适应中国实际需要的"民族自决权"和"联邦"制设想，开始以单一制下的民族区域自治制度来代替。有学者将这一转变定位于1938年毛泽东在中共六届六中全会上作的《论新阶段》这一节点，但龚育之认为，中国共产党对民族制度问题认识上的根本转变是直到1949年的《中国人民政治协商会议共同纲领》（简称《共同纲领》）和中共中央发出关于少数民族"自决权"问题的指示后才正式完成的。[②]

局部执政时期制度化建设的许多富有成效的成果从方法论而言，得益于"中国化"思维方式的运用。毛泽东1938年秋关于"马克思主义中国化"的立论表明"中国化"已经成为这时中国共产党进行理论建设和制度建设思维方法上的一种自觉。正如毛泽东在党的第七次全国代表大会上所表明的，"中国现阶段的历史将形成中国现阶段的制度，……即几

---

[①] 《毛泽东选集》（第3卷），人民出版社1991年版，第1069页。
[②] 参见龚育之《党史札记》，浙江人民出版社2002年版，第49—53页。

个民主阶级联盟的新民主主义的国家形态和政权形态"[①]。

### (三) 制度建构中继承与创新的辩证统一

一种制度体系的生成同时兼具外生性与内生性,现代化进程中的后发国家,学习模仿其他先进制度模式,是很普遍的一种做法。但在这种模仿式创新中,对自身制度渊源的历史性继承也是必不可少的。马克思主义认为这是制度的历史继承性和延续性,西方制度主义学派将其称为制度变迁的"路径依赖性"。一个制度体系的不同结构层次中,关涉一个社会形态性质的根本和基本制度层次,与之前社会形态的制度安排相比较是一种革命性变迁,呈现根本的不同。但在一些具体层面制度安排和具体机制层面,则会表现出对之前社会形态的极大的延续性。

从20世纪初的辛亥制度变革开始,中国国家制度建设踏上了由传统向现代转型的历程。尽管这一历程伴随着浓烈的阶级和历史的局限性,但在处理外来制度模式借鉴与传统固有制度文化资源关系等方面仍然取得了一定的建设成就。中国共产党在局部执政时期的制度建设在一定程度上考虑了制度建构的继承与创新的二维兼顾,因为一个成功运行的制度体系只有深深扎根于传统文化精华之中,从中汲取营养,才能枝繁叶茂,提升公众的认同度。中共在思考制度建设的继承与创新关系问题时,首先对这一问题的解决给予了正确的理论定位。毛泽东关于对传统文化"一分为二"的观点以及"古为今用"方法论为处理制度建设的继承与创新关系奠定了理论基础。同时,中国共产党在一些具体性制度的设计与安排上,注重吸收之前制度的资源,特别是在第一、二次国共合作期间。如在第一次国共合作期间,中共在1927年3月制定的《湖北省惩治土豪劣绅暂行条例》等法规中,不仅在形式上采用国民党省党部和省政府的名义,而且在内容上,援引了大量旧法规中对革命有益的内容。[②] 在第二次国共合作期间,中共制度建设对当时国民政府的制度做法有诸多借鉴和引用,如在边区实行参议会制的实践,这一实践尽管时间不长,但却为中共的联合政府主张、统一战线式政体主张、多党派合作制度等思想

---

[①] 《毛泽东选集》(第3卷),人民出版社1991年版,第1062页。
[②] 张希坡、韩廷龙:《中国革命法制史》,中国社会科学出版社2007年版,第256页。

的形成提供了实践平台。在社会管理上，制定和颁布了许多婚姻法、继承法、经济法等民事和刑事的法律法规，在调节社会人群关系上，既强调了人民主权和公正平等的马克思主义原则，又彰显了中国传统的民本和谐思想。能较好地处理制度建构中继承与创新的关系问题，制度建设的成效也十分明显的。由于制度规则贴合实际，所以其运行很成功。延安局部执政时期成为马克思主义制度化建设历程中重要的一个发展阶段。正确处理制度建设的继承与创新的关系也是今天完善中国特色社会主义制度体系的一个重要问题。

## 第二节 中国社会主义基本制度框架的确立

### 一 中国共产党人对新中国政治经济基本制度的总体构想

新民主主义革命胜利后，紧接着就是新型国家建构问题。建立一个什么样的国家政权形式，这是毛泽东为首的第一代中国共产党人在长期的革命实践中一直苦苦思考和研究的一个重要问题。民主革命局部执政时期国家建设的理论与实践为新型全国性国家政权建设奠定了基础，提供了经验。伴随着新中国成立前夕国家经济社会格局和阶级党政关系的新变化，毛泽东等中国共产党人的国家建设思想也在不断地发展。

#### （一）对新中国基本政治制度的构想

其一，对新中国国体的理论设想。

马克思主义国家理论认为，任何国家都是国体与政体的统一。国体，是表明国家阶级性质的制度安排。中国共产党对于建构何种新型国家政权的认识，经历了一个长期发展的过程。从最早主张建立苏联式的"无产阶级专政"到土地革命时期提出建立"工农民主专政"主张；在抗战时期，根据新的形势的需要，提出建立"各革命阶级联合专政"的联合政府主张；发展到解放战争后期，建立新型国家政权问题已经现实地提上了中国共产党的议事日程，毛泽东的思想意识中也已经形成了较为完整、系统的人民民主专政的新型国体思想。据学者考证，毛泽东最早提出"国体"和"政体"的概念,是在《论联合政府》中。但毛泽东第一次用"人民民主专政"概念来作为对新中国国体性质的界定,学者们认为是在1948年6月中宣部关于《重印〈左派幼稚病〉第二章》中,即"今天在我们中国,不是建立无产阶级专政,而是建立人民民主专政"[①]。不久,在西柏坡的中央政治局会议上,毛泽东明确提出了"无产阶级政党领导的、以工农联盟为基础的人民民主专政"的国体构想[②]。那么人民民主专政和之前的"各革命阶级联合专政"以及无产阶级专政有何区别呢?具体如何建构运行呢?这些问题都需要系统的理论回答。毛泽东在1949年6月30日,发表了《论人民民主专政》,在这篇文章中,系统阐述了"人民民主专政"的国体理论,"对人民内部的民主方面和对反动派的专政方面,互相结合起来,就是人民民主专政"[③]。对于人民民主专政的性质、组织形式、阶级基础、内容和实质等都进行了详细的分析和阐述,为新中国国家政权建设提供了直接理论基础。在理论和实践中完整把握人民民主专政的实质需要抓住以下几个方面:一是准确界定人民的概念,人民是一个典型的政治术语,它的内涵和外延经常是变动的。在新中国成立前后其主体是由"劳动人民+中小资产阶级"构成的,这一点就使得人民民主专政很好地具备和体现了统一战线的联合性。二是专政和民主必须统一起来,毛泽东在论述中重点讲到了这一问题。在人民民主专政的长期实践中,如何民主、如何专政以及进一步提高民主能力是我国政治生活中值得深入思考的问题。三是人民民主专政与无产阶级专政的关系要把握清楚。1949年2月,毛泽东在西柏坡会见米高扬时,曾对人民民主专政的构想做出解释,人民民主专政"其实质就是无产阶级专政"[④]。这里强调了二者的联系,这时的强调可能主要是出于策略的思考。实际上在此时期的实践操作中,中共更侧重强调二者的区别。后来,国家政治生活的实践充分证明,在理论和实践上正确把握二者关系至关重要。人民民主专政是一种新型的国家制度,遵循了马克思主义无

---

① 虞崇胜:《人民民主专政概念的历史考察》,《党的文献》1999年第5期。
② 《毛泽东文集》(第5卷),人民出版社1996年版,第135页。
③ 《毛泽东选集》(第4卷),人民出版社1991年版,第1475页。
④ 师哲:《在历史巨人身边——师哲回忆录》(修订本),中央文献出版社1995年版,第376页。

产阶级专政的基本理论原则，但又不是简单的翻版，而是充满了国情特色和创造精神。

其二，对新中国政权组织形式的理论构想。

政权组织形式又称为政体，是国家系统的重要组成部分。中国共产党在民主革命时期伴随着形势的发展，曾设想和实践过不同的政体形式。包括最早时期的农民协会、工农兵代表大会，在陕甘宁边区政府时期实践过的参议会制度，在解放战争时期实践过的人民代表会议制度。这一实践和探索的过程为新中国建立合适的政体形式积累了宝贵的经验。作为新中国政体形式的人民代表大会制度的设想应该说在延安时期就已经产生了。有研究者认为，毛泽东在《新民主主义论》中就已经提出了人民代表大会的理论构想，但也有学者认为毛泽东关于人民代表大会的制度设想是在《论联合政府》中明确提出的[1]。在新中国建立前夕，毛泽东对新中国要建立的新民主主义的政体形式进行了系统阐述，重申了"我们采用民主集中制，而不采用资产阶级议会制"[2]的立场主张。毛泽东认为"在中国采取民主集中制是很合适的……我看我们可以这样决定，不必搞资产阶级的议会制和三权鼎立等"[3]。毛泽东分析了西方议会制及苏维埃制度与我国要搞的人民代表大会制度的区别，认为在中国，政权的组织形式既不能完全照搬苏联的苏维埃模式，也不能模仿西方议会制，而应该采取在实质上相似但内容上和苏联的无产阶级专政的苏维埃模式有区别的政权制度[4]。在实践中，在何时以及如何组织人民代表大会制度这一问题上，经历了一个过渡模式，即在1949年到1954年期间，实行了两层过渡性的代议机构组织形式，那就是中央层面的政治协商会议和地方层面的代表会议。

其三，对中国共产党领导的多党合作制度的理论延伸。

对于新中国实行什么样的政党制度，建国前后毛泽东和党中央的认识是坚定而清晰的。无论是西方的"多党制""两党制"，还是苏联式的

---

[1] 杨建党：《"新民主主义论"并未初步形成理论形态的人民代表大会制度》，《人大研究》2007年第9期。
[2] 《毛泽东文集》（第5卷），人民出版社1996年版，第136页。
[3] 同上。
[4] 同上书，第265页。

"一党制",在毛泽东看来都不适应中国国情的实际需要。中国应该建立以社会主义为方向的各党派联合性政体的新民主主义,在这种政治格局中应建立一党领导下的多党派合作的政党制度。毛泽东和中国共产党人的这些构想直接来自于革命实践,并且在民主革命时期进行过有效的实践。在解放战争后期,各民主党派纷纷放弃中间路线而转向承认中国共产党在中国革命中的领导地位,进而公开表示愿意接受中共领导。至此,民主党派与中国共产党的关系,在团结合作的友党关系基础上,增加了政治上领导与接受领导的新内涵,这为中国共产党领导的多党合作制度奠定了政治基础。1948年10月,中共中央经过和民主人士的协商,改变了原先由政协会议决定召开人民代表会议,经人民代表大会选举产生中央政府的原初设想,而改由人民政协会议决定产生中央政府的安排。此时期,毛泽东不止一次讲过新中国政府具有的联合性。据薄一波的回忆,1949年初,毛主席曾考虑过使用"三三制"的历史做法来组成联合政府。[①] 在七届二中全会的报告中毛泽东提出:"我党同党外民主人士长期合作的政策,必须在全党思想上和工作上确定下来。"[②] 无论是实践上多党合作的新政协会议承担权力机关职能,立宪建国的作用,还是理论上毛泽东等中央领导人对这一制度构想的重视,都注定了这种新型政党制度在中国政治生活中的重要地位。

其四,对民族区域自治制度的思想阐发。

中国共产党在成立伊始,在国家结构模式上曾提出过地方自治和民族地方完全自决的联邦制主张,并提出以民族自决、联邦制的模式来解决中国的民族问题,这很显然是受苏联制度模式影响的结果。在抗战时期,中国共产党在少数民族政权建设问题上的看法开始发生转变,但实行联邦制的设想并未完全放弃。新中国建立前夕,实行什么样的民族制度的问题摆在了中共领导人面前。是将已经在实践中实行的民族区域自治的做法提炼上升为全局性制度,还是继续学习苏联联邦制的做法,围绕这一问题,毛泽东等领导人进行了深入思考。在中国民族区域自治制

---

[①] 薄一波:《若干重大决策与事件的回顾》(上卷),中共中央党校出版社1991年版,第32页。

[②] 《毛泽东选集》(第4卷),人民出版社1991年版,第1437页。

度的理论与实践发展史上，李维汉做出了重大的贡献。他分析了苏联实行联邦制的条件和中国民族格局的独特性后，认为国情不同，中国在这一问题上没有必要照搬苏联的做法。在1949年人民政协筹备期间，毛泽东采纳了李维汉的观点，正式决定中国不再试图采用苏联式的联邦制模式来处理中央政府和少数民族地方的关系，而实行单一制下的民族区域自治。周恩来在1949年《关于人民政协的几个问题》的报告中，向参会的代表正式表达了这一国家重要制度构想，"我们不是联邦，但却主张民族区域自治，行使民族自治权力"[①]。1949年9月《中国人民政府协商会议共同纲领》正式将民族区域自治这一建立新型民族关系的重大决策以国家文件的形式确定下来。规定在国家统一领导下，"各少数民族聚居的地区，应实行民族的区域自治"[②]。

**（二）对新中国基本经济制度的构想**

毛泽东等中共领导人在阐述国家建设的基本经济制度安排时，往往不用基本经济制度的称谓，而将其简称为经济形态。新中国成立前后，按照新民主主义社会理论的设想，建立国家新民主主义经济结构的主要任务是没收官僚资本建立国营经济以及完成全国性的土地改革。随着国营经济规模的扩大，国家经济结构出现了与局部执政时期不同的根本变化，毛泽东对国家基本经济制度的理论思考也在进一步深化。在1948年的中共中央政治局扩大会议上，毛泽东指出，社会上有人将我们的经济形态称为"新资本主义"是不对的，虽然存在大量的农民个体经济和城市私人经济，他们虽然在数量上占优势，但"不起决定作用"，而国营经济和公营经济虽然数量上还不是主体，但"是起决定作用的"，经济形态是新民主主义的，"名字还是叫'新民主主义经济好'"[③]。在毛泽东等中共主要领导的认识中，新中国的经济构成是由国营经济、个体向集体发展的农业经济以及私人经济三部分构成的，但国营经济是领导成分。新民主主义经济结构的建立在新中国成立前就已经开始，其逻辑内涵上的

---

① 《周恩来统一战线文选》，人民出版社1984年版，第201页。

② 中共中央文献研究室：《建国以来重要文献选编》（第1册），中央文献出版社1992年版，第12页。

③ 《毛泽东文集》（第5卷），人民出版社1996年版，第139页。

计划性和社会主义公有性伴随着新政权全面接手经济而日益发展起来。发展到新中国成立前后,就已经从根本上不同于延安时期的经济格局了。以至于毛泽东说"现在不提国营经济就不能解决问题了"[①]。毛泽东在写《新民主主义论》时,对民族资本与官僚资本的区别的认识尚不明晰,对于新民主主义经济和社会主义经济的区别和联系还有机械化解读的痕迹。但在新中国成立前后,对新中国的经济形态,他则认为"社会主义性质这种话应该讲,……即社会主义经济领导之下的经济体系"[②]。因此,我们完全有理由说,在毛泽东的认识中,新中国建立初期实行的经济形态跟在延安时期所设想的社会主义因素只是未来取向而不具有现实约束的新民主主义经济形态相比,已经发生了很大的变化,已经发展为以社会主义国营经济为主导的、五种经济成分并存的初级社会主义形态的经济制度构想。

这种以社会主义国营经济为主导、多种经济成分并存的经济制度到底应该在中国存在多长时间,说法不一。在1948年9月中共中央政治局会议上,刘少奇讲道"过早地采取社会主义政策是要不得的"。毛泽东插话说,"到底何时开始全线进攻?也许全国胜利后还要十五年"[③]。在1949年1月召开的中共中央政治局会议上,毛泽东说,如果希望搞社会主义,太快了,会翻筋斗。在1月8日会议上的讲话中又指出,中国共产党已经经历了28年,再加两年,完成全国革命任务,这是铲地基,花了30年。但是起房子,这个任务要几十年工夫。[④] 研究者一般认为,毛泽东对新民主主义经济制度时限的估计为二三十年。新民主主义经济制度是一个从中国国情出发的制度设计,它强调利用市场机制的重要性,容许多种经济成分的并存,以建立社会主义的计划经济体制为目标。新民主主义经济结构的确立过程,也是计划经济因素逐步增长的过程,这种经济构想本身具有计划性取向。新民主主义经济制度构想包含着限制与反限制、计划与市场的内在矛盾,这不是今天才有的认识。正是这些矛盾

---

[①] 《毛泽东文集》(第5卷),人民出版社1996年版,第140页。
[②] 同上书,第141页。
[③] 中共中央党史研究室:《中共党史资料》(第50辑),中共党史出版社1994年版,第10页。
[④] 《毛泽东文集》(第5卷),人民出版社1996年版,第236页。

决定了新民主主义的过渡性质。中国共产党和毛泽东当时对新民主主义经济形态构想的这些矛盾是有清楚认识的，认为这些矛盾的存在具有必然性和必要性。这种构想的矛盾从理论上可以通过两条途径解决：走向市场和走向纯粹计划。而对这一矛盾解决途径的选择关联着对社会主义的认识，在20世纪50年代左右社会主义理论与实践的局限决定了除了苏联式计划经济制度模式，中共几乎不可能有其他理解。

## 二 《共同纲领》《五四宪法》到社会主义改造——我国社会主义基本制度框架的确立

### （一）社会主义基本政治制度的确立

其一，人民民主专政国体在全国的确立。

新中国成立时，我们按照人民民主专政的原则来组建国家政权，1949年9月，新政协第一次会议颁布了《共同纲领》。《共同纲领》以国家临时宪法的地位规定了国家的政权性质：中华人民共和国为人民民主主义，实行工人阶级领导的，工农联盟为基础的"人民民主专政"[1]。由此，"革命根据地的人民民主专政，变成了全国人民民主专政"[2]。对于人民民主专政这种新型国家政权的性质，当时社会上存在一些理解上的分歧，人民民主专政的实质是无产阶级专政，它和苏联的工农民主专政精神实质是一致的。对于这一点，1950年1月中宣部解释说，我国的人民民主专政在实质上就是工农民主专政，所谓"实质上是工农民主专政"，可以理解为"基本上是工农民主专政"，[3] 从中宣部的解释看，人民民主专政是比工农民主专政在理论上后退了一步。由于担心对"人民民主专政实质上就是工农民主专政"这种论点的宣传会引起一知半解的人们的误解和曲解，对团结中小资产阶级结成人民民主统一战线的工作将有不利的影响，因而主张不必去宣传。之所以在公开宣传中，以人民民主专

---

[1] 中共中央文献研究室：《建国以来重要文献选编》（第1册），中央文献出版社1992年版，第2页。
[2] 《建国以来毛泽东文稿》（第6册），中央文献出版社1992年版，第141页。
[3] 中共中央文献研究室：《建国以来重要文献选编》（第1册），中央文献出版社1992年版，第105页。

政的提法为主，主要是人民民主专政更合乎现实需要。正如董必武所指出的，"只要合乎现实的需要，真能照顾人民内部各阶层各方面的利益，又能对反革命实行专政那就是好的"①。从实践中看，人民民主专政是一个政治弹性极大的命题，它在使人民真正成为国家的主人的同时把民主和专政两个方面内容都展现了出来，兼具无产阶级专政与统一战线原则两种优势，为社会主义民主政治的发展提供了制度的基础。在人民民主专政的国家政权建立起来之后，毛泽东等领导人为巩固、完善和发展人民民主专政的国家政权做了大量的理论和实践探索，稳定了国家制度的根基。

其二，人民代表大会制度的正式确立。

由于受各种主客观条件的限制，作为新中国政权组织形式的人民代表大会制度，在实践中并没有伴随着人民民主专政国体的确立同时建立。中国共产党原计划通过召开人民代表大会选举产生临时中央政府，组建新政权的设想随着形势的变化，逐步改变为通过召开政治协商会议，讨论召开人民代表大会的问题。据学者们研究，由中国人民政治协商会议代行全国人民代表大会职权并且暂时不召开全国人民代表大会的决定，与先期到达哈尔滨的民主党派人士的建议有关。1948年10月，中共中央接纳了在哈尔滨的章伯钧、蔡廷锴等民主人士的建议，即不必通过政协会议协商人民代表大会的召开，再经过人民代表大会选举政府，而是可以通过新政协产生临时中央政府，政治协商会议暂时行使人民代表大会的职能。这样做在当时对内对外都需要。1949年6月15日，在由董必武主持起草的政府组织机构提纲草案中提出，在全国人民代表大会未产生前，由新政协产生之人民政府委员会为最高政权机关。② 9月，周恩来在向各界代表报告新政治协商会议筹备会常委会各项工作的进展情况时说，"这次中国人民政治协商会议具有全国人民代表大会的性质，所以我们对它不得不更加谨慎"。中国人民政治协商会议第一届全体会议在1949年9月21—30日召开，它执行了全国人民代表大会的职权，制定了中央人民政府组织法，选举中华人民共和国中央人民政府委员会，使之行使国家权力职

---

① 《董必武政治法律文集》，法律出版社1986年版，第111页。
② 《董必武年谱》，中央文献出版社1991年版，第335页。

能。在中央层面的人民代表大会制度建立之前，在地方层面实行了人民代表会议模式。由于新老解放区的差异，城市和农村的差异，在向全国性人民代表大会过渡的过程中，各地人民代表会议的模式不尽相同，有各界代表会、各界人民代表会等不同形式。1953年1月13日，中央人民政府委员会举行第20次会议，会议集中讨论了关于召开全国人民代表大会和地方各级人民代表大会的问题。政务院总理周恩来对这一问题进行了详尽说明，认为在有计划大规模的"一五计划"开启之时，及时按照共同纲领要求召开全国人民代表大会和地方各级人民代表大会不仅必要，而且具有充分条件。毛泽东也认为，根据条件考虑，还是抓紧召开全国人民代表大会比较好。这次会议通过了《关于召开全国人民代表大会及地方各级人民代表大会的决议》。1954年，以《中华人民共和国宪法》为指导，国家又相继颁布了《中华人民共和国地方各级人民代表大会和地方各级人民委员会组织法》以及《中华人民共和国全国人民代表大会组织法》等法律法规，标志着人民代表大会制度在宪法层面在国家制度体系中的正式确立。这一政体制度与人民民主专政的人民主权原则相适应，为人民当家做主提供了根本的政治保障。

其三，中国共产党领导的多党合作和政治协商制度的形成。

1948年4月，中共中央发布《纪念"五一"劳动节口号》，民主党派放弃中间路线转向坚定拥护中国共产党的领导，这是中国共产党领导的多党合作制度的形成发展史上的标志性事件。在实践中，1949年9月中国人民政治协商会议的召开，标志着中国共产党领导的多党派合作和政治协商会议制度在组织上、政治上的正式形成。会议通过的《人民政协组织法》规定，在全国人民代表大会召开之前，由人民政协全体会议执行其职能，选举成立中央人民政府委员会，组织政务院、军事委员会、最高人民法院及最高人民检察院。另外还规定在普选的全国人民代表大会召开之后，政协具有向人民代表大会和中央政府委员会提出建议案等权力。《人民政协组织法》使中国共产党领导的多党合作制度和政协制度走向了组织化、制度化。在政治协商中，国家政权形式、国歌、首都、国徽等重大问题，都是共产党与民主党派经过充分协商后一致决定的，协商建国，充分彰显了中国政党制度的活力。从这一过程我们看出，中国政党制度的形成不是来自于外力作用，而是当时的社会条件和阶层力量关系导致的，是完全国情化的制度生成。1954年人民代表大会制度确立，多党合作制度的地位发生了很大的改变，由联合政府形式转型为非权力性协商机关。但对于多党合作制度的价值，此后仍在不断强调。在《中华人民共和国宪法》中指出我国的政党制度在中国社会政治生活中"将会继续发挥它的作用"[①]。毛泽东也明确指出，"人大的代表性当然很大，但它不能包括所有的方面，所以政协仍然有存在的必要"[②]。这些认识和定位，使得协商民主成为和人大选举民主相辅相成的一种重要民主形式的地位被确定下来，成为中国社会主义非常突出的制度特色和优势。在当时有一种将政协与人大作为"上下两院"的看法，毛泽东认为这种看法不妥。那么，在我国政治生活中，政协与人大以及二者与执政党间的关系到底应该怎么处理，这一问题可以说一开始就是存在的，直到今天仍然是民主政治制度建设的核心性问题。

其四，民族区域自治制度的形成。

《中国人民政治协商会议共同纲领》（简称《共同纲领》）以法律形式确立了民族区域自治制度在国家政治格局中的地位。新中国建立后，为实现《共同纲领》中规定的民族政策，推行民族区域自治制度，国家制定了大量相关的民族区域自治的法律法规。1952年8月，毛泽东签署命令公布施行《中华人民共和国民族区域自治实施纲要》（简称《纲要》），《纲要》对民族自治区和自治机关的基本性质、基本职权、地位作了详尽的规定，为民族区域自治制度规定了基本的形式和法律规范，使《共同纲领》规定的民族区域自治制度进一步制度化、法律化。1954年《中华人民共和国宪法》更为全面细致地规定了民族区域自治的具体实施原则，民族区域自治制度由此向前迈出了关键性的一步。此后国务院又陆续发布了《国务院关于建立民族乡若干问题的指示》《关于改变地方民族民主联合政府的指示》等文件，通过这些文件具体指导民族区域自治制度的健康运行。1955年10月1日，新疆维吾尔自治区成立。继新疆之后，1958年3月广西壮族自治区成立，1958年10月宁夏回族自治区成

---

① 中共中央文献研究室：《建国以来重要文献选编》（第5册），中央文献出版社1993年版，第521页。
② 《建国以来毛泽东文稿》（第4册），中央文献出版社1990年版，第633—634页。

立，1965年9月西藏自治区成立。除了5个自治区，全国各少数民族聚居地区还先后建立了30个自治州，120个自治县（自治旗），以及作为补充形式的1125个民族乡。① 至此，民族区域自治制度在我国全面建立起来。

### （二）社会主义宪法的制定和法制建设

新中国成立后，急剧变化的经济、政治、社会关系急需法律规范的调节。为适应新情况，维护新的社会关系和社会秩序，如何坚持把马克思主义法律思想与我国社会主义法制建设的实际相结合，建立符合本国国情的法律制度成为当务之急。② 《共同纲领》是新中国的政治基石，"是目前时期全国人民的大宪章"③，具有临时宪法的重要地位。它不仅是立宪建国的基本标志，也事实上成为建国初期一切法制化建设的文本基础。新中国成立后，根据《共同纲领》的精神，我们建立了中央各级国家权力机关和地方各级人民政府，制定了地方各级人民政府和司法机关的组织通则。为体现《共同纲领》保障公民各项权利的精神，国家先后在社会经济领域制定了《婚姻法》《劳动保护法》《工会法》《土地改革法》等法律，在政治领域制定了《选举法》、民族区域自治条例和各项权力机关组织法。1954年第一届全国人民代表大会第一次会议通过《中华人民共和国宪法》，"五四宪法"以人民主权为根本原则，将人民代表大会制度设置为国家政权制度的基础，确立了新中国"一府两院"的权力架构和权力关系准则，制定了有关国家机关和国家制度的各项重要法律法令，形成了比较完善的国家政权体系。以"五四宪法"为依据，我国又相继制定了一系列国家政府法律文件。在完善公民权利方面，"五四宪法"进一步实现了《共同纲领》中宣示的人民权利的体系化，规定了比较完善的公民权利体系。以"五四宪法"所确立的法律制度和法律原则为主要标志，新中国初步形成了社会主义的法律思想，奠定了中国特色社会主义法律体系的坚实基础。截至中共八大召开前，以宪法为核心的

---

① 国家民委经济发展司、国家统计局国民经济综合统计司：《中国民族统计年鉴》，民族出版社2008年版，第877页。
② 肖金明：《新中国宪法政治回顾与展望》，《文史哲》2011年第6期。
③ 《刘少奇选集》（上卷），人民出版社1981年版，第434页。

中国社会主义的法律框架已经初步形成。这些法律规范为新政权和社会主义制度的巩固和发展创造了条件，对于调整和维护新型社会关系和秩序起到了良好的效果。

**（三）社会主义基本经济制度的确立**

新中国成立前后，我们将所有制结构和经济运行体制都作为基本经济制度的组成部分来认识。从新中国成立到1956年三大改造完成，中国建立了单一的公有制结构和计划经济体制。

其一，改造与社会主义所有制格局的确立。

1952年9月，毛泽东在讨论第一个五年计划的中央书记处会议上，第一次明确提出了向社会主义过渡的问题。这一思想的转变是基于实事求是的科学分析基础上做出的。从国内看，伴随着经济恢复，"三反""五反"运动的结束，中国有了较强大的并且迅速发展的社会主义性质的国营经济的支撑，而中国民营资本主义经济的规模小、技术落后等先天不足因素使得其难以承担眼前大规模的经济建设的重任，国家实现工业化和发展生产力也需要对个体农业进行社会主义改造；从国际环境看，20世纪50年代初新中国所处的国际环境是促使我们选择社会主义道路的重要外因。西方国家对中国的封锁、中美两国在朝鲜战场的兵戎相见，这些都使得急需国际友善力量支持的中国选择更进一步地融入苏联社会主义阵营的需要变得更加迫切。正如胡乔木所提出的，就20世纪50年代中国经济和中国历史面临的全部内外条件而论，无论早几年或迟几年，保留多少私有成分，抑或经济管理上和计划方法上具有多大程度应有的灵活性，但不可避免的是，"对社会主义的选择是不可避免的"[①]。这是一个客观的科学的评价。1956年底我国对农业、手工业和资本主义工商业基本完成了社会主义的改造，实现了由新民主主义向社会主义社会的转变，社会主义基本经济制度在我国正式确立。

其二，计划经济体制的形成。

新民主主义经济形态本身内含着计划经济的主导因素，伴随着社会主义所有制单一公有制的逐渐形成，高度集中的计划经济体制也逐步建

---

[①] 胡乔木：《胡乔木谈中共党史》，人民出版社1999年版，第353页。

立起来。在国民经济恢复时期,国家对财政经济的统一与对工商业的调整,奠定了统一计划管理的基础。在三大改造中,农产品统购统销制度确立起来,对手工业的改造和资本主义工商业全行业公私合营确立,在经济运行制度层面,逐渐由以市场为基础、与市场相结合的计划转向了完全计划经济。"五四宪法"正式将"经济的计划方式"作为国家和各级政府管理经济生活的主要方式的地位确立了下来。在经济管理上,逐渐形成了以政府和部门管理为主的经济管理体制,1954 年政务院改为国务院后,所属部、委、局的设置有所变化,其中直接主管财政经济工作的部门超过部门总数的 55%。[①] 在行政层级上,1954 年撤销了几个行政大区委员会,实行中央对各省市更直接的领导,这主要是出于中央部委直接管理经济和企业的需要。与此同时,自上而下的计划经济体系和分配制度也基本形成。

从新中国成立到三大改造完成,中国社会主义的根本政治制度、基本政治经济制度全面确立,中国社会主义的制度框架基本形成。这一制度框架的确立使广大劳动人民真正成为生产资料和国家的主人,使中国社会阶级关系发生了根本的变化,为当代中国特色社会主义的形成和发展奠定了坚实的制度前提和政治基础。同时,从制度建构的视角看,社会主义制度框架的确立实现了马克思主义中国化制度建构进程中的第一次历史性飞跃,使我们在社会主义方向上推进国家现代化的设想和追求第一次具有了实体性制度的支撑。

### 三 对中国社会主义经济、政治体制改革的初步探索

以毛泽东为首的中国共产党第一代领导集体,在中国社会主义制度框架建立起来后,总结苏联东欧等社会主义国家的经验,立足于我国社会主义制度运行的实际,在理论和实践上深入思考和推动了社会主义制度改革和完善的重大课题,对经济管理体制、国家权力结构体制、政治行政体制以及党政关系体制等体制改革进行了初步探索。

---

[①] 高莹:《论建国初期计划经济体制的确立及其历史作用》,硕士学位论文,武汉理工大学,2007 年,第 33 页。

### (一) 经济体制的改革探索

苏联模式经济体制固有弊端的显露和社会主义现代化建设中遇到的难题向正在探索社会主义建设道路的中国共产党人和毛泽东提出改革传统经济体制的要求。对经济体制的改革主要是改革调整妨碍生产力发展的所有制结构、经济管理体制、组织经营形式和分配制度等。毛泽东等中共第一代领导集体对经济体制改革的探索集中在两个阶段，分别是1956年党的八大前后和20世纪60年代初。党的八大前后毛泽东等领导人对经济体制改革进行了积极的探索，在《论十大关系》中，毛泽东针对苏联模式的弊端，提出了进行经济体制改革的思想。提出要"以苏为鉴"，把国内外一切积极因素调动起来，处理好经济社会发展的十对突出的矛盾关系，为社会主义服务的基本方针。在生产资料所有制结构方面，提出要实行"新经济政策"[①]，在公有制之外要允许其他经济形式的合法存在。在社会主义经济管理体制方面，毛泽东主要从经济计划权力的分散和下放的视角来考虑解决问题，提出要正确处理中央政府和地方政府的关系，正确处理国家计划部门和企业的关系，扩大地方和企业在经济生产上的自主权，给予其独立性。毛泽东还提出在社会主义经济管理方面，要尊重价值法则，发展商品生产的重要思想。刘少奇也提出，在我们的经济生活中应当允许国家领导下的自由市场的存在，"作为国家市场的补充"[②]。在这一时期，陈云系统提出"三个主体、三个补充"思想。这些思想，是在计划经济的框架中对计划和市场关系的先行性探索，是对高度集中的计划经济体制进行的早期改革。在分配机制上，毛泽东提出了兼顾国家、集体、生产者个人三者利益的思想。20世纪60年代初，毛泽东等中国共产党人对经济体制改革的探索在调整农村管理体制和管理制度、改革企业管理体制和利用经济组织管理经济等方面取得了重大进展。邓小平在1961年提出，适当扩大企业自主权，实行生产责任制思想。邓子恢则较详细地提出和阐述了在农村实行生产责任制的观点。

---

① 《毛泽东文集》（第7卷），人民出版社1999年版，第170—171页。
② 同上书，第76页。

### （二）政治体制的改革探索

1956年苏共20大召开之后，在总结苏联社会主义建设经验教训的过程中，毛泽东等领导人对我国政治体制运行中暴露出来的问题，给予了高度重视。如何改革这些问题，使社会主义政治生活既有秩序，又充满活力，第一代领导集体进行了积极探索。这些探索为改革开放后邓小平系统地进行政治体制改革积累了宝贵经验。

其一，完善社会主义人民民主。

社会主义制度应该具有广泛真实的民主，这是共产党人一贯的基本认识。新中国成立前后，毛泽东从中国社会阶级关系实际出发，设计了人民民主专政的民主政治制度，这是一种新型的民主形式。在社会主义的基本政治制度建立起来之后，如何扩大社会主义民主，毛泽东等中共领导人对此进行了积极探索。首先，强调走群众路线，用民主的办法解决人民内部矛盾。群众路线是毛泽东和党中央在延安时期探索出来的实践人民民主、联通政党与民众的有效机制和工作方法，如何在全面执政的条件下，将群众路线有效化为无产阶级政党的执政制度，这是一个深刻而具有重大价值的课题。1956年，毛泽东指出我们要思考"建立一定的制度来保证群众路线和集体领导的贯彻实施"[1]，正式提出了群众路线的制度化问题。在《正确处理人民内部矛盾的问题》的讲话中，毛泽东提出实行群众路线与解决人民内部矛盾相结合的新观点，提出"用民主的办法解决人民内部矛盾"[2]。这些问题在今天仍然是我们深化执政党改革和社会主义政治体制改革的重要问题，而毛泽东提出解决这一问题的基本思路是完全正确的。其次，强调精兵简政，反对官僚主义。毛泽东指出，"国家制度中某些环节上的缺陷的存在，是和社会主义的经济基础相矛盾的"[3]，必须下大力解决。在《论十大关系》中，毛泽东尖锐地指出，我们必须反对官僚主义，反对机构庞大[4]。1956年9月，刘少奇在中

---

[1] 《毛泽东文集》（第7卷），人民出版社1999年版，第19页。
[2] 同上书，第212页。
[3] 同上书，第215页。
[4] 同上书，第36页。

共八大的政治报告中也深刻地提出类似思想①。在国家政权机关建立后，1951年、1954年和1956年国家先后三次对政权机构进行了精简。但用今天的眼光来看，政府的职能和规模根本上是由其与经济、社会的关系决定的，在高度计划经济的格局中，政府的全能型管控是其规模庞大的根源。因此，外围性的机构精简其作用是有限的，难免会陷入精简—膨胀，膨胀—精简的怪圈。但今天这种正确认识的形成，正是我们不断进行探索的结果。最后，是对党内民主建设的探索。毛泽东是在党内较早提出党内民主的主要领导人之一。他在八大前后指出，中央和各级党委必须坚持集体领导的原则，反对个人独裁和分散主义两种偏向。邓小平在八大《关于修改党的章程的报告》中第一次提出要"建立党代会常任制"。此外，毛泽东等中央领导还多次讲到要高度重视对党的监督等问题。

其二，强调适度分权，解决权力过分集中问题。

对任何一个国家而言，权力的集中与分散都是国家权力制度结构直接涉及的问题。大多数后发现代化国家在经济现代化建设中实行的是一种政府集权化的发展模式，德国、日本、苏联等国都是如此。但是，在肯定权力集中在现代化赶超型发展模式中的合理性的同时，应该警惕和制约权力过分集中的严重弊端。中国在社会主义改造中引入了苏联式的集中制度模式，而这一模式在大规模复杂化的经济格局中暴露出来的弊端和缺陷是很严重的。以此为鉴，在《论十大关系》中，毛泽东集中阐述了他的适度分权思想，克服权力过分集中。认为"不能像苏联那样，把什么都集中到中央，把地方卡得死死的，一点机动权也没有"②，要有中央和地方两个积极性。在各级政府之间，"也要注意发挥地、县、区、乡的积极性，都不能够框得太死"③。集中和分权的另外一层含义是在政府和市场、社会关系层面，也就是政府向企业、向社会放权。对于这一点，社会主义建设时期也有一些探索，主要表现为中央部门向企业放权。刘少奇在中共八大所做的政治报告中，从政府间关系、政府和企业关系等方面较为全面地论述了这一问题的改革思路。八大后，中共中央和国务院本着"适当分权"的原则对中

---

① 中共中央文献研究室：《建国以来重要文献选编》（第9册），中央文献出版社1994年版，第86—87页。
② 《毛泽东文集》（第7卷），人民出版社1999年版，第31页。
③ 同上书，第33页。

央政府与地方政府权力进行了重新划分，并进行了体制调整。在一定程度上扩大了地方的自主权，提高了地方的积极性。从国家权力格局角度看，良好的中央与地方关系、政府与社会关系都是社会主义政治制度理论和实践的重要内容，处于非常重要的地位。

其三，对合理的党政关系的探索。

苏联模式党政关系运行中存在的问题，也引起了中央的高度重视。20世纪50—60年代，在如何处理党的领导与政权机关关系问题上，中共进行了积极的探索。董必武、刘少奇等人都先后就党政分开、党政关系提出过许多重要思想。刘少奇在"七千人大会"上尖锐地指出，社会主义国家有全国性的和各级地方性的人民代表大会组织、政治协商会议组织，此外，还有如工会、青年团体、妇女联合会等组织，民族党派、工商联组织，这些组织都是无产阶级政党联系群众、发挥人民民主作用的多样化形式，这些不同类型的组织发挥着不同方面的作用。"我们党应该认真地而不是形式地发挥这些组织的作用"[1]。针对党内和社会上认为中国共产党是领导党和执政党，党管一切的观点。刘少奇指出，执政党的领导不是包办代替，不能用党的组织来代替其他各类型政治性、经济性组织的作用，让这些组织徒有虚名、有名无实，"如果那样做，就违反了人民民主制度，就会使我们耳目闭塞，脱离群众，这是很危险的"[2]。摆正党政、党社关系一直是中国社会主义制度框架完善的核心性问题，而对这一问题的思考，应该说在20世纪50年代末、60年代初就开始了。

其四，对人民代表大会制度、多党合作和政治协商制度以及民族区域自治制度的完善。

我国基本政治制度确立起来后，围绕这些制度在实践中如何更好运行的问题，中国共产党进行了艰辛的探索和不断地完善。在人民代表大会制度确立后，中共中央和全国人大常委会非常重视充分发挥人大代表个体积极履职的问题，1955年召开的一届人大七次会议上，做出了建立地方全国人大办事处的决定，并要求在一些地方试办后，普遍推行。1955年10月，

---

[1] 中共中央文献研究室：《建国以来重要文献选编》（第15册），中央文献出版社1997年版，第68—69页。

[2] 同上书，第69页。

毛泽东在最高国务会议上提议，各级人大代表和政协委员一起做一个月的视察，不久这一提议就在实践中展开。此后，1956年、1959年、1960年和1963年这种全国性的组织代表视察的实践又先后搞了多次。在对人大制度的完善中，强化全国人大常委会的职能是重要方向，注重发挥全国人大常委会在立法和解释法律方面的功能，常委会在制度上获得了一定程度的发展。在人大制度建立之后，多党合作和政治协商制度的功能也发生了变化，20世纪50年代中期，围绕政协作为独立的统一战线继续存在以及完善其功能等问题，中国共产党提出了许多有价值的思想。毛泽东反对取消民主党派的观点，提出共产党和民主党派要"长期共存、互相监督"。对于政协在中国政治格局中的定位，毛泽东反对把政协搞成国家机关，认为如果这样做就等于搞二元论。政协既是人民团体，更是党派性协商机构，政协与人大各有各的职权。在实践中，更加丰富和细化了政协的组织界别，这种调整也反映了改造后中国社会阶层结构的变化。在民族区域自治制度的完善上，继续加大民族区域自治的立法建设和制度建设，积极探索民族区域自治地方如何灵活的建立和运用社会管理和经济财政体制等问题。毛泽东提出"在少数民族地区，经济管理体制和财政体制，究竟怎样才适合，要好好研究一下"[①]。中国共产党在20世纪五六十年代对党和国家的政治体制的改革和大胆探索，对政治体制和政治运行中存在的一些问题进行的调整，尽管是有限的，但是却在实践中取得了许多重大成效，也积累了不少政治体制改革方面的宝贵经验。

## 第三节 中国社会主义制度建构的逻辑特征与基本经验

### 一 中国社会主义基本制度框架的逻辑特征

**（一）对苏联模式的模仿、借鉴与改革**

中国社会主义制度框架是在模仿、借鉴和超越苏联制度模式中确立

---

[①] 《毛泽东文集》（第7卷），人民出版社1999年版，第34页。

和发展的。苏联社会主义的制度安排在主要特点上表现为三点：共产党作为执政党的一党集权、指令性的计划经济体制和文化统治的一元主义。这一模式形成于20世纪二三十年代，定型于40年代初，被称为斯大林模式。正如俄罗斯联邦共产党主席久加诺夫所指出的，政治垄断、经济垄断和思想垄断是苏联模式的主要弊端[①]。在新中国成立前后，我们把苏联当成"最好的先生"，提出"苏联的今天就是我们的明天"。在社会主义改造时期，在国家的基本制度安排上，模仿和照抄了许多苏联的做法，特别是在基本经济制度和经济体制以及文化建设方面。对此，毛泽东说，"因为我们没有经验，在经济建设方面，我们只得照抄苏联"，虽然"这在当时是完全必要的……这当然不应当是长久之计"[②]。在基本政治制度上，中国并没有照搬苏联的做法，而是坚持了从实际出发的原则。在国体制度安排上，没有照搬苏联的无产阶级专政，而是建立了无产阶级领导的以工农联盟为基础的人民民主专政的国家制度，"人民"是一个内涵和外延极具弹性的概念，包含面更宽广，更适合中国实际；在根本政治制度上，没有简单套用苏联苏维埃的构成形式，而是采用中国式的人民代表大会制度；在基本政党制度关系上，不采用苏联模式的共产党一党执政的体制，而是确立了中共领导的多党合作和政治协商制度；在国家结构形式和解决少数民族制度设计上，没有照搬苏联的联邦制国家结构形式，而是建立了单一制下的民族区域自治制度。中国这些社会主义基本政治制度安排大多成型于经济基础三大改造之前，是适应于多元经济社会格局基础的上层建筑安排。这些制度安排富有弹性空间，有利于在不同生产力状态下调节社会利益关系，应对紧张政局，实践证明这些制度非常适应中国国情实际。这些基本制度安排是中国特色社会主义制度体系的支柱性组成部分。在苏共二十大后，以苏联模式为鉴，中国共产党对于政治体制、经济体制和其他社会文化体制进行了积极的改革探索。在理论上和实践上围绕着完善和发展社会主义制度的目标，取得了许多积极的成果。但在毛泽东时期，这种探索没有能持之以恒地进行下去，许多好的思想提出来没能得到很好地实践，许多好的实践没能坚持下去。

---

① 李永忠、黄瑛：《关于苏联解体的15种说法》，《人民论坛》2012年第2期（下）。
② 《毛泽东文集》（第8卷），人民出版社1999年版，第305页。

在60年代初中苏论战后，毛泽东的认识由以苏为鉴，转为极力维护苏联模式的正统性。这种维护，有正确性的一方面，也有迟滞这一制度自我完善和发展的一面。在中国全面改革开放后，中国特色社会主义制度体系的形成在根本性质和基本制度、具体制度和体制模式等方面对苏联模式实现了重大突破和创新。

### （二）人民民主、共同富裕是制度安排的灵魂和主旨

社会主义制度应该具有广泛真实的民主，这是毛泽东在民主革命时期就形成了的认识。毛泽东从中国社会阶级关系实际出发，设计了人民民主专政的民主政治制度。人民民主专政将对广大人民的民主与对少数阶级敌人的专政相结合，是一种新型的民主形式，更适应中国国情。人民主权原则是贯穿于中国社会主义基本经济制度和基本政治制度体系的基本原则，适应于人民民主专政的内在要求，实行人民民主代议制度的人民代表大会制度。实践证明，人民代表大会制度是能够保证人民当家做主的根本政治制度和最高实现形式，也是执政党在国家政权中充分发扬民主、贯彻群众路线的最好实现形式。能促进和带动广大人民群众走向共同富裕，是社会主义最重要的制度优势之一，也是社会主义制度安排的重要原则。毛泽东把改造私有制、建立社会主义公有制作为实现共同富裕的制度前提，这一判断是正确的。生产资料所有制是社会经济制度系统的核心和基础，决定着社会经济制度的根本性质。坚持中国特色社会主义基本经济制度的公有制的主体地位是社会主义经济性质的根本体现，也是引导民众走向共同富裕的物质保障。实现民众共同富裕，要求我们在坚持基本经济制度的前提下，要不断解放和发展生产力，探索能极大促进生产力发展的公有制实现形式。人民民主、共同富裕作为中国社会主义制度的内在原则要求，也是我们今天探索中国特色社会主义制度体系完善发展的基本原则。

### （三）"制度—社会"矛盾的蕴含与化解

现实中的社会主义制度大都建立在经济社会发展相对滞后的国家，并没有率先出现在马克思、恩格斯所设想的西方资本主义发达国家。这就使得其制度建立呈现自身的特殊性，即先行建立政治上层建筑，然后

运用政权的力量改造社会生产关系，在上层建筑和生产关系的作用下发展生产力。按照马克思、恩格斯的设想，社会主义社会将首先在发达国家实现（他们曾先后设想过英国和德国突破资本主义链条的可能性），这是一种按照生产力发展水平正常顺序发展的变迁过程。这一逻辑下建立起来的社会主义制度新形态是一个自然而然的历史过程，生产力的发展已经显示出它所要求的社会关系形式。而现实中的社会主义国家发展显然与这一常态顺序存在很大不同，呈现出一种很强的"逆向发展性"和非常态性。中国社会主义制度框架的建立也呈现出这种典型的非常态特征，这就使得社会主义制度系统被赋予了更多的赶超型、政治力量主导型发展模式内在要求的那种格局。当然，这种格局在当时的历史条件下是必要的，也是正确的。但这种模式在制度化建构中也难免带有自身的欠缺和不足，集中表现为"制度—社会"矛盾的衍生。这一矛盾具体表现为三点：一是制度建构中国家政权力量单项独大与多元性社会力量不足的矛盾；二是制度安排与制度环境的矛盾；三是社会主义制度建设理想与现实的矛盾。① 这种"制度—社会"矛盾将国家的制度演化置于一个特定的"路径依赖"之中。化解和克服社会主义制度模式初建期的这一矛盾和制度路径，是深入推进马克思主义制度中国化良性发展，探寻更适应社会主义本质要求和社会生产力发展需要的制度模式的重要着力点，也是坚持和完善中国特色社会主义制度的关键。

## 二 中国社会主义制度建设的基本经验

新中国的成立，一系列国家基本制度的建立和改造后公有制所有制格局的形成，从制度层面完成了近代中国面临的第一大历史任务，为国家独立和人民解放提供了制度保证，实现了马克思主义中国化进程中制度建构的第一次历史性飞跃，"为当代中国一切发展进步奠定了根本政治前提和制度基础"②。

---

① 阎树群、张艳娥：《"制度—社会"矛盾的化解与中国特色社会主义制度建设》，《陕西师范大学学报》（哲学社会科学版）2013年第2期。
② 胡锦涛：《坚定不移沿着中国特色社会主义道路前进，为全面建成小康社会而奋斗》，人民出版社2012年版，第10页。

### （一）主要经验

其一，高度重视社会形态层面基本制度建设，在基本制度认同上具有高度坚定性。

马克思主义制度理论认为，社会制度首先是指社会形态。对此，列宁强调指出，把各国不同的制度概括为社会形态这个基本概念，能从根本上看清不同制度间的根本区别，"只有这种概括才使人有可能从记载的社会现象进而以严格的科学态度去分析社会现象"[①]。社会形态层面的制度我们又称其为根本和基本制度，它决定着该社会形态的社会性质，是制定各种具体制度的依据。以毛泽东为代表的中国共产党人，在新中国建立以及社会主义改造前后对国家制度体系建构主要是从社会形态层面的基本政治、经济制度等方面进行的。对此毛泽东认为，无产阶级政党的领导，人民民主专政，社会主义生产资料公有制等制度安排都是社会主义形态内在的基本制度要求，而这样的制度安排是适应社会生产力的发展规律的，是具有强大优越性的。毛泽东指出："我国现在的社会制度比较旧时代的社会制度要优胜得多。如果不优胜，旧制度就不会被推翻，新制度就不可能建立。"[②]

基本制度安排的巩固与稳定是社会主义社会在中国确立和存续的重要标准。对此，毛泽东在《关于正确处理人民内部矛盾的问题》中提出了在我国政治生活中，辨别"香花和毒草"的六条标准，包括有利于人民团结，有利于社会主义改造和建设，有利于发展巩固人民民主专政，有利于党的民主集中制，巩固中国共产党领导等方面。邓小平在改革开放后更是简要地将这些基本制度安排概括为"坚持四项基本原则"。高度重视社会形态层面基本制度的稳定，在基本制度认同上具有高度坚定性，这是从新中国成立到今天，中国社会主义在制度建设上的基本经验，也是中国社会主义能不断得到完善和发展的基本经验。

其二，以人民大众和国家民族的根本利益为标准，探寻效能兼备的制度模式。

---

① 《列宁选集》（第1卷），人民出版社1995年版，第8页。
② 《毛泽东文集》（第7卷），人民出版社1999年版，第214页。

在新民主主义革命时期和社会主义建设时期，中国共产党坚定选择社会主义制度模式基于两个基本判断：一是想要急切地改变国家贫困落后的面貌，快速实现民族复兴；二是认为社会主义制度模式具有集中力量办大事，有助于公平正义和共同富裕等显著的制度优势。对于国家落后和人民贫困，中国共产党有着极为深切的体会和认识。毛泽东在新中国成立后对中国工业的落后深感不安，认为中国如果不能在社会主义制度模式中实现一种赶超型的快速发展，有被"开除球籍"危险。只有社会主义制度才能救中国，只有社会主义才能发展中国，这是几代中国共产党人的坚定认识。在20世纪50年代左右，中国共产党在经济和政治制度上选择社会主义，是有着深刻的考虑，决非一时激情使然。在这种制度选择的理性认识下，借鉴西方制度的长处，但坚决拒绝西方基本经济政治制度，这是中国共产党一直以来公开阐明的基本政治立场，"我们采用民主集中制，而不采用资产阶级议会制"①，"我们不搞资本主义，这是定了的"②。

其三，尊重本国历史文化与实际情况是中国共产党推进制度演变的基本依据。

毛泽东在1938年提出"马克思主义中国化"的科学命题，这既为进行理论创新提供了科学指导，也为进行制度创新和制度选择提供了基本原则。一定的政治社会制度与其产生的国情土壤具有内在契合性，这是制度变迁史上的基本规律。毛泽东等中国共产党人将马克思主义国家理论与中国国情实际相结合创造性提出人民民主专政的政权理论；在扩大人民政治参与的理念下，以人民代表大会作为国家的根本政治制度；在马克思主义统一战线的理论指导下，创建了多党合作和政治协商制度；在民族平等、民族团结和共同繁荣的理念指导下，创建和实行民族区域自治制度等。在制度建设上本着这种实事求是的精神，科学回答和创造性地解决了制度转型中的"内生"与"移植"、继承与创新、借鉴与超越等重大问题，是我们今后继续深入推进中国特色社会主义制度完善和发展的重要经验。

---

① 《毛泽东文集》（第5卷），人民出版社1996年版，第136页。
② 《毛泽东文集》（第6卷），人民出版社1999年版，第299页。

其四，对社会主义制度模式的改革和完善问题进行了积极的探索。

社会主义是科学的理论和制度，也是发展的理论和制度。中国共产党第一代领导集体，在社会主义建设时期，以苏为鉴，对社会主义在中国的实现模式进行了积极的探索，提出了一系列指导社会主义制度自我完善和发展的科学理论。社会主义社会的基本矛盾学说为社会主义政治经济体制改革提供了坚实的理论基础，对经济政治社会管理等体制层面的改革探索为社会主义改革开放提供了宝贵经验。

### （二）存在不足

西方制度主义理论非常重视一个制度体系的初始选择对整个制度变迁的影响，将其称为制度变迁的"路径依赖"。新中国成立初期，社会主义方向的制度建构是我们后来完善发展中国特色社会主义制度体系的"路径依赖"。这种初创的制度架构内在的优势使中共拥有丰富的政治资源和实际优势，具有收益递增的效果，并在进一步的制度演化中得到巩固；但同时，这一初始制度选择的内在不足，具有自我强化的功能，也对整个制度体系的变迁产生了不良的长期影响。克服这种非良性路径依赖，仍然是今天中国特色社会主义制度建设和民主政治发展的中心问题。

首先，在具体制度层面对制度的社会作用重视不足，人民民主的法律化、制度化建设存在严重缺陷。

社会形态层面的基本制度，需要在合理有效的一系列具体制度的支撑下才能发挥出作用，具体制度体制是基本制度的体现和支撑。在社会主义建设时期，我们在高度重视社会形态层面基本制度建设的同时，对具体制度层面的制度建设的重要性认识不足，在推进人民民主的法律化、制度化建设上存在失误。毛泽东对具体制度的功能与地位的重要性认识不足，往往把社会主义的根本制度与具体制度相对立，以根本制度的巩固来否定具体制度的功能和作用。在政治领域中，民主集中制遭到摒弃，对于制度建设和法律建设在民主建设中的重要性认识不足，没有及时探索群众路线式民主与制度法制建设的关系问题，导致"文化大革命"中"砸烂公检法"的群众运动式的大民主模式的错误实践。摆正党的政策与国家制度法律的关系是科学制度观应有的内容，在这一方面，我们在改革开放前也没能形成清晰正确的认识，往往将党的政策完全凌驾于法律之上，以人治代替法治。对此邓小平客观地指出，将新中国成立以来党在领导社会主义建设中所犯的一些错误简单归结为毛泽东的错误，或是其他哪个领导人的错误，是不客观的，"不是说个人没有责任，而是说领导制度、组织制度问题更带有根本性、全局性、稳定性和长期性"[①]。

其次，没能持之以恒地推进制度的改革与完善。

全面改革开放之前，在中共八大前后和20世纪60年代初，中国共产党人对于中国社会主义制度的改革与完善进行了积极探索，但由于各种原因这种探索没能坚持下去，从而在根本上没能真正跳出苏联模式的弊端。对"什么是社会主义，怎样建设社会主义"这一核心理论问题认识的不足、复杂国际环境和阶级斗争观念的影响以及党和国家领导体制存在的不足等都是导致毛泽东时代对社会主义制度改革和完善的探索中断、偏离正轨的重要因素。因此，我们说，一个国家的制度体系的创新和良性变迁，是一个异常复杂的过程，既需要科学的理论创新为先导，又需要一系列制度变迁的重要制度性条件为支撑。好的制度安排是良性制度变迁的前提条件，这是制度问题具有根本性、全局性、长期性的原因所在。

---

[①] 《邓小平文选》（第2卷），人民出版社1994年版，第333页。

# 第五章

# 中国特色社会主义制度创新的历史飞跃

改革开放 30 多年来，中国共产党人坚持中国社会主义制度的主体框架，以极大的勇气和魄力，全面推进了中国特色社会主义的实践创新、理论创新和制度创新。在一以贯之的接力探索中，最终形成了中国特色社会主义的道路、理论体系和制度体系，标志着马克思主义中国化第二次历史性飞跃的实现。从制度化的视角看，这种历史性飞跃表现为中国社会主义制度框架更具民族性、时代性和现代性的过程，集中表现为中国特色社会主义制度体系的形成。中国特色社会主义制度的探索和形成经历了三个时期：十一届三中全会到十四大，是中国特色社会主义制度主体框架的形成时期；十四大到十六大，是中国特色社会主义制度不断丰富并逐渐体系化的发展时期；十六大以来，是中国特色社会主义制度体系得以确立、完善发展的时期。中国特色社会主义制度体系的生成集中表现了实践性、价值性与时代性相统一的基本逻辑，将制度的内生与创设相结合，在发挥意识形态因素积极作用和制度创新主体协同性作用等方面积累了成功的经验。

## 第一节 中国特色社会主义制度主体框架的形成

### 一 邓小平的科学制度观与中国特色社会主义制度的开创

十一届三中全会开启了中国现代化历程的全新篇章，也同时开启了新时期马克思主义中国化制度创新的历史篇章，以此为标志，中国特色社会主义制度化建设进入到了一个新阶段。"邓小平的改革理论对中国特色社会主义制度的确立产生了至关重要的作用"①，全面推动了中国社会主义制度框架现代化的进程。邓小平的改革开放理论为中国特色社会主义制度的形成奠定了坚实的理论基础，社会主义初级理论、社会主义本质理论等提供了中国特色社会主义制度的直接理论支撑。在马克思主义发展史上，邓小平是在高层确立形成现代性、科学性制度观的第一人。②他的科学制度观是马克思主义制度理论中国化的重大成果，是中国特色社会主义制度建设的直接理论指导。

### （一）制度问题具有根本性、长期性和全局性

邓小平在"文化大革命"结束后，深刻反思了中国社会主义建设的失误和曲折，从制度层面对这些问题进行了深刻而全面的思考。1980年8月18日，邓小平发表了《党和国家领导制度的改革》的重要讲话，在讲话中邓小平明确地把制度问题的重要性作为党和国家的一项重要任务提了出来，"这种制度问题，关系到党和国家是否改变颜色，必须引起全党的高度重视"③。稳定规范的制度系统是形成稳定的社会规范秩序的基础工程，制度可以保障民众政治参与的长效化和规范化，建立健全经济、政治、社会的制度规范，可以使国家重大决策的制定与实施做到有法可依，有章可循，可以避免人治因素造成的重大失误。诸如制度现代化在整个社会现代化中的重要性的表现，我们今天都是耳熟能详的。邓小平从制度层面分析和总结历史经验，这无疑是切中要害的。

### （二）社会主义具体制度存在严重弊端

邓小平在《党和国家领导制度的改革》中，对中国社会主义具体制度存在的五大弊端进行了深刻的分析：在论述官僚主义时，邓小平直接指出了我国官僚主义的两大根源，一是党管得太多，二是没有严格的行政法规和个人负责制。认为官僚主义产生的基本原因仅仅用思想作风的

---

① 阎树群：《邓小平改革理论与中国特色社会主义制度建设》，《甘肃理论学刊》2013年第1期。
② 曹沛霖：《制度纵横谈》，人民出版社2005年版，第195页。
③ 《邓小平文选》（第2卷），人民出版社1994年版，第333页。

原因来解释是不足的,"制度问题不解决,思想作风问题也解决不了"①。制度问题,非解决不可。明确将制度建设放在突出位置加以强调。在分析权力过分集中的弊端时,邓小平将理顺党政关系作为制度建设的突破口,强调一方面要改变党的一元化领导,另一方面要进行合理的分权。这是党的领导制度、组织制度和管理制度改革的一大创新思路。对于国家和党内存在的家长制作风,邓小平指出这一弊端的产生是因为"民主集中制还没有成为严格的制度"②。民主集中制作为我国党和国家基本政治制度的内在原则,是我们的制度优势,但是在实际运行中,一直缺乏法制化、制度化的硬件支撑。以致在1962年的七千人大会上,毛泽东倡导恢复民主集中制的做法,问题认识很深刻,但没多久就出现反复,留下了深刻的教训。对于干部的终身制问题,邓小平认为,与封建主义的影响有一定关系,但与我国缺乏健全的干部制度的关系更直接。官僚特权现象是我国政治生活中的重大弊端,对于特权现象的产生,邓小平认为最终需要诉诸对人民民主权利的保障。邓小平对党和国家的组织制度和领导制度等具体制度层面存在问题的分析和把握是面向现代性的,今天仍然是我们发展完善中国特色社会主义制度体系的重要方向。

### (三) 坚持社会主义基本制度,改革具体制度

在邓小平看来,中国的现实决定了中国的制度建设的侧重层次不在于社会的根本制度层面,而在于具体制度层面。明确对制度和体制加以科学区分,是邓小平改革理论的重要支点,具有重大的方法论价值。邓小平秉持毛泽东等老一辈共产党人一贯的看法,具有对社会主义基本制度的坚定信念,他说,"我们建立的社会主义制度是个好制度,必须坚持"③。但是,"社会主义制度并不等于建设社会主义的具体做法"④。这里所讲的"具体做法"指的是社会主义的各种具体制度和运行机制。在1980年后,邓小平更加频繁地讲各项体制改革,明确指出"我们现在的体制就很不适应四个现代化的需要"。邓小平对于制度和体制的科学划

---

① 《邓小平文选》(第2卷),人民出版社1994年版,第328页。
② 同上书,第330页。
③ 《邓小平文选》(第3卷),人民出版社1993年版,第116页。
④ 《邓小平文选》(第2卷),人民出版社1994年版,第250页

分，是对马克思主义制度理论的创新性贡献，具有重要的理论价值和方法论意义。可以说是继毛泽东的社会主义基本矛盾学说之后，对于社会主义制度自我完善和发展具有直接指导价值的又一重大理论贡献。有了对基本制度与具体体制的科学划分，才有了"改革是中国第二次革命"的命题，才突破"姓资姓社"的争论，也才有了社会主义本质理论、市场经济理论等一系列重大思想的产生。

### （四）制度改革与创新要坚持正确的评价标准

邓小平在如何评价制度变迁的效果、评价制度的优劣问题上，坚持马克思主义唯物史观和制度理论的基本观点，有清晰的认识。对于基本制度的评价，邓小平坚持生产关系适应生产力的标准，将其细化为"三个有利于"的基本标准；对于社会主义基本制度与资本主义制度安排，从比较角度看，经济上发展得更快一些，在政治上创造比资本主义国家的民主更高更切实的民主，造就比这些国家更多更优秀的人才，拥有明显的经济优势、政治优势和文化优势是衡量我们制度好坏的根本标准；对于具体制度和体制，他最关注的是政治领域。1987年邓小平在一次谈话中提出评价政治制度和体制好与不好的三条标准，"第一是看国家的政局是否稳定；第二是看能否增进人民的团结，改善人民的生活；第三是看生产力能否得到持续发展"[①]。社会主义具体制度的改革与变迁应从根本上体现和展现社会主义基本制度安排的特点和优势，这是衡量具体制度好与坏的重要尺度。我们进行体制改革的目的是要在根本上有利于巩固社会主义制度，并且有利于巩固中国共产党的领导，而不是改变社会主义制度，丢掉党的领导，一句话，就是要"有利于在党的领导和社会主义制度下发展生产力"[②]。

### （五）中国特色社会主义制度创新的方式方法

马克思主义制度理论认为革命与改良是社会制度变迁的两种主要形式，两种形式相互统一、相互依存。西方制度主义认为，所有制度的变

---

① 《邓小平文选》（第3卷），人民出版社1993年版，第213页。
② 同上书，第241页。

迁都应该是渐进改良的，根本制度的巨变往往只是外表，内在的演化都应是逐步发生的。毛泽东社会主义基本矛盾学说，为解释社会主义制度变迁提供了基本科学依据，那就是社会主义社会形态的基本制度从根本上是适应社会化大生产发展要求的，但具体而言由于生产力的动态性，又是不相适应的。这种适应又不适应的状态决定了，社会主义制度在基本框架稳定的前提下，通过具体制度的完善和发展来发展自身是基本规律。具体制度层面的改革和完善是全面的，又是渐进的。对于社会主义制度发展完善的长期性，邓小平有清醒的认识，"恐怕再有三十年的时间，我们才会在各方面形成一整套更加成熟、更加定型的制度"[①]。在操作层面，邓小平认为坚定的领导主体、在现存的制度框架内通过既有制度和法律力量、先行试点循序渐进等，这些都是中国社会主义制度创新的重要方法。这些方法在实践中都是行之有效的。

邓小平对制度的认识不仅仅停留在围绕制度建设本身的具体性观点，从深层看，邓小平是把制度当作一种社会政治分析框架，并且用它来全面把握和思考"什么是社会主义，怎样建设社会主义"的答案。在对待社会主义建设中的各种问题时，他习惯于把这些问题"都当做制度问题、体制问题提出来"[②]，"考虑从制度上解决问题"[③]。制度的现代性是社会主义现代化的基本维度，这一点是邓小平一直非常强调的。十八大报告坚持了这一思路，明确提出"要把制度建设摆在突出位置"，并做出了在全面深化改革中完善和发展中国特色社会主义制度的科学论断。

## 二　中国特色社会主义制度主体框架的实践推进与形成

### （一）恢复和发展国家基本政治制度

其一，恢复和发展人民代表大会制度。

20世纪60年代中期"文化大革命"的爆发，使人民代表大会制度的运行和发展受到了很大的冲击，此后八九年时间里，第三届全国人大以

---

① 《邓小平文选》（第3卷），人民出版社1993年版，第372页。
② 《邓小平文选》（第2卷），人民出版社1994年版，第288页。
③ 同上书，第349页。

及常委会再也没有举行过一次会议，全国人大及其常委会仅保留了一个名义，没有再举行过任何活动；地方各级人大被彻底砸烂，取而代之以"临时权力机构"的革命委员会。①"文化大革命"结束后，1978年五届全国人大一次会议召开，人民代表大会制度开始恢复。1979年6月，五届全国人大二次会议审议通过了《关于修改宪法若干规定的议案》和《地方组织法》，恢复并确立了地方各级人大制度。第五届全国人大第二次会议的召开，标志着新时期人大制度的全面恢复。新制定的《选举法》对人大选举制度作了重要的改革，将人大代表直接选举范围扩大到县一级，并且规定实行差额选举制。1982年12月，第五届人大二次会议通过了新的宪法，通常称为"八二宪法"，即我国现行宪法。"八二宪法"扩大了全国人大常委会的职权，强化了人大监督权。1983年第六届全国人大充实和健全了常委会工作机构，设立民族、法律、财政经济、教育科学文化卫生、外事和华侨委员会等专门委员会，地方人大组织体系也日益健全。十三大后，全国人大和地方人大及其常委会不断完善会议制度，大大推进了人民代表大会工作的制度化、程序化进程。1992年七届全国人大五次会议通过了《人大代表法》，对全国人大和地方各级人大代表的地位、性质、权利、义务、工作方式以及议案的提出和审议、人员的选举、罢免等都做了具体规定，我国人民代表大会制度得到恢复并不断走向完善。

其二，推进多党合作与人民政协制度的发展。

1978年2月五届政协第一次全体会议召开，会议修改了1954年的章程，这次会议的召开标志着中断十多年之久的人民政协得到全面恢复。十一届三中全会后，随着国家工作重心的转移，多党合作与政治协商的性质、作用也随之发生变化。1979年6月在五届政协二次会议上邓小平提出新时期统一战线已经成为"工人阶级领导的、工农联盟为基础的社会主义劳动者和拥护社会主义的爱国者的广泛联盟"的新论断。1982年11月政协第五届全国委员会第五次会议章程对人民政协的性质、任务、作用、组织原则、职权范围等作了明确规定。1982年《宪法》第一次以

---

① 刘政、程湘清：《民主的实践：全国人民代表大会及其常委会的组织和运作》，人民出版社1999年版，第21—22页。

国家根本大法的形式规定了人民政协的性质和在我国政治生活中的重要作用，为新时期多党合作与人民政协的发展提供了宪法根据。

其三，完善发展民族区域自治制度，创建特别行政区制度。

十一届三中全会后，中国进入新的历史时期，我国民族区域自治工作进入了一个新的阶段，全面恢复了各级民族工作机构，过去行之有效的各项民族政策得到全面落实。20世纪80年代初，中央有关部门先后多次召开专题座谈会，对坚持和完善民族区域自治制度、加强民族区域自治政权建设和尊重民族自治机关的自治权利等重大问题进行研究和讨论。1981年6月在《关于建国以来党的若干历史问题的决议》中针对民族区域自治问题与实践做了全面的安排，强调"必须坚持实行民族区域自治，加强民族区域自治的法制建设，保障各少数民族地区根据本地实际情况贯彻执行党和国家政策的自主权。要切实帮助少数民族地区发展经济文化，努力培养和提拔少数民族干部"①，这成为新时期国家关于民族区域自治工作的总方针。1982年《宪法》和1984年《民族区域自治法》的颁布是我国民族区域自治制度建设走向新阶段的重要标志。在思考和解决中国特色的国家结构与中央地方关系的制度创新上，针对国家统一问题，改革开放后，中共中央创造性地提出了"一国两制"的构想，创建特别行政区。这应该看作是中国特色社会主义制度的重要内容。1982年，"一国两制"作为基本国策写进宪法，1990年，《香港特别行政区基本法》的颁布迈开了其转化为制度的重要一步。从港澳问题的解决到现在，特别行政区制度的实行取得了很大的成绩，其在中国特色社会主义制度框架中的定位和相关问题，值得做深入的研究。

其四，基层民主制度的勃兴发展。

中国基层民主是首先从农村开始的，20世纪70年代末，伴随着农村土地家庭联产承包责任制的广泛推行，人民公社体制因失去了其存在基础而走向解体。人民公社解体，国家权力从基层村庄收缩到乡镇一级，农村基层权力出现了暂时的"真空状态"。80年代初，在南方一些村庄率先出现了"村民自治"浪潮。国家顺应这一形势，适时在制度层面推进

---

① 中共中央文献研究室：《改革开放三十年重要文献选编》（上），中央文献出版社2008年版，第214页。

了这一进程。1982年全国人大正式将设立街道居民委员会和农村村民委员会的主张写进了宪法，以国家大法的形式正式肯定了基层民主的这一政治发展方向。此后，1987年国家制定通过了《村民委员会组织法（试行）》，1989年制定通过了《居民委员会组织法》法案，大大推动了中国基层民主制度的发展。同时，在企事业单位，普遍建立单位职工代表大会和工人工会组织，1986年国家出台颁布了《全民所有制企业职工代表大会条例》。到90年代初，以农村村民委员会、城市居民委员会和企业职工代表大会为主要内容的基层民主自治体系已经基本形成。

### （二）探索和完善国家基本经济制度

中国特色社会主义制度框架在建国初期在基本政治制度层面彰显了其特色部分。在改革开放后，则进一步从经济制度层面突破了苏联传统社会主义制度模式在社会主义与市场经济之间设立的鸿沟，通过实践探索一步步形成了中国特色的基本经济制度格局。基本经济制度是反应社会经济关系本质的制度规定，主要包括所有制关系以及在此基础上形成的生产成果的分配方式规定。而体现具体组织生产、交换、分配、流通过程中发生的人与人之间的经济关系的制度属于经济具体制度，也就是经济体制。十一届三中全会后，中国共产党对高度集中的计划经济体制进行了不间断的改革探索。先是在农村突破人民公社体制，倡导土地联产承包，扩大基层经济单位经营自主权。十二届三中全会制定通过的《经济体制改革的决定》，实现了认识上的重大突破，第一次提出"社会主义经济是公有制基础上有计划商品经济"的新论断并为党的十三大所确认。1992年初，邓小平发表"南方谈话"，指出"计划多一点还是市场多一点，不是社会主义与资本主义的本质区别"[1]。这就从观念中为社会主义与市场经济的结合提供了理论支撑。在邓小平关于市场和社会主义关系思想的引领下，1992年十四大报告正式将"社会主义市场经济体制"作为中国经济改革的目标正式确定下来。随着对经济经营、组织、生产体制的改革探索，必然深入到对经济所有制的改革。对传统单一公有制的突破核心在于如何定位非公经济的地位和作用，在20世纪70年代

---

[1] 《邓小平文选》（第3卷），人民出版社1993年版，第373页。

末到80年代末,中央文件认为"个体经济和私营经济是公有制经济的补充"。到90年代初,就开始把非公经济看作"国民经济的重要组成部分",1991年国务院提出了《经济体制改革"八五"纲要和十年规划》,提出要"建立以社会主义公有制经济为主体,多种经济成分共同发展的所有制结构"。在分配制度上,改革开放后,真正确立起按劳分配的格局,并且在不断探索解决"公平与效率"的关系问题上,探索了多种分配方式的补充作用。

**(三) 大力推进社会主义法律体系建设**

保障人民民主,必须加强法制。邓小平在十一届三中全会召开前的中央工作会议上明确指出,必须使社会主义民主制度化、法律化①。十一届三中全会根据邓小平的这一思想,强调要使社会主义制度和法律建设具有稳定性、连续性和极大的权威,做到"有法可依,有法必依,执法必严,违法必究","把立法工作摆到全国人民代表大会及其常务委员会的重要议程上来"。② 在1979年纪念新中国成立30周年大会上,全国人大常委会委员长叶剑英再次强调了我国社会主义制度建设和法律建设的极端重要性。在经历"文化大革命"后,这些思想认识应该是深切而且深刻的,对于新时期中国特色社会主义法律体系建设和制度建设具有重要指导意义。法律是制度规则的文本载体,而宪法则是一个国家制度的最高诠释。1982年,五届全国人大二次会议通过了现行宪法,以宪法为核心的现代法律体系建设在实践中快速推进。从1978年到1992年十几年中,第五、六、七届全国人大及其常委会先后制定了138部法律,200多部各类型条例,并对10部法律进行了修改,这些法律包括国家机构组织法、民事法律、刑法、三大诉讼法以及经济发展和保护公民权利的重要法律。中国特色社会主义法律体系框架初步形成。

**(四) 推进党和国家领导制度的改革**

新时期中国推进社会主义制度建设的中心任务是对具体制度的完善

---

① 《邓小平文选》(第2卷),人民出版社1994年版,第146页。
② 中共中央文献研究室:《改革开放三十年重要文献选编》(上),中央文献出版社2008年版,第19页。

和发展，而政治领域党和国家领导制度、组织制度、工作制度等具体制度的改革和完善具有特殊重要性。1980年，邓小平在"8·18讲话"中系统提出了改革和完善党和国家领导制度的基本思路，提出了党政职能分开的改革方向，并对理顺党政关系的步骤进行了初步设计，明确了党在国家法律范围内活动的基本准则。在实践中，中共十二大之前政治体制改革的主要任务是恢复和重建，但同时提出了如何深化改革的问题。1987年中共十三大，根据邓小平的基本思想制定了政治体制改革的蓝图。十三大的改革以实行党政职能分开为突破口，整体推进，其在范围和力度上都是前所未有的。为以后的政治体制改革打下了坚实的基础。20世纪80年代末90年代初的政治风潮并没有从根本上动摇政治体制改革的大方向，十四大确定社会主义市场经济体制的改革目标后，政治体制改革开始被纳入市场经济转型的总格局中全面思考。

**（五）进行一系列经济、社会、文化领域的具体制度改革**

具体制度的改革是中国社会主义制度创新的主体性领域，而具体制度的改革又是全方位的，涉及经济、政治、文化和社会等各个领域，那种认为中国改革只是单纯经济领域改革的观点是站不住脚的。经济体制主要是指组织经济生产的组织运行机制，包括资源配置方式、经济管理体制和管理方法以及对外经济关系等方面。改革开放后，我们在理论和实践中初步解决了社会主义经济运行方式和运行方法的问题，冲破传统计划经济体制的束缚，把市场作为社会主义经济关系运行的基础，确立了社会主义市场经济体制。在社会主义经济管理体制和管理方法探索上，改革了过去高度集中的经济管理体制，扩大了企业和地方的自主权。在经济发展的对外关系上，我们打破了封闭半封闭状态，在独立自主的基础上，和世界其他经济体建立了广泛的经济联系。在社会体制方面，与传统计划经济体制和农村人民公社体制以及城市的单位制组织体制相配套，我国在改革开放前，社会体制是一种政府全能型的管控模式。改革开放后伴随着经济体制的转型和公社体制的解体，以及大量非公有经济组织的出现，传统的政府全能管理以及企业办社会的局面必然需要全面的调整。20世纪80—90年代，是我国社会体制打破传统格局，进行格局调整的第一时期，即打破重组时期。大量市场性、社会性力量快速出现，构建新型社会体制已经迫在眉睫。在文化体制上,改革开放后,开启了全面的文化体制改革。在 1992 年之前,我国文化体制改革主要表现为全面恢复社会主义建设时期文化体制的正确的做法,同时变革文化主体的所有制格局,初步建立文化市场,挖掘和发挥文化的多样性功能。

## 三 邓小平对中国特色社会主义制度体系创建的主要贡献

### (一) 纠正"非制度化"的"左"的错误,全面恢复社会主义制度的框架与功能

现代社会制度建设的重要方向是实现制度化。亨廷顿认为制度化包含民主化、规范化、法制化和程序化以及可预测性等诸多方面。制度化是现代化的重要构成层次,制度化的核心是政治制度化。在传统社会主义国家的发展中,都存在一种值得注意的现象——非制度化。苏联和中国在社会主义实践的极"左"时期,存在一种非民主、非规范、非程序和神秘化政治的现象。我们将其称为"非制度化"现象。主要表现为政治生活中虽然有相应的制度性安排,但不探索和研究这些基本制度的具体表现形式,组织公民政治参与并不是按照制度的要求而是按照主观意志或意识形态等因素。这种"非制度化"现象就产生了邓小平所追问的"为什么资本主义制度能解决的一些问题,社会主义制度反而不能解决"的问题[①]。从 1957 年反右运动扩大化开始,到"大跃进"运动发动,特别是"文化大革命"的爆发,"踢开党委闹革命","砸烂公检法",这种政治社会生活中的"非制度化"发展到顶峰。没有及时发展完善社会主义制度架构,不重视具体制度的创新,太过刚性的意识形态,没能准确把握政党的历史方位变化等都是产生这种"非制度化"现象的原因。邓小平在改革开放后,从改革完善党和国家领导制度入手,针对这种"非制度化"现象,提出了完整的制度现代化建设的思路。政治的民主化、经济的市场化是中国社会主义制度现代化的两个基本维度,在邓小平时代,中国认清了这一正确方向,并且奠定了沿着这一方向顺利走下去的基础条件。

---

① 《邓小平文选》(第 2 卷),人民出版社 1994 年版,第 333 页。

### (二）探索全方位的体制改革，推进中国特色社会主义制度主体框架的形成

在改革开放后，中国在以邓小平为核心的党中央领导下，以各项具体制度的改革为核心，全面激活了社会主义制度框架内具的活力和优势，经济体制、政治体制、文化体制和社会体制的全面改革，促成了中国特色社会主义制度的基本成型。如果说，中国社会主义制度框架奠基于新中国成立前后第一代领导集体时期，那么中国特色社会主义制度主体应该是成型于改革开放后，这其中一个重要的标准是超越苏联模式。20世纪50年代，毛泽东虽然提出"以苏为鉴，走自己的路"的正确主张，但在制度的总体上，没能真正突破苏联模式的窠臼。政治上的权力高度集中、经济上的高度计划和社会管理上的高度控制是苏联社会主义制度模式的主要弊端。中国改革开放后，从这三个主要方面对于传统体制进行了全面的改革探索。1980年，邓小平的"8·18"讲话针对权力过分集中问题，对党和国家领导体制的改革进行了深刻的分析，成为中国民主政治建设的宣言书；1992年，南方谈话突破了"社会主义"与"市场经济"认识上误区，从经济制度层面将市场经济的制度安排纳入社会主义框架之中；对社会的放权和基层民主的勃兴从根本上改变了国家政府与社会间的关系格局。邓小平时代的改革，全面开启了扬弃苏联模式的进程，形成了中国特色的社会主义制度主体。

### （三）指明中国特色社会主义制度文明建设的正确方向

邓小平关于社会主义制度现代化的完整构想，指明了中国特色社会主义制度文明建设的正确方向。在地位上，高度重视制度化建设在社会主义系统工程中的重要地位；在原则上，坚持社会主义国体、政体、政党、经济等基本制度框架的稳定性和权威性；在对象上，积极探索经济、政治、文化、社会管理等方面的各项具体制度的改革与创新；在方式方法上，强调执政党的领导与群众首创精神相结合，积极推进和稳妥渐进相统一；在检验标准上，将生产力发展、国家发展与人的发展三维尺度相统一。改革开放以来，马克思主义制度化建设在中国特色社会主义的事业探索中得到了提升，适合国情和社会主义本质要求的制度框架的形

成极大地推动了科学社会主义制度化的历程,"我们应当不断完善社会主义国家的各项制度,切实推进科学社会主义真正走上科学之路"[①]。

## 第二节 中国特色社会主义制度的体系化发展

### 一 "三个代表"重要思想对中国特色社会主义制度认识的推进

#### (一)从建设社会主义政治文明的高度把握社会主义政治体制改革

以党和国家领导制度的改革为核心的政治体制改革是中国特色社会主义制度创新的重要内容。十三届四中全会后,中共第三代领导集体围绕国家的政治体制改革,提出了许多新论断。一是继续深入强调政治体制改革的必要性和紧迫性。把政治体制放在中国特色社会主义的总布局中认识其重要性。十四大将建立社会主义市场经济确立为经济体制改革的目标,这对政治上层建筑的改革完善提出了新要求,市场化的经济体制的改革任务对政治上层建筑体制改革形成倒逼之势。对此江泽民指出,政治体制改革必须"同经济体制改革和经济发展相适应,必须按民主化和法制化紧密结合的要求,积极推进"[②]。二是深入把握政治体制改革的主要原则。坚持党的领导、人民当家做主与依法治国的有机统一,这一基本原则紧紧抓住了中国民主政治建设的三个基本标准,为中国特色民主政治找准了基点。同时强调要立足国情、借鉴学习,不能搬用西方的"民主模式"。三是明确提出"建设社会主义政治文明"的观点。社会主义政治文明的科学认识是对社会主义政治学理论的新概括和对政治体制改革目标的总定位,从人类社会发展规律、社会主义建设规律和执政党建设规律相结合的层次上去认识和概括社会主义民主政治,突出强调其科学性、制度性、规律性和时代性特点。四是提出社会主义依法治国理

---

[①] 曹沛霖、杜欢:《社会主义政治文明的制度之维:纪念邓小平"8·18讲话"发表30周年》,《探索与争鸣》2010年第9期。

[②] 《江泽民文选》(第1卷),人民出版社2006年版,第235页。

论。将现代法治、制度建设与社会治理明确结合起来，推进社会主义治国理政方式的现代化转型。

**（二）拓展对社会主义基本经济制度和体制的理论认识**

社会主义经济体制的改革实质上是社会主义资源配置方式的重新选择和取舍的过程。经过两代领导集体艰苦的探索，我们已经深刻认识到，社会主义与市场经济之间不存在鸿沟。邓小平在理论上率先突破了"两个教条"的理论束缚，论证了社会主义形态与市场经济相结合的必要性和可能性，成为社会主义市场经济的理论奠基者。以江泽民为核心的第三代领导集体对中国创建社会主义市场经济体制做出了重要推动，十四大正式将建立社会主义市场经济体制确定为经济体制改革的目标。此后，围绕着社会主义市场经济许多内在的理论问题，第三代领导集体进行了深入和系统思考，拓展和丰富了对社会主义经济制度和体制的理论认识。首先，明确中国市场经济体制的社会主义性质。江泽民强调："社会主义"这几个字不能没有，并非"画蛇添足"，相反，是"画龙点睛"，所谓"画龙点睛"就是点明市场经济的社会主义性质。他明确提出，市场经济要与社会主义基本经济制度、政治制度结合在一起，而且也要与社会主义的优势与价值结合在一起。其次，在勾勒出社会主义市场经济的基本框架后，江泽民等人进一步在理论上深入思考了社会主义市场经济的所有制问题。强调在多种经济成分并存的所有制结构中，公有制居于主体地位，对国民经济发展起主导作用。公有制主体下的多种所有制共同发展的经济格局作为中国的基本经济制度，适合国情实际需要，也反映了社会主义的本质内在要求，将会长期存在。对非公经济在基本经济制度中的重要性，进一步提出"非公有制经济是社会主义市场经济的重要组成部分"的科学论断。最后，从理论上思考和回答了公有制的实现形式问题，这一问题可以说是社会主义与市场经济结合的深层次理论问题。提出公有制的实现形式可以也应当多样化，这一论断是社会主义公有制理论的重大创新。同时围绕现代市场经济体系建设的许多问题进行了理论创新，在市场调节与宏观调控，市场法制建设，收入分配制度，政府职能转变以及分配制度的完善等问题上提出了较为系统的理论框架。

### (三) 深化对我国政党制度的理论认识

以江泽民为核心的第三代领导集体，从多个层面深化和发展了对我国政党制度的理论认识，夯实了我国多党合作和政治协商制度的理论前提。首先，深刻阐明坚持与完善多党合作制的重要意义。江泽民认为，中国政党制度是中国社会历史发展和文化传统合乎逻辑的发展结果，人类文明具有多样性特点，中国政党制度是符合中国社会政治生态发展要求的，坚持这一制度是我们的现实需要。其次，思考和阐述了评价一国政党制度的理论标准问题。江泽民认为好的政党制度应能促进生产力发展，提升人民民主的水平，能带来社会的团结稳定并且能维护群众根本利益[①]。这一标准体系的提出对于正确认识和把握我国政党制度的优势，坚定政党制度自信提供了理论支撑。最后，对于我国政党制度完善发展的深层次问题进行了思考。对如何更好地发挥中共对多党合作的领导作用，如何更好地健全中共与各民主党派之间合作和协商的途径方式，更好地发挥民主党派参政议政、民主监督等问题有了新的理论认识。

## 二 中国特色社会主义制度体系的实践发展

### (一) 社会主义市场经济体制初步建立，社会主义基本经济制度初步形成

1992年中共十四大召开，江泽民在报告中正式提出中国经济体制改革的目标是"建立社会主义市场经济体制"。1993年3月，第八届全国人民代表大会第一次会议接受中共中央的建议，把"社会主义市场经济体制"写进《宪法修正案》。这标志着实行社会主义市场经济体制以国家根本大法的形式被确定下来。1993年11月，按照十四大的部署和安排，中共中央通过了《关于建立社会主义市场经济体制若干问题的决定》，这一文件正式拉开了中国社会主义市场经济体制建设的大幕，整体部署了社会主义市场经济体制的基本框架和战略步骤，制定了总体实施规划。到

---

① 中共中央文献研究室：《十五大以来重要文献选编》（中），人民出版社2001年版，第1495页。

20世纪末，中国社会主义市场经济体制框架初步建立。

　　1997年，党的十五大对社会主义初级阶段的基本经济制度的认识取得了历史性的重大突破。将"一主多元"的复合型所有制结构确立为社会主义初级阶段的基本经济制度，这一认识突破了单一公有制的框架和认识窠臼。对非公经济的地位做了全新的定位，提出"非公有制经济是我国社会主义市场经济的重要组成部分"，非公有制经济的地位从"补充"地位上升到"重要组成部分"是市场经济建立的必然要求；对公有制经济的主体地位和其实现形式问题做了与时俱进的解读，这些为中国特色社会主义基本经济制度框架的确立起到了支撑作用。1998年，中共中央十五届四次会议对国有企业改革和发展若干重大问题进行了部署，进一步在实践中推进"一主多元"所有制格局的成型。2002年11月，党的十六大报告再次强调要根据解放和发展生产力的要求坚持和完善公有制为主体，多种所有制经济共同发展的基本经济制度，并对这项基本经济制度的内涵作了深入的阐述，第一次明确提出两个"毫不动摇"原则。两个"毫不动摇"原则对中国特色社会主义基本经济制度所有制层面的格局作了准确的定位。

**（二）国家各项民主政治制度的进一步发展**

　　其一，人民代表大会制度的发展。

　　以江泽民为核心的第三代领导集体高度重视人民代表大会制度作为国家根本政治制度的重要性，对于推进人大制度的完善和人大工作与时俱进的发展做了大量工作。在依法治国的方略下，高度强调人民代表大会制度的法制建设，加强人大立法工作，同时加强人大监督工作。1992年4月，七届全国人大五次会议制定了《代表法》，对全国人大和地方各级人大代表的权利、义务、地位性质、活动方式、代表小组活动方式、视察制度都做了具体规定。2000年，九届全国人大三次会议通过了《立法法》，这部法律对国家立法权限划分、法律解释、立法程序等作了基本规定，建立起了中国特色社会主义立法制度。对人大代表活动进行了进一步的法律规范，更进一步完善了人大及其常委会的工作制度和程序，使最高国家权力机关的工作进一步走上了制度化、程序化的轨道。

　　其二，多党合作与政协制度的发展。

20世纪90年代是我国政党制度实践发展的重要阶段。为在实践中更好地坚持和完善共产党领导的多党合作和政治协商制度，1989年，经与各民主党派充分协商，中央颁布了完善发展中国政党制度的《中共中央关于坚持和完善中国共产党领导的多党合作和政治协商制度的意见》（简称《意见》），成为新时期指导多党合作的纲领。《意见》对多党合作的理论、原则、方针，以及完善政治协商的程序、规则、内容等都做了详细的部署。1992年，十四大将"多党合作与政协制度"写进党章，为执政党贯彻发展这一制度提供文本支持。1993年八届人大一次会议通过了《宪法修正案》，第一次将"多党合作与政协制度"写进了宪法，开启了中国政党制度宪法化过程的新局面。20世纪90年代后，对民主党派发挥参政议政的形式和渠道进行了积极探索。全国人大八届会议期间，各民主党派、工商联和无党派人士担任九届全国人大常委会副委员长、常委、代表以及政协主要领导职务的人数大幅度上升[①]。这些党派团体在国家政治中的重要性进一步发挥出来。执政党与各民主党派间的政治协商、民主党派参政议政、民主监督已经成为国家民主政治生活中一项不可或缺的重要程序。

其三，民族区域自治制度等各项民主制度的发展。

在十五大报告中，江泽民第一次将民族区域自治制度与人民代表大会制度、共产党领导的多党合作与政治协商制度一同概括为我国社会主义民主制度三大形式，突出强调了民族区域自治制度的基本制度地位，民族区域自治制度从国家的一项基本政策发展为一项基本制度。为了适应新形势发展的要求，20世纪90年代后，我国进行了对《民族区域自治法》的修改工作，2001年九届全国人大常委会第二十次会议通过了修改的《中华人民共和国民族区域自治法》，修正后的《民族区域自治法》共7章74条，充分反映了新时期民族地区政治、经济、文化建设的迫切要求。世纪之交，以《宪法》为根本、以新《民族区域自治法》为主体、以各项民族自治地方自治条例和单行条例为主要内容的民族区域自治制度法规体系基本形成。90年代末，西部大开发战略的提出，对民族区域地方的经济社会发展起到了极大的推动作用。1997年和1999年，中国先

---

[①] 路爱林、史君锋：《论党的第三代领导集体对当代中国政党制度的创新与发展》，《理论与改革》2003年第5期。

后恢复对香港和澳门行使主权,"一国两制"的特别行政区制度从政策制度层面走向实践。20世纪90年代是基层民主获得长足发展的时期,1998年,修订《中华人民共和国村民委员会组织法》,去掉"试行",在全国全面实施,以"民主选举、民主决策、民主管理、民主监督"为主要内容的基层民主获得深入发展。

### (三) 确立依法治国的基本方略,中国特色社会主义法律体系初步形成

从党的十四大到十六大,是中国特色社会主义法律体系初步形成阶段。1992年十四大提出建立社会主义市场经济的改革目标后,围绕建立市场经济的新要求,我国法律制度建设进入一个新的阶段。1993年《关于建立社会主义市场经济体制若干问题的决定》中明确提出"学会运用法律手段管理经济",并提出在"本世纪末初步建立适应社会主义市场经济的法律体系"的立法任务。1997年十五大报告中正式提出了建设社会主义法治国家,依法治国的治国方略[①]。2002年十六大,江泽民进一步提出发展中国社会主义民主政治,最根本的是把坚持党的领导、人民当家做主和依法治国统一起来的科学论断,将法律建设作为制度的集中体现和民主的集中保障。在法律建设实践中,1993年和1999年,全国人大常委会对《中华人民共和国宪法》进行了两次修改,1997年制定了《中华人民共和国刑法》,1999年制定了《中华人民共和国合同法》。到1999年底,所制定、修改的法律有371个,行政法规有840个,地方性法规有7000多个,行政规章则有30000多个。[②] 截止到2002年,我国又新颁布了167部法律,并编纂发行了《中华人民共和国法典》和《中华人民共和国法库》,中国特色社会主义法律体系的框架初步形成。

### (四) 各领域具体制度改革深入进行,有机连接的制度体系初步形成

在以建立社会主义市场经济体制为核心的具体制度改革中,十四大

---

① 中共中央文献研究室:《改革开放三十年重要文献选编》(下),中央文献出版社2008年版,第906页。

② 刘先春、朱延军:《中国特色社会主义法律体系建设的回顾与展望》,《毛泽东邓小平理论研究》2009年第8期。

以后，经济、政治、文化和社会领域的体制改革全面推进。在经济领域中，国有企业的改革是经济体制改革的重要内容，十四届三中全会后，以建构现代公司治理体系为方向的国有大中型企业改革拉开序幕，十五大后全面推进。明确企业的权利与责任，培育和发展多元投资主体，推进政企分开；同时完善统分结合的双层农村土地经营体制，探索中国农业市场化和现代化发展的体制机制。在政治领域中，20世纪90年代后国家进行了几轮政府机构改革和干部人事制度改革，按照市场经济要求，改变政府职能，本着精简、统一、效能原则推进国家机构改革。完善和发展了干部制度体系，在坚持党管干部的原则下，改进干部管理体制。探索完善党的领导方式和方法，改进党的执政体制。在文化体制上，市场经济建设给文化事业带来了深远的影响，江泽民提出的社会主义先进文化观，是文化体制发展的指导原则。在十六大报告中，江泽民指出，文化体制改革要根据社会主义精神文明的规律，适应市场经济发展的要求来推进，并且系统提出构建中国特色社会主义文化具体制度体系的基本原则和要求。在社会治理体制建设上，本着代表最广大人民根本利益的原则要求，在建立多层次社会保障体系，统筹国家、企业和个人利益分配，推进国家教育医疗体制改革等问题上，进行了全面的体制改革实践。至此，对以市场经济体制为核心，适应市场化发展要求的政治、文化、社会等领域的具体制度改革相互联动的体制创新框架体系的全面探索初步形成。

## 第三节　中国特色社会主义制度体系的理论深化与实践确立

### 一　十六大后对中国特色社会主义制度理论认识的深化与自觉

#### （一）科学总结中国特色社会主义制度建设的历史进程和基本经验

在十七大报告中，胡锦涛指出以毛泽东为核心的党的第一代领导集体对于中国特色社会主义最主要的贡献是"为当代中国一切发展进步奠定了根本政治前提和制度基础"，以邓小平为核心的第二代领导集体全面开辟了建设中国特色社会主义的伟大事业,党的第三代领导集体继续这一探索进程,将其成功推向21世纪。十八大报告进一步指出,以毛泽东为首的中国共产党的第一代领导集体领导人民完成了两件大事:一是取得了民主主义革命的胜利,建立了新中国;二是成功进行了社会主义改造,在中国确立了社会主义基本制度。中共第二代中央领导集体,开辟了马克思主义中国化的历史新阶段,科学回答了建设中国特色社会主义的一系列基本问题,成功开创了中国特色社会主义。以江泽民为核心的党的第三代中央领导集体,成功把中国特色社会主义推向21世纪。这一理论总结,对中国特色社会主义制度建设的历史轨迹做了全面、客观、系统的评价,这是我们理论自觉和制度自觉的重要表现。十七大报告第一次系统地总结了中国社会主义制度自我完善和发展的基本经验,将其概括为"十个相结合"[①],而其中最基本的经验就是坚持中国特色社会主义的道路,形成中国特色社会主义理论体系。十八大报告则从道路、理论体系与制度体系"三位一体"的角度,定位了我们的成就和经验。习近平在十八届中央政治局第一次集体学习时进一步指出:"中国特色社会主义制度,坚持把根本政治制度,基本政治制度同基本经济制度以及各方面体制机制等具体制度有机结合起来,坚持把国家层面民主制度同基层民主制度有机结合起来,坚持把党的领导、人民当家作主、依法治国有机结合起来,符合我国国情,集中体现了中国特色社会主义的特点和优势,是中国发展进步的根本制度保障。"[②]"三个结合"的论断高度概括了中国特色社会主义制度的内在逻辑经验。

### (二)系统阐述中国特色社会主义制度和制度体系

我国的社会主义制度早在20世纪50年代社会主义改造基本完成后,就已初步建立起来。此后又不断调整、丰富和发展。对基本政治、文化制度一直以来都是以四项基本原则的内容来表述的。从十四大一直到十七大,民主政治制度的内容也在不断丰富。从十五大开始,中国特色社

---

[①] 胡锦涛:《高举中国特色社会主义伟大旗帜,为夺取全面建设小康社会新胜利而奋斗》,人民出版社2007年版,第10页。

[②] 《习近平谈治国理政》,外文出版社2014年版,第10页。

会主义的基本经济制度初步形成并不断发展。中国共产党也对这些制度成果不断地进行新的总结，这些为提出"中国特色社会主义制度"作了思想积累和理论准备。2011年胡锦涛在"七一"讲话中对中国特色社会主义制度和制度体系进行了全面阐述，第一次提出中国特色社会主义制度和制度体系的概念。十八大报告中，进一步阐述了中国特色社会主义制度的构成体系。并从道路、理论体系和制度三位一体的角度提升了对中国特色社会主义的认识。

首先，明确提出中国特色社会主义制度的概念，正式宣告中国特色社会主义制度已经确立。在2011年的"七一"讲话中，中国特色社会主义制度和制度体系的科学概念被明确提出，这是我党历史上的第一次，这表明我们对中国特色社会主义认识的进一步成熟。其次，对中国特色社会主义制度体系的构成做了权威性的界定。2011年"七一"讲话将中国特色社会主义制度定义为包括一系列相互联系、相互作用的根本制度、基本制度和体制机制构成的完整体系。十八大报告中进一步重申了这一观点。最后，对中国特色社会主义制度的优势进行了理性的把握。在2011年的"七一"讲话中，胡锦涛集中从"五个有利于"的角度概括了中国特色社会主义制度的根本优势[1]。十八大后习近平进一步指出，"应该看到，中国特色社会主义制度是特色鲜明、富有效率的，但还不是尽善尽美、成熟定型的"[2]。在坚定的制度自信基础上更加强调制度的创新和发展。

## 二 十六大后中国特色社会主义制度在实践层面的创新发展与确立

### （一）基本经济制度的完善和发展

2003年10月，中共十六届三中全会公布了《关于完善社会主义市场经济体制若干问题的决定》的会议公报，对完善社会主义市场经济体制

---

[1] 胡锦涛：《在庆祝中国共产党成立90周年大会上的讲话》，人民出版社2011年版，第9页。

[2] 《习近平谈治国理政》，外文出版社2014年版，第10页。

相关问题作了部署,将树立以人为本的科学发展观作为完善社会主义市场经济体制的主导原则。2005年国务院发布了《鼓励支持非公经济发展若干意见》(简称非公经济36条),就非公经济发展中的突出问题,提出了七个方面的政策措施。这部文件被称为"国内第一部促进非公经济发展的系统性政策文件"。2007年第十届全国人民代表大会第五次会议审议通过了《中华人民共和国物权法》,《物权法》根据宪法关于国家经济制度的规定,用法律的形式明确物权的归属,发挥物权的效用,保护权利人的物权。对于维护国家基本经济制度,维护社会主义市场经济秩序起到了非常重要的作用。深化国有经济改革是完善我国基本经济制度的重要内容,2003年,国务院根据第十届全国人民代表大会第一次会议批准的国务院机构改革方案和《国务院关于机构设置的通知》设置国有资产监督管理委员会(国资委),其主要职责是加强国有资产的管理工作,推进国有企业的现代企业制度建设,完善公司治理结构,推动国有经济结构和布局的战略性调整。国资委成立几年后,国有企业的战略性改组取得了很大成效。适应社会主义市场经济要求的现代企业制度初步建立,并趋于完善。至十八大前后,社会主义初级阶段基本经济制度已经确立,社会主义市场经济微观主体活力显著增强,市场在资源配置中已经发挥出基础性作用,国家宏观调控体系不断完善,全方位对外开放格局已经形成。

**(二)根本政治制度的完善和发展**

2005年5月,中共中央转发了人大常委会《关于进一步发挥全国人大代表作用,加强全国人大常委会制度建设的若干意见》,《意见》提出了进一步发挥全国人大代表作用的具体措施,对加强全国人大常委会的制度建设作了明确部署。2006年8月,十届全国人大常委会审议通过了《中华人民共和国各级人民代表大会常务委员会监督法》,对加强人大监督工作作了明确的法律规定。十七大报告中提出"善于使党的主张通过法定程序成为国家意志"[1],理顺人大与执政党、国家行政机构间的关系,

---

[1] 胡锦涛:《高举中国特色社会主义伟大旗帜,为夺取全面建设小康社会新胜利而奋斗》,人民出版社2007年版,第29页。

并对加强人民代表大会的法制建设，保障人大代表依法行使代表人民的职权，改进人大代表的各项比例结构等问题做出了积极探索。十七大以后，各级人民代表大会在同级国家机关中的地位得到进一步提高，2010年3月，十一届全国人大三次会议通过了新修改的选举法，对人民代表大会的选举制度做了修改与完善，重点对城乡按相同人口比例选举人大代表进行了修改，规定了"城乡同票"原则，这是健全中国人大选举制度的重要步骤。

### （三）基本政治制度的完善和发展

十六大以后，以胡锦涛为总书记的党中央进一步推进了中国共产党领导的多党合作和政治协商制度的制度化、程序化和规范化发展。2005年2月颁布了《关于进一步加强中国共产党领导的多党合作和政治协商制度建设的意见》，提出要把政治协商纳入决策程序，就重大问题在决策前和决策执行中进行协商的重大原则，并且进一步规范了中国共产党同各民主党派协商的内容和程序。2006年颁布了《中共中央关于加强人民政协工作的意见》和《关于巩固和壮大新世纪新阶段统一战线的意见》等文件，使我国的多党合作走上了制度化、程序化、规范化发展的轨道。党的十七大提出了促进"政党关系和谐"的新命题，为深化中国共产党领导的多党合作制度的发展提供了新的视角。2007年11月，国务院新闻办发表《中国的政党制度》白皮书，全方位展示中国政党制度的形成、主要特征、基本内涵和重要价值。白皮书的发表有利于澄清国内外对于我国政治制度特别是政党制度的一些误解，坚定全党全国人民坚持走中国政治发展道路的信念，是中国特色社会主义政党制度自觉自信的重要表现。十七大报告中首次总结基层民主新的实践经验，把"基层群众自治制度"纳入社会主义政治制度的范畴来认识，极大扩充了中国特色社会主义民主制度的内涵和外延。以人大为核心的选举民主与以多党合作政治协商为主渠道的协商民主相结合，以党内民主与基层民主相统一的中国特色民主政治的框架蓝图基本形成。在实践中，农村基层村民自治和城市社区自治的发展在世纪之交进入到深化扩展时期。对于民族区域自治制度，胡锦涛深入阐明民族区域自治制度的地位和优势，把区域自治制度放在发展社会主义民主、建设社会主义政治文明的角度来加以把握。强调民族区域自治制度作为党解决我国民族问题的一条基本经验不容置疑，作为我国的一项基本政治制度不容动摇，作为我国社会主义的一大政治优势不容削弱。在深入推进少数民族地区经济社会发展的同时，提出完善民族区域自治制度的具体路径，指出要进一步制定更完备的自治条例和单行条例，逐步建立比较完备的民族法律法规体系。同时，国家完善与民族区域自治制度相适应的政策性转移支付制度，逐步加大对民族地区财政转移支付的力度。

**（四）中国特色社会主义法律体系正式形成**

十六大将"社会主义法制更加完备，依法治国基本方略得到全面落实"作为全面建设小康社会的重要目标正式提了出来，并提出要加强立法工作，提高立法质量，"到 2010 年形成中国特色社会主义法律体系"的立法工作目标。在十七大后，中国特色社会主义法律体系基本形成并日臻完善。十七大报告指出，要加强我国社会主义宪法和法律的实施，维护社会主义法制的统一尊严和权威，要处理好法制与行政的关系，推进政府依法行政。并提出深化司法体制改革的总体方向和原则。到 2010 年前后，以宪法为核心，以各项法律为主干，包括行政法规、地方性法规等规范性文件在内的，由三个法律大层次、七个横向部门法律规范构成的中国特色社会主义法律体系已经基本形成，这为依法治国、社会主义法治国家建设提供了有力的法制保障。2011 年 3 月，吴邦国委员长在十一届全国人大四次会议上宣布："由法律、行政法规、地方性法规等多个层次的法律规范构成的中国特色社会主义法律体系已经形成。"[1] 2011 年 10 月，国务院《中国特色社会主义法律体系白皮书》对中国特色社会主义法律体系的生成发展、历史进程、结构层次、基本特点等做了全面的阐述和表达。中国特色社会主义法律体系的形成为中国特色社会主义制度体系的确立提供了法制的保障。

**（五）各项具体制度改革的全面深化**

十六大根据新的形势，对中国政治体制改革作了进一步的部署，以

---

[1] 吴邦国：《在十一届全国人大四次会议上作的常委会工作报告》，《人民日报》2011 年 3 月 11 日第 2 版。

胡锦涛为总书记的党中央,对政治体制改革进行了新的探索。首先,将执政能力建设作为政治体制改革的重要内容。十六届四中全会坚持科学执政、民主执政、依法执政,不断完善党的领导方式和执政方式。其次,完善党内民主建设。党的十六届四中全会明确指出,发展党内民主是政治体制改革和政治文明建设的重要内容。推进党内民主建设,成为新时期深化政治体制改革的重点和切入点。在党内民主制度建设上,2003年12月颁布了《中国共产党党内监督条例(试行)》促进了巡视制度的全面开展和有序运行。同时,对党员权利保障制度、党内选举制度、党务公开制度、党代会常任制试点工作、党的基层民主试点工作等进行了新的探索。最后,在国家机构改革上,推进了政府职能的转型和行政管理体制改革。十七大提出建设服务型政府的目标,2008年,旨在推进政府职能转型、打造服务型政府的第一轮政府大部制改革全面启动。

十六大以后,我国文化体制改革进入全面展开阶段。十六届三中全会指出,文化体制改革的目标是按照社会主义精神文明的规律和特点,适应市场经济发展的要求,从党委、政府、文化行业、文化事业和企业间的关系结构,探索构建新型的文化管理体制。十七大提出推进文化创新的总体要求,"深化文化体制改革,完善扶持公益性文化事业、发展文化产业、鼓励文化创新的政策"[①]。2011年,中共十七届六中全会颁布了《中共中央关于深化文化体制改革,推动社会主义文化大发展大繁荣的若干重大问题的决定》系统阐述了推进文化改革发展的指导思想、目标任务、重要方针和基本措施,是目前最为系统的关于社会主义文化体制改革的中央文件。

在中国社会主义经济体制的建立和完善过程中,社会管理体制也在不断调整和完善。十六大以后,伴随着科学发展观的提出和落实,中国特色社会主义管理体制和社会建设任务被提到了一个重要位置。首先,伴随着科学发展观的提出,对社会管理战略地位的认识上有了质的飞跃,社会建设与经济建设、政治建设和文化建设摆在了同等的位置。其次,大大创新了社会管理的具体制度。2004年,十六届三中全会第一

---

① 胡锦涛:《高举中国特色社会主义伟大旗帜,为夺取全面建设小康社会新胜利而奋斗》,人民出版社2007年版,第36页。

次提出，加强社会建设和管理，推进社会管理体制机制创新，深入研究社会管理的规律，完善社会管理体系和政策法规，建立"党委领导、政府负责、社会协同、公众参与"的社会管理格局。这是执政党第一次对我国社会管理体制改革做出全面部署。十七大提出加快推进以改善民生为重点的社会建设，更进一步指明了社会领域具体制度创新的原则方向。十八大报告提出加强社会建设，必须加快推进社会体制改革，"加快形成源头治理、动态管理、应急处置相结合的社会管理体制"[①]。最后，社会管理的主体在不断创新。顺应市场经济发展造成的社会结构的变化，我国在社会管理体制的创新上日益走向社会管理主体的多元化。政府全能型的管控模式逐渐被多元治理模式所代替，包括政党、政府、社会团体、公众等在内的多元主体共同治理的网络格局初步形成。

## 第四节 中国特色社会主义制度体系的生成逻辑与基本经验

### 一 中国特色社会主义制度体系的生成逻辑

中国社会主义建设经过60多年的实践，特别是30多年改革开放的探索，中国特色社会主义制度体系已经确立。这一制度体系是对马克思主义制度创新成果和中国特色社会主义建设经验的科学总结和凝练，标志着马克思主义制度化建设第二次历史性飞跃的实现。中国特色社会主义语境下的制度生成是一个集制度转型、制度创新和制度替代于一体的过程[②]，遵循了特定的生成逻辑。实践性逻辑、价值性逻辑与时代性逻辑是中国特色社会主义制度体系生成发展的三重逻辑维度。

---

① 胡锦涛：《坚定不移沿着中国特色社会主义道路前进，为全面建成小康社会而奋斗》，人民出版社2012年版，第34页。
② 阎树群、张艳娥：《论中国特色社会主义制度体系的生成逻辑》，《马克思主义研究》2012年第8期。

### （一）实践性逻辑

马克思主义制度理论认为，一个合理的制度模式的生成说到底是一个基于特定实践环境的自然历史过程，深深植根于社会主义初级阶段的基本国情和建设实践是中国特色社会主义制度体系的实践基础。斯大林式社会主义制度模式在中国社会实践中的失效是中国特色制度创新变迁的基本诱因，中国特色社会主义制度体系是对传统苏联模式制度体系的一种纠错和替代。苏联模式作为世界上第一个社会主义的制度模式，在人类历史上具有重要地位。它既具有开创性、给人以启示的一面；又具有不完善、带有诸多弊端的一面。经济上的公有制、政治上的无产阶级专政、文化上的马克思主义指导，说明苏联模式的性质是社会主义的，但在具体实践中，没有很好地把科学社会主义的基本原则和本国国情相结合。经济上、政治上和文化上的高度集中、集权和专制僵化，对外关系上的大党大国主义和霸权主义，是苏联模式的最大弊端。中国在从1956年到"文化大革命"结束的20多年社会主义建设实践中，进行了积极的改革探索，但没能真正走出苏联的制度模式，这一模式的弊端严重束缚着社会生产力的发展和社会活力的迸发。对于旧有制度模式的真正纠错和完善是从十一届三中全会的转折开始的。1980年，邓小平重点从政治层面分析了我国旧有制度模式的弊端，并且就改革和完善党和国家的领导制度发表了《党和国家领导制度的改革》的重要讲话，这是邓小平从制度深层思考解决问题的重要表现。以建设"中国特色的社会主义"为目标，以全面改革开放为契机，全面探索社会主义制度模式自我完善和发展的全新历程在马克思主义制度中国化的探索中深入发展。同时，当代中国社会实践对中国特色社会主义制度的生成形成了有力推动。中国特色社会主义制度是中国初级阶段社会大众追求经济发展、生活提升、社会进步而与领导集体在良性互动中共同推进生成的。制度生成只有遵循实践性逻辑才能真正使制度本身达到合规律性与合目的性的统一。

### （二）价值性逻辑

一个制度体系的长久生命力根本上是与其内在价值理念密切相关的，社会主义制度本身是价值性与科学性的统一。中国特色社会主义制度遵循了科学社会主义的基本价值理念。在推进中国特色社会主义制度创新过程中，邓小平从功能与结构辩证结合的角度来把握社会主义，这是一种符合它本质属性的科学态度。在邓小平看来，社会主义制度的生成应首先做到解放和发展生产力，消除两极分化、最终实现社会大众的共同富裕、全面发展，社会主义制度特征层面从根本上应体现和反映本质。在邓小平关于社会主义本质的论断中集中展现了社会主义价值原则合规律性与合价值性的统一，生产力的解放和发展是规律性要求，消除社会分化、实现共同富裕是合目的性的体现。中国特色社会主义的制度生成之所以风生水起，效果斐然，很重要的一点就在于它坚持了科学社会主义的这些基本原则。另外，中国特色社会主义制度较集中地体现了社会主义的优越性。20世纪50年代，中国选择社会主义道路，因为只有社会主义能发展中国。对此毛泽东有明确地回答，社会主义与资本主义相比，具有优越性，"如果不优胜，旧制度就不会被推翻，新制度就不可能建立"[①]。在改革开放的新时期，邓小平同样坚定地认为，社会主义是一个好制度，中国如果不走社会主义道路，走任何一条路都是死路。实践证明，中国特色社会主义制度的优越性就是社会主义的优越性，公平与效率的兼顾，保障经济社会发展与促进人自身发展的统一，制度包容与制度秩序的兼存，这些制度优势支撑中国社会发展的实效性已经充分彰显，为世界所瞩目。

**（三）时代性逻辑**

其一，积极应对与契合全球化浪潮。当今时代正处在全球化深度发展的历史时期，作为发展中的社会主义大国的中国而言，全球化"双刃剑"的作用值得我们从全局中认真研究和把握。一方面全球化给我们带来了难得的发展机遇，为赶超型发展的成功提供了不可缺少的外在条件；另一方面全球化也带来不可小视的挑战，西方资本主义国家主导的全球化也是资本主义制度弊端全球性的放大过程。但总体而言，全球化是社会化大生产的必然结果，是一种世界大势，"顺之者昌，逆之者亡"。社会主义制度形态应该对其采取积极应对、双向契合的态度。既不简单抵

---

① 《毛泽东文集》（第7卷），人民出版社1999年版，第214页。

制，又不消极盲从，坚持在推进社会主义制度现代性发展中走自己的路，自觉完善和发展社会主义的制度形态和制度科学体系，这也正是中国共产党人在推进科学社会主义制度化进程中的基本做法。在这一方法指导下，我们开辟出了中国社会主义制度格局的新局面。其二，在与资本主义制度的借鉴融通、克服超越中生成。与传统"两制关系"不同的是，无论是早期完全自由放任的资本主义，还是完全计划的社会主义制度都已经被历史超越了，两制间相互的借鉴学习、有效融通是一种客观趋势。在社会主义制度的实践中，如何将社会主义和市场经济、商品生产的最佳方式相结合，更好地完善社会主义制度也是几乎所有社会主义国家改革的主题。如邓小平所讲的，社会主义制度要想赢得比较优势就必须向资本主义制度学习，借鉴一切属于人类文明宝库中的东西。而这种学习必须打开国门、全面开放、开放融通。在推进中国特色社会主义制度转型过程中我们大胆地借鉴了资本主义制度文明的许多有效成果，但却没有像许多亚非拉发展中国家那样完全"华盛顿模式化"，在借鉴中建构、在克服中超越是中国制度特色的内在逻辑。

## 二 中国特色社会主义制度创新的基本经验

### （一）一致而具弹性的意识形态是中国特色社会主义制度变迁的重要支撑

科学社会主义制度化建设中应该很好地发挥和运用意识形态的作用。法国马克思主义者阿尔都塞以资本主义国家为对象，研究了意识形态在生产关系的再生产和国家治理的过程中至关重要的功能[1]，提出了"意识形态国家机器"理论，他的这一见解具有普遍性意义，对于科学社会主义制度化建设具有重要价值。苏联模式的制度演化中，有很多的失误和不足，其中意识形态因素的缺位是一个重要表现。这种缺位表现为：一是意识形态的理论创新性严重不足，阻滞了制度的创新。苏联大搞个人崇拜，最高领导人斯大林垄断了理论的解说权。党内的民主性讨论和学术性研究都极不正常，成为斯大林观点的解释者，毫无理论创新的动力

---

[1] 陈越：《哲学与政治：阿尔都塞读本》，吉林人民出版社2003年版，第338页。

和氛围。苏联模式的僵化,一是表现为理论的僵化。如经济体制的改革中,产品经济观一直占主导地位,"两个等于"的公式化的教条性认识一直牢牢禁锢着经济思想。二是意识形态的虚无化抽空了制度认同的根基。意识形态创新的不足还伴随着严重的意识形态虚无化和断裂化取向。1956年举行的苏共二十大上,苏共领导人赫鲁晓夫作了《关于个人崇拜及其后果》的"秘密报告",在这个报告中赫鲁晓夫完全否定了斯大林,一时间各种攻击丑化斯大林的文章纷纷面世,使苏联民众在思想上出现很大的混乱和迷茫,这打开了苏联意识形态断裂化和虚无化的闸门。在戈尔巴乔夫时期,意识形态的虚无化倾向更为严重。1988年后,全面否定苏联社会主义基本制度和社会主义建设成就,否定列宁和十月革命,以致否定整个苏联历史的各种思潮一发不可收拾。最高领导人戈尔巴乔夫的改革"新思维"将西方式的"民主"制度美化为理想目标,这一指导思想成为苏联制度模式解体的主推力。

从苏联模式的失误来看,主导意识形态的理论创新是制度创新的先导。能促成良性制度变迁的意识形态需要具备以下几个特点:一是意识形态的合理性。也就是指导性的意识形态理论体系应该是实事求是的产物,能有效地、合理地解释客观实在。而要做到这一点,就需要意识形态不能停步,要能做到与时俱进。二是意识形态的包容性和灵活性。成功的意识形态需要在解释外部条件的可观察到的变化时保持灵活,同时应是开放的,具备容纳多种意识观念的能力。太过刚性的意识形态往往是阻滞制度变迁良性发展的障碍。我国在改革开放前的制度变迁,很长时期内在"姓资姓社"的刚性意识形态中迈不开步伐,这方面是有经验教训的。三是意识形态的一致性和连贯性。意识形态的一致性可以使一个制度体系的基本框架保持稳定,进而使得整个制度变迁更具可控性。另外从深层来看,意识形态的变化要慢于制度层面规则法规的变化,一致性的增量性变迁更符合意识观念变迁的规律要求。

中国特色社会主义制度体系的形成与发展的历程充分展现和运用了合理性意识形态对良性制度变迁的支撑作用。一是,通过不断的理论创新来保持主导意识形态的合理性。改革开放以来,在第一代领导集体提供的宝贵经验、理论准备和物质基础的前提下,邓小平对"什么是社会主义,怎样建设社会主义"的基本理论问题进行了深入的思考,在对这一理论主题的思考中，提出并形成了初级阶段论、改革开放论、社会主义本质论和社会主义市场经济论等创新性理论。这些创新性理论都是实事求是、马克思主义中国化的理论成果，符合中国实际需要，符合世界发展规律要求，具有极大的合理性。20世纪80年代末到21世纪初，江泽民为核心的第三代中央领导集体，系统阐述了"三个代表"重要思想，创造性回答了"建设什么样的党，怎样建设党"的一系列基本问题，进一步深入回答了"什么是社会主义，怎样建设社会主义"的问题，把对中国特色社会主义的认识推进到新阶段。十六大以后，胡锦涛为核心的党中央，在全面建设小康社会进程中推进理论创新和实践创新，强调坚持以人为本、全面协调可持续的科学发展观以及一系列创新理论，成功地在新的历史起点上坚持和发展了中国特色社会主义。二是形成了更具弹性的意识形态体系。一种意识形态体系同时具有刚性和柔性两个维度，刚性是基本原则面，柔性是弹性灵活面。对于意识形态的刚柔维度应能充分发挥它们在制度变迁的积极作用。在20世纪60—70年代的极"左"时期，由于过分强调了意识形态的刚性维度，制度变迁出现了僵化的局面。改革开放后，邓小平更为全面灵活地把握社会主义意识形态的刚柔二维，提出和形成了更具弹性和包容性的中国特色社会主义理论体系。比如对社会主义的理解，邓小平一改过去长期注重从刚性制度特征层面来把握社会主义的不足，而侧重从更具柔性的社会主义本质层面来切入认识社会主义。三是始终保持意识形态的一致性。中国共产党的几代领导人，非常重视主导意识形态的一致性和稳定性，尽量避免指导思想的大起大落和断裂虚化，在积极挖掘以往意识形态积极性价值的同时注入新的时代性内容。这就很好地降低了制度变迁的成本和避免了制度变迁的风险。邓小平在改革开放新时期，科学客观地回答了如何评价毛泽东和毛泽东思想的重大理论问题，为新时期中共意识形态的稳定性和一致性做了奠基性工作，使得国家主导意识形态得以一脉相承而又与时俱进。

### （二）制度变迁内生与创设的结合

对于制度的生成与变迁机理的解释，一直存在两种对立的理论观点：制度演化论与制度建构论。制度演化学说趋向于认为制度是自我生成的，是内生的；制度建构论更注重制度的设计性和建设性，强调理性创设对于制度生成的重要性。在传统制度主义时期，这两种观点彼此对立。但现代制度主义普遍认为，对于制度的生成和演变而言，内生性与外创性是同时发挥作用的，也就是说好的制度既是生成的也是建成的。任何制度的生成与建构都不可能在完全空白的自然状态中完成，而是在原先制度模板中的演变。与社会机体原有观念意识相契合的自发生长与模仿性的理性设计引导相结合，是很多制度演化的共性特点。中国特色社会主义制度体系较好地将制度变迁的内生性与创设性实现了有机结合，特别是在中国改革开放后的制度创新实践中。以市场经济体制的选择为例，其实社会主义市场经济体制被作为中国经济改革的目标，是从20世纪70年代末，冲破计划经济框架后，民间社会经济市场力量逐步壮大，一步步发挥作用的结果。这种内生性力量是市场经济体制最终被确立的主要推动力。邓小平南方谈话和十四大的选择，是制度创设者顺应这种社会力量发展要求的博弈均衡。同样从基层民主制度的生成来看，村民自治最初来自于农村社会维护乡村社会基本秩序需要的自发性行为，自我选举、自我管理，国家力量对于这种社会自发行为的认可和纳入规则的做法，最终使得这项社会行为制度化。从作为中国特色社会主义制度体系组成部分的其他许多制度和体制的生成轨迹中，我们都可以看出这种内生与创设结合的特点。

### （三）制度变迁推进主体的党群合作模式

在中国特色社会主义制度内生与创设相结合的制度变迁形式中，制度变迁主体上的协同性、合作型模式也是中国特色社会主义制度创新的重要特点和经验。这种协同性主体模式，我们可以更准确地将其称为"党群合作模式"。

首先，政党是制度变迁的重要推动力量。在许多后发现代化国家，政党的因素在国家现代化进程中具有举足轻重的地位。对此，亨廷顿给予了充分解释。亨廷顿认为，一个未完成现代化的国家，其政治共同体的建立，应最大限度地将社会群体加以融合，并且能把"社会和经济阶级"加以同化，解决好政治发展与政治参与的关系。而应对政治参与扩大的首要制度保证就是政党与政党体系。[①] 更适合解决后发国家"民族—民主"国家建构双重任务的政党应该是具有高度动员能力的政党,这一认识在孙中山晚年"以党建国"的思想中表现得很浓。中国共产党的革命和建设实践,一直很重视发挥自身在国家建构中的主导者地位,无论是在新民主主义国家基本制度的初建时,还是在制度的改革完善中,一直强调政党对整个制度体系变迁的主导作用是我们重要的经验。其次,社会大众是制度变迁的主体力量。马克思主义唯物史观认为,人民群众是历史的创造者,是制度变迁的最终推动者。积极发挥人民大众在社会制度变革中的主体性作用,发挥其主动性、创造性,是中国共产党坚持马克思主义一直秉持的基本原则。最后,建构了政党与社会大众协同互动的良好机制。在政党主导、人民大众为主体的制度变迁格局中,最主要的问题是如何将这两种力量有机联结起来,发挥协同合力作用。对此,中国共产党建构了政党与社会大众协同互动的有效机制,这一机制集中表现为中国共产党的群众路线。新民主主义革命时期,毛泽东对这一路线机制给予了完整的解释。政党制定正确的路线、纲领、方针、政策,必须坚持一切依靠群众,一切为了群众,从群众中来,到群众中去的路线方法。这一路线既体现了实践认识论的基本要求,也体现了将制度的内生与创设相结合的思想。群众生活、群众感受是社会实践的集中体现,是制度建构立足的现实土壤,从群众中来,也就是从现实实践中来。到群众中去,是把已经经过政党领袖、精英理性选择创设后的主张,让社会大众认识、运用、评价、检验的过程。依次循环往复,由此推动社会的进步和制度完善。群众路线的这一党群协同机制需要制度化的载体,中国基本政治制度的人民代表大会制度、政治协商制度等都是其制度化的载体形式。以制度化的形式推进制度变迁是现代国家的基本要求。群众作为一个集合概念,又根据利益关系的不同,表现为不同的社会人群团体,特别是在市场经济时代。因此,坚持党群间群众路线的联结机制,并将其进一步制度化、长效化,是中国特色社会主义制度进一步完善发展的基本机制。

---

[①] [美]塞缪尔·P. 亨廷顿:《变化社会中的政治秩序》,王冠华等译,上海人民出版社2008年版,第333页。

# 第六章

# 中国特色社会主义制度创新成果的逻辑结构

中国特色社会主义制度是马克思主义中国化制度创新成果的集中体现。中国特色社会主义制度作为一个制度系统，是由相互联系、相互作用的子系统组成的整体。对制度系统的整体研究需要我们从部分与部分、整体与部分、系统与外部环境之间的相互联系、相互作用中进行综合性考察，这是对制度问题做科学性研究的基本要求。中国特色社会主义制度的系统结构从微观制度要素结构看，可分为理念、规则、组织和载体四个要素层次；从社会有机体的横向结构看，包含经济制度系统、政治制度系统、文化制度系统、社会运行制度系统和生态制度系统等内容；从制度纵向运行层次看，中国特色社会主义制度体系包含根本制度、基本制度、具体制度和运行机制四个层面；同时，对中国特色社会主义制度体系的整体研究还需要从正式制度与非正式制度关联互动的角度展开。

## 第一节　中国特色社会主义制度体系的要素结构分析

任何一个大的制度体系或制度体系中的一个小的制度系统，在微观层面都包括理念、规则、组织和载体四个结构要素。如果缺少这四个要素中的一个，那么这一制度都是不完整的。中国特色社会主义制度也表现为特定的制度理念系统、独有的制度规则系统、多元的组织机构系统和制度载体系统。

## 一 中国特色社会主义制度的价值理念

### （一）制度理念在制度系统中的重要性

理念是制度规则所体现出来的价值目标和观念判断，不同的制度理念引导出的制度系统会表现出不同的取向和性质。之所以说理念是制度的基本构成要素，是因为：首先，任何制度都受特定制度理念的支配。马克思主义认为制度是社会生产关系的体现形式，而理念认识是制度体现人群社会关系的必经条件，在这个意义上，我们可以说制度是一定价值理念的实体化和具体化，"是结构化、程序化了的价值观"[1]。制度理念具有伦理性，集中体现都是权利—义务关系，制度的变革、理念的变革是以不同方式表达社会成员权利—义务关系的变革。其次，制度理念是制度得以形成的先导，制度的变迁和创新首先是理念的变迁和创新。每一个时代的主要制度都是其时代精神的体现。唯物史观认为，意识观念是社会存在的反映，但要将意识和存在的关系放置在一个相对局部的阶段来看，往往又表现为意识观念改变制度、改变社会存在。这一点在现代社会表现得尤为突出。所以在这个意义上我们说理念变革是社会变革的先导。任何一种社会思想体系，都有将其制度化的内在冲动和要求，这些思想观念一旦具有合适的社会历史条件，就会转变为一种制度形态。发生在欧洲17—18世纪的启蒙运动孕育了不同的现代性理论并展开了制度化的实践，在一定意义上说，近代西方的政治、经济制度的形成，就是启蒙思潮制度化的过程。同样，春秋战国时期的百家争鸣也都以现实政治为其关注点，力图影响中国社会发展。儒家学说由于更具弹性空间，更为符合大一统政治格局下的意识形态的一致性与多样性需要而胜出，并历经汉代以及其后几个王朝大儒与统治者的阐释而形成了稳固的制度化格局。[2] 同样，社会主义制度由科学理论转变为制度现实的过程，也集中体现了理念变革在社会和制度变革中的先导性。最后，制度理念价值标示着特定制度的内容和性质。对制度的研究，不能回避制度的两个维

---

[1] 辛鸣：《制度论——关于制度哲学的理论建构》，人民出版社2005年版，第91页。
[2] 干春松：《制度化儒家及其解体》，中国人民大学出版社2012年版，第5—7页。

度，即理念认知性维度和规范技术性维度，这两个维度也可以简单概括为制度的价值性维度与工具性维度。价值维度是制度的内容，工具维度是制度的形式，制度内容决定制度形式，制度的形式体现制度的内容。离开了制度特定的理念价值就会失去制度的灵魂与内在规定性，而沦为一种纯粹的工具。当然，具有时代精神的制度理念也需要合宜、完善、科学的规则、载体等技术性条件的支撑和体现，这一点对于现实中的社会主义制度尤其具有突出意义。正如邓小平所指出的，"社会主义是一个很好的名词，但是如果搞不好，不能正确理解，不能采取正确的政策，那就体现不出社会主义的本质"[①]。

**（二）中国特色社会主义制度的价值理念**

封建制度作为一种依爵位高低将领土分封给宗室或功臣作为食邑的制度，集中体现了其有限少数人享有特权性，保持特权的封闭性、等级严密性等理念的要求；资本主义制度作为一种资本全面主导的社会经济政治制度，为保障资本逻辑的自由雇佣、自由交易，高举自由、平等、博爱的价值理念大旗，并将其制度化。资本主义制度的确立较之前的社会制度形态更优越，但是，这一制度对人的自由和解放的实现而言还不是最终的最适宜的制度形态，因为这一制度在把人从对人的依赖境地初步解放出来的同时，并不能为把人从对物的依赖中解放出来提供良好制度依托。正如马克思、恩格斯所深刻揭露的那样，资本主义制度只是在形式上具有作为时代精神的"自由"精神，并不真正具有"自由"精神的内容。资本主义制度的自由是金钱面前的自由，是资本的自由。科学社会主义制度在价值理念上则是具有平等自由权利的人民自己组织起来的社会制度，体现出在内容和形式上统一的"自由"精神，是与人的自由全面发展需要最合宜的制度格局。

现实中的社会主义制度产生于一些经济文化落后的国家，一方面从根本上克服了资本主义制度内在根本矛盾不足而在质上优于资本主义制度；另一方面从马克思人类社会发展的"三形态"观点看，现实中的社会主义与资本主义国家又具有克服"人对物的依赖"，大力发展商品生产

---

[①] 《邓小平文选》（第2卷），人民出版社1994年版，第313页。

的相通性任务。由此，其制度安排应该体现两重性理念要求：一是确立和倡导能解放发展生产力的价值理念，自由、独立、竞争、合作、诚信等都是能体现现代经济需要的伦理价值。二是彰显和秉持促进人的全面自由发展、实现人的解放为目的的价值理念，而这一价值理念在中国社会主义的更近阶段是促进社会共同富裕目标的完成。公正是这一维度的核心价值理念。罗尔斯将公正界定为平等的自由原则与差别原则以及自由的优先性与正义对效率的优先性原则[①]。他的这一观点，我们可以将其解读为社会公民在平等的基本自由权利基础上的权利、义务、责任的对等和统一，这是现代公正制度的基本要求。这种对公正的理解在原则上是合理的，也具有普遍性解释意义。同时，现实中的中国特色社会主义制度还兼具保障中国社会由前现代向现代化转型的历史重任，作为一个转型制度体系，制度的理念价值还应包括一些次生性、拓展性规定。核心是处理好秩序与效率的关系。在社会的转型变迁时期，一个好的制度体系应当既能给社会提供基本秩序，又能促进社会的进一步良性变迁，并保持变革的有序性。如亨廷顿所指出的，在许多处于现代化之中的国家里，"人当然可以有秩序而无自由，但不能有自由而无秩序"[②]。

将这三个方面的要求相结合，中国特色社会主义制度体系在理念价值上应该将马克思科学社会主义人的解放的自由维度、生产力解放和发展的效率维度和转型内需的秩序维度三者统一起来。十八大报告中对社会主义核心价值观进行了开放性的概括："倡导富强、民主、文明、和谐，倡导自由、平等、公正、法治，倡导爱国、敬业、诚信、友善，积极培育和践行社会主义核心价值观。"[③] 这一概括分别从国家、社会与个体三个层次展开，更加丰富和明确了中国特色社会主义制度体系的价值理念。其中社会层面的自由、平等、公正、法治是对中国特色社会主义制度理念的集中阐述。这四个价值范畴较为全面地体现了自由维度、效

---

① ［美］约翰·罗尔斯：《正义论》，何怀宏等译，中国社会科学出版社1988年版，第7—9页。
② ［美］塞缪尔·P.亨廷顿：《变化社会中的政治秩序》，王冠华等译，上海人民出版社2008年版，第6页。
③ 胡锦涛：《坚定不移沿着中国特色社会主义道路前进，为全面建成小康社会而奋斗》，人民出版社2012年版，第31—32页。

率维度和秩序维度的统一。

## 二 中国特色社会主义制度的基本规则

制度规则是一些基本的准则、标准和规定等，通过规定特定的权利、义务、责任关系而具有约束力。很多制度主义学者往往将"规则"等同于制度。如诺思就认为"制度是社会博弈的规则，是人所创造的用以限制人们相互交往的行为的框架"①。诺思这种看法很有代表性，因为直观来看制度都是通过各种载体形式的规则表现出来的。

### （一）制度规则的原则要求

作为制度要素的规则必须符合这样几个原则要求：一是普遍性原则。制度作为普遍性的规则其适用于一类个体，而非个别具体的个体。同时，作为普遍性规则它是反复多次适用的，具有规定"行为背景"的意味，或如黑格尔所说的"规定和确立普遍物"。二是一致性原则。一致性一方面指的是规则之间具有协调性，不矛盾，尤其是对同一适用主体所使用的规则具有逻辑一致性；另一方面指的是规则的相对稳定性，规则一经建立应会持续相当长一段时间，具有相对的规定性和生命周期，特别是一些根本和基本规则。三是可操作性原则。允许什么、禁止什么，规定的权利义务关系应该确定明了、具体到位。否则就会产生不易操作或规则不公的结果。同时规则还应该结构合理，规则要素齐全，假定、处理、后果等要素规定逻辑严密，前后照应。

### （二）规则在制度系统中的重要地位

制度的功能主要是通过制度规则来实现的。通过具体的规则，制度就能发挥界定界限、形成秩序、提供预期和营造环境几大作用。通过规则，制度可以发挥形成秩序的作用，人类社会的秩序是通过人们有意而为的规则创设出来的。通过制度中的规则这一核心要素，制度可以为社

---

① ［美］道格拉斯·C. 诺思：《经济史上的结构和变迁》，陈郁、罗华平等译，上海三联书店1994年版，第225—226页。

会人群的行为选择提供稳定的预期，这会极大减少人们社会活动的不确定性和风险，降低交易成本。通过可操作、稳定科学的规则系统，一个社会较为稳定的行为背景环境就会逐渐形成。总之，规则是发挥制度作用功能的基本要素，在制度系统中居于核心的地位。

### （三）高度重视中国特色社会主义制度规则建设

首先，注重制度规则科学性与人文性的结合。规则的内容是多种多样的，但只要是规则都应该体现规则主体的理念价值与规则形式逻辑上的一致性。在规则理念上，中国特色社会主义制度应该能从根本上体现出社会主义价值的自由维度、初级阶段生产力发展要求的效率维度与转型制度要求的秩序维度三方面的要求。一是中国特色社会主义制度规则应该体现自由维度。从制度规则内容上展现的基本价值理念来看，迄今为止的人类社会制度可以简要划分为自由的和不自由的两类制度，以自由作为衡量社会发展和制度评价的基本尺度是马克思主义和大多自由主义学说公认的标准。人们通常讨论的公平或平等范畴，其实际内涵事实上指的是人们自由权利的合理化分配，"公平""正义"的概念是从属于"自由家族"范畴的。社会主义各个领域制度规则的规定应该首先保障社会大众平等的基本自由权利：经济上的规则能为这种大众平等的基本自由权利提供物质支撑，无论是少数人凭借特权达到的独占性拥有或凭借生产资料所有权达到的独占性拥有，都应该被逐步控制和消灭。邓小平的社会主义本质论中提出的"消灭剥削，消除两极分化，最终达到共同富裕"是具有这一典型意义的。政治领域的规则是保障社会公众平等的基本自由权利的基本结构，这一规则结构应能体现"平等、自由、权利"的内容，又能从程序上保证这种"公平性正义"的实现。[1] 二是中国社会主义制度规则应该体现效率维度。中国社会主义制度的规则在理念上，还能体现促进生产力解放和发展的效率维度要求。而效率维度归根到底，是与自由维度的实现程度联系在一起的。根据马克思的看法，效率的动力源泉是劳动者的积极性和创造性，无论是把劳动作为谋生的手段，还

---

[1] [美] 约翰·罗尔斯：《正义论》，何怀宏等译，中国社会科学出版社1988年版，第33页。

是把劳动作为一种创造性存在，自由本身是效率的基础前提。劳动者自由而非依附，为自己而非为他人的存在状态是社会效率的基本来源。马克思主义经典作家在此意义上论证了社会主义制度形态从根本上优于资本主义制度的秘密。所以我们说，生产力解放和发展的效率维度从根本上是从属于社会主义的自由价值理念维度的，坚持社会主义就是坚持发展本身。如同阿玛蒂亚·森所说的，自由既是发展的目的，也是发展的手段。在当前实践中真正贯彻落实以人为本的科学发展观是真正体现中国社会主义制度规则的自由理念与效率理念的最佳途径。三是中国社会主义制度规则应体现秩序维度。秩序是转型社会制度应具备的重要标准，保障秩序的基本要素是规则。在当前我国进一步的规则建设上，如何正确处理国家与社会的关系、制度变迁与稳定的关系、政治民主与政治参与的关系是我们面临的突出问题，把党的领导、人民当家做主、依法治国有机结合是一个基本原则。

在制度规则的建设中，我们在规则内容上集中体现社会主义制度理念的同时，也应该加强对中国特色社会主义制度规则的技术性、科学性研究，使社会主义制度的规则系统体现出人文性与科学性的统一。加强对中国特色社会主义制度体系规则的科学性研究，一是要将基本规则与具体规则建设相统一。一个社会的基本规则应能引领那个时代的精神，构成其他各种具体规则存在与发挥作用的背景框架，而各种具体性规则具体调节和规范社会各种领域的交往活动。基本规则需要通过一系列具体灵活有效的规则呈现和具体化，再好的基本规则如果不能成为具体的，那么其功能和价值就是值得怀疑的。社会主义的基本规则具有"背景正义"性，但是这种正义和善，需要多元、精细、合宜的具体规则呈现出来。二是将实质性规则与程序性规则建设相统一。实质性规则代表的是制度体系的内容和核心，而程序性规则是保障实质规则落实的途径和条件。中国特色社会主义制度体系的实质性规则需要进一步完善，同时程序性规则上的缺失和虚化问题更应引起重视。社会主义制度的本义是社会本位、人民当家做主，但人民当家做主并不意味着按照人民中的每一个人的意志来管理国家和社会事务，而是按照民众多数原则对重大事项进行决定，而这一原则的运行必须遵守一定的程序性规则才能运行。规则的程序化、规范化，对每个社会成员的公开、公平、公正是文明社会的重要标准。当前中国政党执政方式的规范化程序化、各国家机关间关系的程序化、立法的程序化、选举的程序化规范化等在完善中国特色社会主义制度体系工程中具有重要地位。三是注重规则的稳定性、一致性问题。规则系统的相对稳定性与各规则间的逻辑一致性、自洽性是规则权威性和功能发挥的重要条件，而这又要求规则本身具有正当性、合理性、可操作性，规则即"合理又合法"。如果在规则的正当、合理和操作性上存在裂隙往往会导致各种潜规则大行其道。

其次，加强对中国制度体系运行中"潜规则"问题的治理。对制度体系的规则要素的研究，不能不提及规则系统中的一种独特现象——"潜规则"。近年来，学术界在潜规则现象的研究方面发表了不少成果。从制度主义角度来看，何为潜规则？潜规则因何产生与存在？从制度体系的规则系统看，潜规则是一种存在于公开的规则背后的私下规则，这种规则既不同于以法律、规章为载体的"正式规则"，也不同于以习惯、道德为载体的"非正式规则"，而是以一种不可言传心理认同为载体的规则意识。对潜规则的产生，理性选择制度主义的观点认为，"当个体不遵守规则的收益大于遵守规则的收益时，就必然产生潜规则"[1]。这一观点有一定的合理性。但是我们认为，仅从个体理性收益因素分析潜规则现象还是不够的。潜规则的流行也同规则系统自身的合理公正、科学规范程度的不足以及转型社会的规则文化观念上的"文化堕距"现象有密切关系。只有把制度体系当作一个理念与规则、组织与载体、正式与非正式、安排与环境等多重因素交织互动的活的有机体，才能从根本上解释潜规则的生成与治理问题。潜规则的存在对正态社会规则系统起着侵蚀和消解的作用，是社会规则体系良性运转的重大阻碍，对中国当前制度体系的完善和发展带来危害，需要我们认真对待。一方面潜规则被不少人认同，消解了一个制度体系的权威性和实效性，是制度虚化和运行扭曲的集中体现；另一方面潜规则的流行也表现出中国社会转型中正式的制度安排与制度环境中的社会观念意识的脱节与疏离现象的存在。

在完善和发展中国特色社会主义制度体系的实践中治理潜规则，我们要做的是充分彰显社会主义制度价值，完善公正合理的制度背景。如

---

[1] 梁碧波：《潜规则的供给、需求及运行机制》，《经济问题》2004年第8期。

罗尔斯所指出的，保障社会公民"平等的自由权利"是制度正义的基本体现，潜规则的流行折射的是制度性的不公。各种"官二代""富二代"通行的潜规则展现出的是部分这类群体的"优先发展权"或"额外豁免权"，是一种非平等性权利、义务、责任关系的表现。在基本规则层面，保证社会公民权利、义务、责任对等化的背景规则框架的构建与维护至关重要；同时在具体规则上，经济领域中保障分配正义的基本经济规则的建构和实行，政治领域"让权力在阳光下运行的"规则机制的完善，选人用人规则上的透明化、规范化等都是可以从根本上化解潜规则影响的基本渠道。社会正式规则体系的实质正当与程序正当是让潜规则无处遁形的两个渠道。构建保障公民"平等的自由权利"的基本规则背景是实质正当，而规则程序的合理、合法、合情也能从形式上遏制潜规则的存在空间。现实中许多既有规则和制度的出发点，是工具主义的而不是人本主义的，是出于便于管理的需要，而不是出于便利生活的需要。这些规则的推行，表面上带来了规则完备与林立，但实际是潜规则丛生。潜规则以"一种无声的抗议"的状态自行构建着实际的生活秩序。同时，潜规则的治理与现代规则意识的塑造也密切相关。

最后，塑造公民现代性规则意识。规则作为制度体系的核心构成要素，其作用的发挥需要内化为公民的规则意识。规则意识是公民意识中最基本和核心的表现，是"公民对各种社会规则（规范）诸如法律、道德、宗教、风俗习惯等规则的认同、自觉服从与遵守，所形成的自主自律意识"[1]。现代公民意识是公民社会和公共理性的核心体现，近代以来，实现"臣民—公民""服从—契约"的意识转变是中国现代公民意识的重要任务和方向。中国特色社会主义制度和法律体系的运行和权威的树立，离不开现代公民规则意识的支撑。规则意识首先是一种权利意识，现代社会制度和法治秩序的建立根本上是对公权力的约束和对公民权利的保障。公民规则意识表现为通过对自己合法权益的维护，相应地要求他人自觉地维护和服从规则的过程，保护合法权益的本身是规则意识的重要体现。规则意识还表现为一种程序意识。公民行使权利必须建立在正当性的基础之上，遵循一定的规则程序，不能逾越权利界限。这种程序意

---

[1] 蒋传光：《公民的规则意识与法治秩序的构建》，《社会科学研究》2008年第1期。

识在现实中主要表现为守法意识。守法既是出于对契约式的利益和信用的考虑，也是出于对法律制裁后果的惧怕。归根结底，守法意识是个体权利最大化的理性选择。另外，规则意识还应该是一种节制意识。追求权利的最大化是人类社会发展的合理要求和正当活动，但合理限制某些权利，使之符合所处时代的经济、道德发展的实际状况是社会制度规则的重要作用，由此而言公民的规则意识也是一种权利的节制意识。

## 三 中国特色社会主义制度的组织要素

把制度当作一个系统来认识，不能忽视组织结构在制度系统中的重要性，各类型的组织是制度实体性的一面。虽然大部分研究者都将制度界定为规则这一核心要素，但从系统论的观点看，制度不仅仅是规则，还包含实体性的组织要素。不把"社会组织安排"和"社会格局"纳入宏观制度的视野，很难解释现实社会中一些制度现象。

### （一）组织要素在制度系统中的重要地位

其一，组织是制度实体化的展现形式。制度的理念和规则必须以合乎自身需要的方式组织化和实体化，狭义上的制度与组织总是结伴而行的。如严复所言，"社会者有法之群也"[1]。如果我们将严复所谓的"法"理解为制度的话，那么"群"则可以理解为组织。从狭义上看，制度和组织似乎是界限分明的，是规则与实体的关系。但从制度系统的实际运行看，更多地关注制度与组织的联系性与不可分割性，甚至将其作为制度系统的结构要素是十分必要的。这样分析有利于我们深入把握制度规则嵌入社会结构的实际机理。组织是为了一定社会目的有意识组织起来的、相对独立的社会群体，是特定制度理念规则的实体化形式。制度通过其职能机构得以执行、推动和运行。

其二，组织是制度的主要运行主体。诺思虽然不同意将制度直接定义为组织，而是把制度定义为社会博弈的规则。但是他同时认为"组织

---

[1] 严复：《与梁启超书》，载卢云昆编选《社会剧变与规范重建——严复文选》，远东出版社1996年版，第8页。

是游戏人",是规则博弈的主体。在现代社会,制度规则的运行,其参与主体不仅仅只是个体经济人或社会人,更主要地表现为各种社会组织。政治制度的运行是包括政党、议会、市政委员会等的政治团体间博弈,而企业、贸易组织、家庭农场、合作社等经济团体则是经济制度的主要运行主体。

**(二) 研究中国特色社会主义制度系统组织性要素的重要价值**

其一,国家与政党等组织性要素在中国特色社会主义制度体系居于核心地位。从推进制度变迁的主体角度看,早期现代化的英国及其旁支的美国,社会力量成为推动国家制度成长的主导力量,符合哈耶克的"自发秩序"原理。但后来居上的现代化国家大多都改变了这一逻辑,国家本身的主导作用越来越突出。在俄国和中国,先进性的政党组织则成为推进本国制度变迁的绝对主导力量。这反映出制度演进和组织作用的相互推动性。最开始是制度规则外化为组织机构,但组织机构一旦形成就成为进一步制度演进的绝对主体。"没有共产党就没有新中国"不仅仅是一种意识形态话语的宣示,还是中国国家建构和制度变迁历程的真实写照。清末民初,支撑传统中国的两大支柱——道德基础和官僚组织系统——基本瓦解。简单地对西方国家一些制度规则的模仿和照搬,道德理念的缺失、立足国情有效力组织实体因素的缺失等都导致了这种制度简单移植的失败。在重建国家秩序的过程中,20世纪40年代末,我们形成了以党为核心的国家权力体系,这一全能型党政模式一方面改变了近代以来100多年中国"一盘散沙"的无组织状态,形成了强大的组织和社会动员能力;另一方面,政党组织与政权机构、社会间关系的进一步合理化也成为这一制度框架继续完善的重要方向。

其二,理顺国家—市场—社会的组织关系是完善中国特色社会主义制度体系的主导方向。从国家—社会的二元视角或国家—社会—市场的三元视角来认识中国社会的现代化和制度变迁问题目前已经成为一个重要的研究领域,许多研究者从这些角度出发对中国社会制度的演化问题进行了深入的研究。我们认为,这种"二分视角"和"三分视角"的方向是完全正确的。但是目前纯粹宏观性分析仍然太多,从制度体系嵌入社会机体的组织行为学或组织管理学的方法论的进一步推进研究是很必要的。如组织管理的复合治理理论、协同论思想,组织扁平化发展理论,组织耗散学观点等对于推进中国政党与社会关系、政党与政府间关系、政治性组织与经济组织间关系等这些理顺国家—市场—社会关系的具体层面都有重要指导意义。

其三,有利于中国特色社会主义制度研究中理论与实际的深度融合。在中国特色社会主义制度系统中,作为制度系统的实体性安排和设置的组织要素的健全与完善具有重要地位。李汉林等学者将这些组织性设置称为制度体系变迁中的"保护带",并同时把制度的内化理念称为制度体系的"硬核"。制度周边的相关政策以及对应的组织设置的调整是制度保护带的调整,可以达到保护制度的硬核相对稳定的作用。中国的制度创新与变迁首先是在制度内核相对稳定状态下的保护带的调整,从而保证了制度在渐进状态下逐步实现了变迁。[①] 从组织性的视角可以深入对制度体系的结构环境的研究,这正是嵌入性理论的重要理论贡献。嵌入理论的奠基人卡尔·波拉尼认为,"经济过程的制度化与一个社会的联合与稳定的过程紧密相联。这个过程会产生一种结构,这种结构具有一种由社会定义的功能……对经济结构和运行而言,宗教和政府可能像货币制度或减轻劳动强度的工具与机器的效力一样重要"[②]。波拉尼的研究揭示了实体化的社会组织结构具有的引导行为、内化制度的重要作用。嵌入性理论大大弥补了西方制度经济学仅仅关注制度的起源和制度变迁创新中需求与供给关系研究的不足,从社会结构与环境安排角度深化了对制度演进和运行相关问题的研究。政党、政府、企业、社会团体等组织内部和各组织之间的功能定位调整、结构的科学化合理化,这些在中国特色社会主义制度体系的发展与运行中具有重要地位,值得我们深入研究。

## 四 中国特色社会主义制度的主要载体

对制度系统的完整把握,除了理念、规则、组织设置等要素外,制

---

[①] 李汉林等:《组织和制度变迁的社会过程——一种拟议的综合分析》,《中国社会科学》2005 年第 1 期。

[②] K. Polanyi, "The Economy as Instituted Process", In Mark Granovetter and Richard Swedberg (eds), *The Sociology of Economical Life*, Boulder Colo: Westview Press, 1992, p. 34.

度的载体也至关重要。所谓的制度载体，就是制度的表现形式和现实样式。制度的载体是具体的、可感知的。它在日常生活中最普通的形式就是条文，条文将制度的具体规则以可了解的方式表现出来。从人类社会制度的发展历程来看，人类社会早期的很多制度都是以口传心授的方式进行的，在这种状态下，人本身就是制度的载体。原始社会中的部落头人、巫师等都是以人作为制度载体的。随着人类社会的发展，制度的载体更多地以风俗习惯的方式体现出来，道德也成为制度的重要载体。在中国传统社会"礼"是儒学制度化的重要载体形式。进入现代社会后，法律逐渐成为制度的主要载体。制度的不同载体，使制度具有了不同的表现形态。以惯习为载体，制度就体现为习俗等非正式制度形式；以法律为载体，制度就体现为法律。同样的制度理念规则可以使用多种载体形式，同样一种载体形式可以服务于多种制度内容，不同的制度载体之间可以发挥相互促进、相互支撑的作用。在今天，中国特色社会主义制度的理念规则，既可以通过法律的强制性形式展现出来，也可以通过道德规范的柔性形式展现出来。保持中国特色社会主义法律体系与道德规范体系的相互协调，依法治国与以德治国相结合，是中国特色社会主义制度建设的重要思路。

制度体系中的理念、规则、组织设置和载体四个要素之间相互联系、相互依存和相互作用，从而使得制度具有了实质性的内容和功能。对中国特色社会主义要素结构及其相互关系的全面把握，是中国特色社会主义制度整体性研究不可或缺的重要内容。

## 第二节 中国特色社会主义制度体系的横向结构分析

制度体系横向结构的理论研究是建立在马克思社会结构理论基础上的。制度体系是社会关系规范化、系统化的表现。社会关系的固化形式是社会结构，而它的规范化、系统化就会形成各种各样的社会制度系统。直接规范社会物质生活和生产过程中的关系就会形成一定的社会经济制度体系，反映特定的生产关系总要求，规范社会共同体权利义务关系就会形成政治制度系统，规范意识精神的生产与再生产会形成意识形态制度，而进行社会关系再生产则需要经济、政治、意识形态等结构制度的综合支撑。人自身的再生产也需要相应规范化制度支撑，婚姻家庭制度等都是不可或缺的。同时，在人的生产和物质资料的生产之间还需要有能处理和规范人与自然、资源、环境矛盾关系的制度规则体系。由此，我们说，在规范和协调人类社会的物质生产、精神生产、人自身生产和社会关系的再生产而生成的多种社会关系时，需要有经济、政治、文化、社会和生态等领域的制度系统的分工与配合。社会关系的多元化，固化为多领域社会结构，规范多元化社会关系需要多向度的制度系统综合发挥合力作用。改革开放以来，包括制度建设在内的中国特色社会主义总体布局从经济、政治、文化等领域的"三位一体"发展到十七大的经济、政治、文化、社会"四位一体"，十八大报告中又增加了生态文明体系建设，从而使总体布局发展为"五位一体"。其实，这些理论上的创新都是基于唯物史观社会关系、社会结构理论内在精神的一种中国化应用。

## 一 经济制度系统

### （一）经济制度是规范社会物质生产活动及人们行为关系的规则系统

经济制度重在处理社会有机体两大基础性要素——生产力和生产关系——的内外关系，更准确地说，经济制度是生产关系在经济领域中规范化的表现。经济制度的格局是受生产力发展水平影响和制约的，就像马克思所指出的："人们在自己生活的社会生产中发生一定的、必然的、不以他们的意志为转移的关系，即同他们的物质生产力的一定发展阶段相适合的生产关系。"[①] 一个社会的经济关系及其制度化格局都是呈现多个层次、具有隶属关系的系统。首先，以生产资料所有制为基础的社会经济关系。马克思主义认为，生产资料归谁所有，劳动者与生产资料相结合的方式，以及在此基础上形成的生产成果的分配方式决定了一个社会物质生产的目的，也决定了一个社会的阶级结构。是社会制度质的规定性。其次，规范具体组织生产、交换、分配和流通过程中发生的人与

---

① 《马克思恩格斯选集》（第2卷），人民出版社2012年版，第2页。

人之间经济关系的组织性经济制度。这些制度应用于经济运行、资源配置等过程中。在劳动的分工、调节经济运行的计划手段和市场手段、专业化和协作、企业的经营形式和管理方法以及生产的集中化和联合化等具体方面发挥作用。在这两个层次中，生产资料所有制为基础的社会经济关系是起决定作用的，是第一位的；而具体组织经济运行的制度是从属的，是相对灵活的。

### （二）完整把握中国特色社会主义经济制度的几个问题

其一，中国特色社会主义经济制度是中国特色社会主义制度体系的重要支柱。经济制度是社会整个制度系统的支柱，这是马克思主义的重要思想。恩格斯在《共产党宣言》"1888年英文版序言"中指出："每一历史时代主要的经济生产方式和交换方式以及必然由此产生的社会结构，是该时代政治的和精神的历史所赖以确立的基础，并且只有从这一基础出发，这一历史才能得到说明。"[1] 经济制度根植于一定社会的物质生产力状况及社会关系状况，是维系社会其他结构存在的基础。马克思关于生产方式更替引起社会结构变迁的理论就是以生产关系规范化的经济制度为内容来分析整个社会结构变迁的。中国特色社会主义经济制度是中国特色社会主义制度体系的基础性构成，为政治上层建筑的制度安排提供物质条件和利益保障，是从根本上体现社会主义制度理念的物质性条件。

其二，中国特色社会主义基本经济制度是具有鲜明特色的社会主义经济制度。马克思主义政治经济学认为，所有制是区分经济和社会制度性质的根本标准，公有制是社会主义经济制度的基础。我国宪法明确规定，"中华人民共和国的社会主义经济制度的基础是生产资料的社会主义公有制，即全民所有制和劳动群众集体所有制"，这从经济基础上保证了我国社会主义的社会性质。中国特色社会主义基本经济制度的特色体现在，它以社会主义经济制度为核心，但同时又包括了非公有制经济等多种所有制形式，是存在于初级阶段的社会主义基本经济制度。

其三，中国特色社会主义经济制度是以基本经济制度为基础的制度

---

[1] 《马克思恩格斯选集》（第1卷），人民出版社2012年版，第385页。

体系。中国特色社会主义经济制度包括以公有制为主体、多种所有制经济共同发展的基本经济制度和建立在基本经济制度基础上的各项具体经济制度和体制机制。它是中国特色社会主义制度体系的一个子系统，同时自身也是一个多层次相互关联的小系统。第一，以公有制为主体、多种所有制经济共同发展的基本经济制度是中国特色社会主义经济制度的基础构成。这里包含两个层次：一是公有制为主体，公有制为主体是对单一公有制和完全私有化的同时否定。把握公有制的主体地位，可以从量和质相结合的角度。十五大报告对公有制的主体地位提出量的优势和质的提高，特别看重公有制的质的主体性。对公有制主体地位的认识还涉及公有制的实现形式问题，十五大报告提出股份制是公有制的主要实现形式，是认识上的一个重大进步。同时，公有制为主体问题在实践中主要通过国有企业改革体现出来，对不同行业部门的国有企业应该实行分类改革的思想，从增加国际竞争力、科技创新、实现共同富裕等不同功能定位中分类指导推进。二是多种所有制共同发展。各种非公有制与公有制不是简单地共存，而是共同发展。坚持基本经济制度就是要更多地发挥公有经济与非公有经济之间的统一性，实现在结构和功能上深度融合。第二，中国特色社会主义经济制度还包含经济运行层面的体制机制。经济运行层面的具体制度包括资源的配置方式、生产、交换、流通、分配中的权利关系规划等，调节机制则是最直接与经济运行、信息提供、决策机制相关的规则。这些调节经济关系的体制机制是以法律、规章、道德、习惯等形式表现出来的，包括市场制度、组织制度、产业制度、金融财税制度、用工制度、劳动者保护制度、劳动力开发制度等。

其四，不断巩固和完善中国特色社会主义经济制度。首先，完善公有主体的混合所有制格局。在坚持公有制主体的前提下，发展各类型私有制经济。邓小平一直强调，公有制和共同富裕是社会主义的基本原则。在我国当前的生产力条件下，搞单一公有制是不适合的，坚持公有制的主体地位是社会主义原则的内在要求。江泽民指出："没有国有经济为核心的公有制经济，就没有社会主义的经济基础。"[1] 公有制的主体地位在宏观经济的资本结构、GDP结构、就业结构、税收结构、外贸结构等多

---

[1] 《江泽民文选》（第3卷），人民出版社2006年版，第71页。

方面都应该体现出来。各种非公经济是社会主义市场经济的重要组成部分，发展非公有经济是巩固完善中国特色社会主义经济制度的内在需要。十八届三中全会《决定》指出，要改变过去单纯以管企业为主的思路，进一步探索公有制有效的实现形式，以管资本为主的改革思路若能顺利实践，将有可能从根本上化解公有制经济和非公有制经济两张皮的局面，从根本上促进两者实现深度融合，进一步夯实我国基本经济制度的根基。其次，完善基本分配制度。按劳分配为主体，多种分配方式并存的分配制度是与基本经济制度的所有制基础相适应的，是保障社会主义共同富裕目标的重要手段。当前在促进社会经济效率的同时，要更加关注社会公平问题。完善基本收入分配制度、健全公正科学的收入分配体制、规范收入分配秩序。解决好国家、企业和社会个体在收入分配中的关系。在国民收入分配中，使居民收入稳定增长，在国民收入初次分配中，提高劳动报酬在初次分配中所占比重，使劳动报酬增长和劳动生产力提高同步。综合运用税收、社会保障、转移支付为主要手段的再分配调节机制，本着"调高、取非、增低、扩中"的基本原则，规范社会群体间的收入分配秩序。其中"扩中"是一个总方向。再次，完善现代市场体系。中国建立的国家主导型的多结构市场制度体系，处理好市场和政府的关系始终是一个核心问题。十八届三中全会《决定》提出"紧紧围绕使市场在资源配置中起决定作用深化经济体制改革"，"使市场在资源配置中起决定性作用，更好发挥政府作用"。完善中国特色社会主义市场体系，当前突出的问题：一是健全公平、开放、透明的市场规则。重点在市场准入制度、监管制度方面。二是健全市场的价格形成机制。坚决改革政府对要素市场的不适当干预。三是健全生产要素市场体系。如规范建设用地市场具有当务之急。四是完善金融财税体制。完善针对公有制经济主体、非公经济并存的金融体系，健全多层次资本市场。在财政体制上，建立现代财政体制，发挥中央和地方两个积极性。五是完善政府宏观调控体系。加快市场经济体制下政府职能转变，建设法治政府和服务型政府。最后，完善经济的对外开放制度，构建开放型经济新体制。对外经济和贸易等制度是现代经济制度体系的重要组成部分。当前，适应经济全球化趋势，推动对内对外改革与开放的相互促进、引进来与走出去的更好结合、国内市场与国际市场的资源高效配置深度融合是完善中国经济制度体系的重要方向。

## 二 政治上层建筑制度系统

### (一) 政治制度是制度变迁的关键与核心

马克思主义的制度变迁理论往往被人们解读为"经济决定论",即强调社会存在决定社会意识、经济基础决定上层建筑这个主要原则。从长程视角分析人类社会的制度形态变迁看,这一论断是科学而正确的,是唯物史观核心的判断。生产力的解放程度(技术水平),通过反映在经济结构转型以及经济绩效提升上进而决定和影响整个制度体系的变迁。但是在一个相对静态的格局中,经济和政治的关系并不是简单一一对应、反映与被反映的关系,政治制度的核心决定性作用是很明显的。制度系统中经济、政治、文化等系统的作用机制其实是具有系统论认为的复杂性状态的。这一点,恩格斯在晚年关于历史唯物主义的书信中,提出了更为全面的解释,反对对历史唯物主义的各种简约性的解读。在致约·布洛赫的信中,恩格斯指出,在他和马克思共同创建新的世界观、创建历史唯物主义理论的时候,因为当时理论上起主宰作用的是各种形式的唯心主义历史观,人类历史发展的深层规律和动因被描述得一塌糊涂,因此,对唯物史观中的经济生产关系的根本决定作用,马克思和恩格斯给了重点的论述和弘扬,"无论马克思或我都从来没有肯定过比这更多的东西"。但是,在这样论述的同时,有人如果借此认为马克思、恩格斯是简单的"经济决定论"者,那就是一种误解或别有用心,就会把唯物史观的革命性命题变成毫无意义的空话。恩格斯强调,唯物主义强调经济因素的基础地位,但同样强调各种观念、政治形式、政治规则等上层建筑因素在人类社会发展中的重要性。在社会发展中起决定作用的因素是复杂的系统,"这里表现出这一切因素间的交互作用,而在这种相互作用中归根到底是经济运动作为必然的东西通过无穷无尽的偶然事件向前发展"[①]。恩格斯晚年的"历史合力论"思想,用卢卡奇的话说是一种"总体性思想",更符合马克思主义的本意。在一个社会系统的变迁中,国家

---

① 《马克思恩格斯选集》(第4卷),人民出版社2012年版,第604页。

政治制度的关键作用和核心地位是毋庸置疑的，这在根本上也符合马克思的"国家中心主义"观点。诺思的制度研究强调国家的核心地位，新制度主义政治学的大热，使"重新发现国家"的呼声，成为一种主流实践。诺思的研究揭示了，在西方世界的兴起过程中，英国的成功和西班牙、法国的失败主要归因于国家的政治制度，英国成功组建起能有效保护产权的政治制度是核心所在。同理，因为封建专制的政治制度的阻滞，使得中国资本主义的萌芽长期处于"萌而不发"的状态。西方制度主义的一个重要理论贡献就在于看到了政治因素、国家制度的极端重要性。亨廷顿的政治发展理论，也特别强调政治制度方面的建设。把政治制度提供的权威和秩序看作发展中国家发展的前提。也因此，有研究者将亨廷顿视为当代"新国家主义"的奠基人。罗尔斯的《正义论》研究的主题是社会基本结构的正义问题，而研究核心也是政治制度的主导性价值。国内学者杨光斌认为，国家大系统是一个同心圆，从核心到外围依次是政治圆、经济圆、社会圆和历史文化圆，政治圆是最核心的层次，虽然其与其他层次要相适应，"但这种适应不是简单的被动关系，在历史关键时刻，是政治本身在决定着经济体系的状况和运转"[①]。

### （二）中国特色社会主义政治制度建设是完善中国特色社会主义制度体系的主导环节

首先，中国基本政治制度在制度体系变迁中一直居于主导地位。作为后发现代化国家，国家建设、党政因素一直在中国近代以来的制度变迁中居于主导的地位。国家是政治制度的核心，是其最重要的组成部分，能否完成现代民族、民主国家建设，构建起合理规范的社会群体权利义务关系的政治秩序，从而很好地与生产力的市场化、社会化发展相适应，是决定一个社会体现代化实现状态的关键因素。通过政治、法律制度形式表现出来的政治上层建筑格局既是经济关系的表征，更是引导生产方式的规范系统，为生产力发展提供社会环境和条件。新中国构建起党政核心、具有高度动员能力的国家上层建筑制度体系，这一制度系统一直在整个制度体系的变迁中起着主导性作用。在这一政治上层建筑基本制

---

① 杨光斌：《政治变迁中的国家与制度》，中央编译出版社2011年版，第22页。

度安排相对稳定的前提下,经济制度经过了由早期单一公有制到公有主体、混合共存所有制前后两个发展阶段。基本政治制度对全局的把控和部署的作用体现得很明显。许多国外研究者也在研究中指出,主导型政党制度和集中型民主体制是中国模式的重要特点。中国改革开放以来的制度变迁模式同亨廷顿的"秩序优先"逻辑相吻合。

其次,中国特色社会主义政治制度彰显着中国特色社会主义制度体系的特点优势。对中国特色社会主义制度体系优越性可以从不同角度来概括,胡锦涛将其概括为"五个有利于",还有许多研究者从秩序与活力、公平与效率等尺度相统一的角度来加以概括。无论从什么角度来把握,我们认为,中国特色社会主义制度体系的优势和特点,是更集中地通过其基本政治制度的安排来表现的。中国基本政治制度的民主集中制的组织机制是将民主与政治效率统合起来的核心机制,民主集中制的本质,是有领导的民主制,这一核心机制决定了中国政治制度的特点和优势。执政党主导与民众当家做主相统一的民主原则是保障秩序与公平的基本维度,选举与选贤相统一的选用制度,保证了决策的质量和效益。不理解中国政治上层建筑基本制度的特点与优势也就不能真正把握中国特色社会主义制度体系的特点与优势。

最后,中国民主政治制度建设是完善中国特色社会主义制度体系的核心。正因为政治上层建筑的基本制度安排在整个制度体系的主导地位,所以,中国民主政治制度的建设和完善,也是整个中国特色社会主义制度体系完善和发展的重中之重。其一,以国家能力建设为主轴,完善国家制度体系。用现代国家中心主义观点来看,制度建设的中心任务是提升国家能力。如美国学者弗朗西斯·福山指出的"国家构建是当今国际社会最重要的命题之一,因为软弱无能国家或失败国家已成为当今世界许多严重问题(从贫困、艾滋病、毒品到恐怖主义)的根源","对于绝大多数发展中国家,国家不是太强了而是太弱了"[①]。国家的基本制度建设首先是建立完善较为公平合理的社会基本秩序框架。与此同时,需要在中央与地方、国家与社会、政府与市场间构建国家一体化的制度格局,

---

① [美]弗朗西斯·福山:《国家构建——21世纪的国家治理与世界秩序》,中国社会科学出版社2007年版,第9页。

富有执行力。这些在根本上都属于政治制度的完善，而且在中国制度体系建设中处于重要地位。其二，我国当前经济体制改革的核心是处理好政府与市场的关系，从根本上说是一个政治经济宏观问题。深化经济领域改革的核心机制已经不是单纯的经济问题，而是深层政治社会问题。在基本政治制度秩序稳定的前提下，大力发展民主政治。党的十八大报告提出"将制度建设摆在更加突出的位置"，这一论点是站在大政治观基础上得出的结论。十八届三中全会《决定》围绕国家制度建设的整体部署将这一精神更进一步具体化了。

## 三　文化制度系统

### （一）文化制度体系是调节规范思想文化再生产的规则系统

马克思关于经济基础与上层建筑辩证统一关系的论述，是唯物史观的基础性理论。上层建筑是在现实的生产关系（或经济基础）的基础上形成的有意识、稳定的、全面的社会关系，包含政治上层建筑和思想上层建筑两个部分。在其规范化、制度化的实践中，政治上层建筑制度化为政治制度系统，而思想上层建筑制度化为文化制度体系。文化制度体系是调节规范思想文化再生产的规则系统，是社会有机体通过宪法和法律调整以社会意识形态为核心的各种基本文化关系的规则、原则和政策的总和。文化制度作为一个系统，其核心层是弘扬和调节核心意识形态的制度规范，外缘层包括规范教育科学文化建设和思想道德建设的具体性制度规则。调节和阐扬核心意识形态的制度规范是一个社会文化制度体系的基本制度。正如文化本身内涵和外延的多重性一样，文化制度体系从不同角度也可以划分为不同层面。从文化运行层面看，一个完整的文化制度系统可以划分为文化生产制度、文化管理制度、文化传播制度和文化传承制度四个部分。这些制度相对于文化核心层的基本制度而言，大多是具体性制度，一般又可以称为四大文化体制。文化生产制度是调节和规范不同文化生产主体间权利、义务关系的规则系统，是什么样的文化生产制度直接决定一个社会文化的发展和繁荣程度。文化管理制度是调节社会有机体经济、政治和文化间，政府与文化主体间各种关系的规范体系，是文化制度系统的核心体制。文化的传播制度，是一个国家对内对外弘扬和传播其文化思想、价值理念、文化产品的运行制度，关涉一个文化形态的影响力。文化传承制度，是为文化和文明形态的代际间继承发展而服务的规则和制度，关涉文化的生命力问题。

**（二）文化制度是中国特色社会主义制度体系的重要组成部分**

首先，文化制度是完整的社会制度体系的重要组成部分。文化制度作为思想上层建筑规范化、制度化载体，其本身与同为上层建筑的政治上层建筑的政治制度体系密切相关。政治上层建筑与思想上层建筑在社会发展的不同时期，其主导性作用是可以发生互换的。在社会制度形态的演变和变迁中，政治上层建筑作用的发挥始终是离不来思想意识观念建筑的支撑的。西方资本主义的政治上层建筑的确立是在启蒙运动的思想上层建筑的变革支持下发生的。同样，近代中国从器物层面、政治制度层面进而深入到新文化运动的文化层面的现代化逻辑也深刻揭示了这一逻辑。正如马克思所指出的："批判的武器当然不能代替武器的批判，物质力量只能用物质力量来摧毁；但是理论一经掌握群众，也会变成物质力量。"[①] 其次，文化制度建设，为社会有机体其他层面建设提供精神动力和智力支持。从广义上说，制度本身就是文化的重要组成部分，只是出于研究的需要，我们在这里对其进行了更为细致的划分。有一种更宏观的认识，文化就是人本身。无论从何种意义上说，一个社会的文化制度格局都从根本上决定了社会的总体。最后，中国特色社会主义文化制度建设在整个中国特色社会主义事业中日益凸显其重要地位，"关系实现全面建设小康社会奋斗目标，关系坚持和发展中国特色社会主义，关系实现中华民族伟大复兴"[②]。

**（三）深化文化体制改革是完善中国特色社会主义制度体系的重大战略**

首先，健全马克思主义主导的基本文化制度体系。任何一个社会，

---

[①] 《马克思恩格斯选集》（第1卷），人民出版社2012年版，第9页。
[②] 《中共中央关于深化文化体制改革，推动社会主义文化大发展大繁荣若干重大问题的决定》，人民出版社2011年版，第53页。

规范和调节核心意识形态的制度都是其文化制度的基本制度层。维护和保障马克思主义主导地位的制度规则同样是中国特色社会主义文化体系的基本制度。对于中国特色基本文化制度，我们尽管目前还没有成熟的概括和提炼，但这一原则方向是很明确的。无论在何种情况下，其他文化体制的改革都必须有利于巩固和发展马克思主义在意识形态领域的指导地位，正确的文化和意识形态导向不能变。因为核心意识形态的基本制度是直接与基本经济制度和基本政治制度并存一体的。马克思主义的主导是社会主义新文化的核心特征，其实质是文化的大众性和人民性。巩固马克思主义在意识形态领域的指导地位，就是巩固全国民众团结奋斗的共同思想基础。在文化实践中，就要求坚持以人民为中心的工作导向，坚持文化发展把社会效益放在首位。以激发全民族文化创造活力为中心环节，大力发展文化事业和文化产业。

其次，健全文化市场体系，完善文化生产体制。中国特色社会主义文化生产制度改革，在当前的关键是健全现代文化市场体系，建立各类文化市场主体公平竞争、优胜劣汰的市场文化体制。鼓励国有经营性文化单位转企改制，实行公司制治理。鼓励非公有文化企业发展，建立多层次文化产品市场和要素市场等。

再次，完善文化管理体制。完善文化管理体制的核心是转变政府职能，使政府由办文化转型为管文化。按照政企分开、政事分开的原则推进党政部门与文化企事业单位进一步理顺关系。健全正确舆论导向的管理体制机制，将基础管理、内容管理和行业管理有机结合。健全网络管理机制，形成正面引导与依法管理相结合的网络舆论管理格局。规范新闻发布制度，规范传播秩序。在文化管理体制改革的基本原则上，健全文化法制管理体系是重要方向。实现文化上的依法治理是国家文化安全的重要条件。

最后，完善文化传承和传播体制。运用有效的政策保障机制保障公共文化的建设和运行，加大财税等方面对文化产业制造和传承的扶持力度，建立国家文化发展基金。同时，在当前形势下，我们需要提高文化的开放水平，扩大文化对外交流，加强文化的国家传播能力和对外话语体系建设，理顺文化宣传的内外机制，用制度推进主流文化价值大众化和中华文化走向世界。

## 四 社会运行制度系统

### (一) 社会建设理论是马克思主义理论的有机构成部分

在马克思主义的理论体系中包含着丰富的社会建设思想。马克思、恩格斯在创立科学社会主义的过程中，扬弃了空想社会主义思想的成果，通过全新的理论创造实现了社会主义者关于"社会和谐"的思想从空想到科学的转变。[①] 正如社会的概念有宏观、中观和微观三种含义一样，社会建设也有这样三层含义。宏观意义上的社会指的是与自然界相对应的社会有机体，包括政治系统、经济系统、文化系统和社会系统以及人与自然关系的生态系统等；中观层次的社会指的是与政治、经济、思想文化各子系统并列的社会子系统；微观社会则是一些更小规模的人群共同体，如乡村社会、社区等。马克思主义唯物史观对宏观社会有机体运行发展的规律和逻辑进行了完整科学的揭示，构成了马克思主义社会发展和社会结构理论的主体，是指导中微观层面社会建设的基本指导原则。对于中微观层次的社会建设马克思主义经典作家直接的论述虽然不多，但也蕴含着丰富的思想。中国共产党明确阐扬社会主义社会建设理论是对马克思主义社会建设理论的发展和创新。事实上，宏观、中观、微观层面的社会是不能分开的，我们所提出的社会主义和谐社会建设是同时包含这三层维度的。针对以往我们仅在宏观层面把握社会发展的倾向性，今天我们使用的社会建设更多应是中微观层面的，这一点在学界已经达成了共识。在这个层面我们所讲的社会建设"就是要在社会领域或社会发展领域不断建立和完善各种能够合理配置社会资源和社会机会的社会结构和社会机制，并相应地形成各种能够良性调节社会关系的社会组织和社会力量"[②]。

---

[①] 张艳娥：《构建当代中国社会建设理论的几个相关问题》，《湖北社会科学》2007 年第 7 期。

[②] 郑杭生、杨敏：《关于社会建设的内涵和外延——兼论当前中国社会建设的时代内容》，《学海》2008 年第 4 期。

**(二) 社会主义社会制度建设是完善中国特色社会主义的重要内容**

其一,社会建设的关键是制度建设。良好的制度系统是实现国泰民安、社会和谐以及利益关系和谐的根本保障。解决我国发展新阶段出现的社会分化加剧,利益关系失衡,人与社会、自然之间的关系不协调等问题,首要的是要建立一套与经济社会发展水平相适应的完善的制度体系,来保障生产关系的平衡和社会资源的合理配置,保障社会资源和收入的合理分配。通过制度、体制、机制的创新、改革和调整来消除各种不和谐因素。首先,构建社会不同阶层之间的利益协调制度。各国发展的经验充分证明,社会不同利益主体之间的利益分配关系处理得好,社会就和谐、安定,利益关系失衡,则会出现社会动荡和不安。当前我国理顺政府、市场企业与个人之间的利益关系,理顺不同生产要素之间,不同行业、地区、部门之间的收入分配的关系对于社会和谐具有突出重要的意义。在国民收入的几次分配中,更加注重社会公平。其次,健全社会保障制度。中国社会发展所处的历史时期,正是建立现代社会保障制度的关键阶段,我们现存的社会保障覆盖面仍然太窄,根据身份行业制定不同的养老、医疗、失业等保障制度不符合社会公正的基本要求。再次,调整不同社会主体间的关系体制。社会主体包括政党、政府、市场、社会等不同形式。新中国成立后,顺应高度集中计划经济的要求,我们构建起政党政府主导的一元化社会管理模式。改革开放后,市场和社会力量日益强大起来。因此,理顺政党政府与市场、社会的关系问题就成为中国特色社会主义社会运行格局的关键。在理顺社会主体关系的制度和体制上,提出了健全党委领导、政府负责、社会协同、公众参与、法制保障的社会管理格局的主张,这是我们总结多年经验后提出的创新性观点。最后,是健全公共产品的服务体制。公共产品的供给体制关系到社会公正,具有矫治社会不公的功能。准确界定公共产品的边界,明确不同主体各自的责任,需要我们相应体制机制的跟进。

其二,社会体制是中国特色社会主义制度体系的重要内容。构建社会主义和谐社会理念的提出,使中国特色社会主义事业的总体布局,由"三位一体"发展为"四位一体",标志着我们对人类社会发展规律和社会主义建设规律的认识的进一步深化。如果缺失能合理配置各种经济、政治和文化资源要素的社会结构和社会体制,单纯经济、政治、文化的发展成果就都不能得到整合性、协调性的展现，社会体制建设是大社会有机体发展不可缺失的环节。在中国特色社会主义制度体系中，基本的经济制度和政治制度已经形成，各种体制机制也在不断完善之中。而这些制度和体制机制必须依托社会结构才能运行起来，没有相应健全的社会体制保驾护航，往往会导致基本经济安排和基本政治设计的运行失真。社会主义社会体制的基本理念是建立在集体主义观念基础之上的，是以社会公平为核心的。只有不断完善中国特色社会主义社会体制，才能进一步彰显中国特色社会主义制度的优越性。

## 五 生态制度系统

### （一）马克思主义生态思想与生态制度建设

在人与自然的关系上，马克思提出了系统的"人化自然观"，指明了自然条件对于人的先在性以及人对自然的能动性，"我们连同我们的肉、血和头脑都是属于自然界和存在于自然界之中的"①。在制度维度上，马克思、恩格斯提出了系统的生态社会观，在此意义上，马克思恩格斯是第一批社会生态学家。他们认为"人们对自然界的狭隘的关系决定着他们之间的狭隘的关系，而他们之间的狭隘的关系又决定着他们对自然界的狭隘的关系，这正是因为自然界几乎还没有被历史的进程所改变"②。人与自然的关系必须转译成人与人的关系才能为人们所调节，也就是必须从社会制度层面才能调节。马克思、恩格斯是最早论及生态制度问题的思想者。马克思、恩格斯认为资本主义制度对资源生态及人类本性的破坏，是生态危机的社会根源。要消除生态危机，就必须以共产主义制度代替资本主义制度。"但是这种事情发生的越多，人们就越是不仅再次感觉到，而且也认识到自身和自然界的一体性"③，"但是要实行这种调节，仅仅有认识还是不够的。为此需要对我们的直到目前为止的生产方式，以及同这种生产方式一起对我们的现今的整个社会制度实行完全的

---

① 《马克思恩格斯选集》（第4卷），人民出版社1995年版，第384页。
② 《马克思恩格斯选集》（第1卷），人民出版社2012年版，第161页。
③ 《马克思恩格斯选集》（第4卷），人民出版社1995年版，第384页。

变革"①。新生的共产主义社会"是人同自然界的完成了的本质的统一,是自然界的真正复活,是人的实现了的自然主义和自然界的实现了的人道主义"②。马克思、恩格斯关于生态与人的相互制约性观点以及解决生态问题的社会制度化的方法论,是今天生态制度建设的科学指南。其启示有三:首先,生态文明是整个社会文明的前提性条件。马克思的"人化自然观"从根本上超越了"自然中心主义"与"人类中心主义"的二元对立,点明了"以人为本"与"尊重自然"价值观内在统一。确立生态文明观念,跳出仅从人与人关系,即经济、政治、文化、社会视角看问题的狭隘视野,而从更宏远的人与自然关系维度扩展了社会文明体系。其次,生态问题的解决关键在社会制度。包括从社会形态层面超越资本主义制度痼疾的制度创新和具体的生态制度建设两个层面。最后,从制度层面解决生态问题是社会主义制度的重要优势。如马克思主义经典作家所揭示的那样,生态危机之所以得不到根治,其原因就在于资本主义制度的目的和本质是保护资本追求利润的需要,在资本主义制度下,作为人类本质力量象征的科学技术受资本的支配,反过来成为支配和奴役人的工具。社会主义的基本经济政治制度在治理生态问题上具有明显的优势,这是我们应该具有的基本制度自信。

## (二) 中国特色社会主义生态制度建设是中国特色社会主义完善发展的前提条件

十八大报告第一次明确提出生态制度建设的任务,确立和重申了依靠制度治理生态的基本途径。十八届三中全会对加快生态文明制度建设做出了具体的部署。很明显,我们强调的主要是具体层面的生态制度建设,在坚持基本经济、政治、文化等制度的前提下,建立健全系统的生态文明体制机制。包括生态资源保护制度,资源使用和补偿制度以及生态环境管理制度。具体来说,在生态资源保护上坚定不移实施"主体功能区规划",建立国土开发保护制度,建立环境资源承载能力监测预警机制。在资源使用和补偿上充分发挥市场的作用,形成归属清晰、权责明

---

① 《马克思恩格斯选集》(第4卷),人民出版社1995年版,第385页。
② 《马克思恩格斯全集》(第42卷),人民出版社1979年版,第122页。

确、监管有效的资源资产产权制度，实行资源有偿使用和生态补偿制度，完善生态法制体系。在生态环境管理制度上，健全生态环境管理体制，加强生态教育制度，形成社会广泛参与生态管理体制。生态制度建设是中国特色社会主义制度体系的重要组成部分，完善健全的具体性生态制度的缺失会大大影响中国特色社会主义制度的长远绩效。中国特色社会主义基本制度框架的建立，为生态制度建设提供了有力支撑，我们有理由相信，在社会主义制度框架中，生态问题能得到更好的解决。

## 第三节 中国特色社会主义制度体系的运行层次分析

制度系统是一个多元多层次的复杂性系统，从制度构成要素角度和横向结构角度的分析还不能完整厘清其复杂构成。从制度的运行层面看，任何一个制度系统都是由根本制度、基本制度、具体制度和运行机制四个层次构成的。

### 一 制度体系的四层运行结构

对于一个制度大系统纵向运行层次的构成，有许多不同的观点。西方制度主义基于对制度内涵界定的宽延性，往往将文化观念等都纳入制度内涵来把握，由此对制度演化层次的认识是一种文化分析的方法。代表性的观点是威廉姆森提出的制度演化四层次理论。[1] 威廉姆森关于制度的四层次构成可简单地归结为：第一个层次是非正式制度；第二个层次是正式制度，第三个层次是执行和监管制度；第四个层次是自由市场经济制度。本书在对制度的界定上倾向于将制度定义为正式制度系统，包含宪政、法律和规则等体现的各种正式制度要素，同时也包括执行监管运行的体制机制。而由习俗、传统和文化展现的非正式制度，我们严格

---

[1] 黄少安：《新制度经济学者再获诺奖意味着什么——黄少安谈诺奖新得主威廉姆森》，《光明日报》2009年10月20日第10版。

将其与我们重点研究的制度对象区别开来。所以，在这个意义上，威廉姆森的制度四层次理论对我们深入研究制度体系的构成层次具有重大启发价值，但有将制度泛化为文化的嫌疑。

在马克思主义制度视野中，对制度系统的运行层次研究还很薄弱，目前的研究成果不是很多。对已有观点作一简单梳理可以提炼三种主要观点："二层次说""三层次说"和"四层次说"。"二层次说"认为社会制度体系总体由两个层次构成，基本制度和非基本制度，基本制度是标着社会性质的制度规定，非基本制度包括各种具体制度和运行机制在内，根本制度与基本制度没有实质区别，体制和机制也是一个概念。"三层次说"将具体制度和运行机制分开看待，认为二者存在根本区别，因此，社会整体制度体系包含基本制度、具体制度和运行机制三个层次。"四层次说"将制度体系划分为根本制度、基本制度、具体制度和运行机制四个层次，认为四个层次间是既区别又联系的。本书认同和采纳第四种观点。

在马克思主义发展史上，马克思、恩格斯在不同场合广泛使用过"制度"一词，有时候也使用"基本制度"，但从文献考证来看，"根本制度"这个概念是邓小平最早使用的。什么是根本制度？根本制度和基本制度是否是同一个概念？对于这个问题我们还是需要进行思考的。很多研究者都认为二者没有区别，在研究中将二者混在一起使用。所谓根本就是根源，是指能派生出其他事物的事物。根本制度就是对这种根本性质正式规定的规则。马克思主义认为，决定社会形态的质的要素是生产方式，社会根本制度是对占统治地位的生产方式性质的规定。与制度同时产生的是维护制度的国家。国家的产生是对社会自身无法调节的矛盾的回应，是一种解决不可调和矛盾的制度创新。国家是一种"表面上凌驾于社会之上的力量"，这种力量的存在能弥合差异，缓和冲突，"把冲突保持在'秩序'的范围以内"。[①] 代表特定阶级的国家对制度的需求，最根本的就是用制度和法律的形式把自己所代表那个阶级的统治地位和生产方式借用国家强力明确固定下来，就会形成特定社会形态的根本制度。

---

[①] 《马克思恩格斯选集》（第4卷），人民出版社2012年版，第187页。

基本一词指的是主要的、大体上、根本的意思，不具有排异的含义。指的是在与其他物质的共存中，何种物质占主体地位，是对存在状态的一种"度"的界定。社会根本制度是对社会形态质的界定，基本制度是对度的界定。基本制度是根本制度与国情社会结构结合并外化的"量化"状态，是界定根本制度质变的基本限度。社会根本制度是对占统治地位的生产方式和代表群体利益性质的规定，国家作为取得统治地位的阶级进行阶级统治的工具，为保持自生秩序的存续就需要有限地考虑其他阶级的利益要求。在制度定型化的长期博弈中，统治阶级的利益底线与其他社会阶级的利益上限势必要相互包容。这种兼顾统治一方利益又兼顾其他阶级利益，不突破国家阶级统治"底线"的规范系统，上升为国家制度，就形成特定社会形态的基本制度。一个社会形态的总体制度系统都是经济、政治、文化、社会等的有机统一体，基本制度则是在这些领域中反映根本制度质的要求的"度"的规定[①]。

具体制度，邓小平经常将其简称为体制。具体制度或体制，通常指的是对根本和基本制度组成要素的框架结构安排和格局配置，是社会根本制度和基本制度的具体化和实现方式，具有简明具体、易于操作的特点。通过各项具体制度，社会的根本基本制度才能得以贯彻和落实。如没有健全、灵活、多元的具体体制，再好的社会根本、基本制度都会悬空化。机制一词的本来含义是"机器的构造和工作原理"，后来在广泛的使用中主要用来泛指事物之间稳定的相互联系和作用，这种相互联系和作用具有稳定性和规律性，具有不同的功能作用。在制度系统中的所谓机制，指的是为了实现某个具体目标，联结相关要素所需要的关系规则和运行规则的总和。

根本制度、基本制度、具体制度和运行机制是从制度系统的运行形态角度的一种相对的划分，在实际中很难将四个层级截然分开。总体来看，马克思主义经典作家对制度的研究侧重于对社会形态方面的根本和基本制度的研究，没有将具体制度和运行机制作为重点。西方制度主义更多关注的是具体制度和运行机制。在社会主义制度由理论变成实践后，

---

① 赵秋生、马惠君：《"二重四维"结构的社会制度体系》，《河北师范大学学报》（哲学社会科学版）2007年第4期。

其健全与发展要求我们既要注重基本制度，也要重视对体制和机制问题的研究。

## 二 中国特色社会主义制度的根本制度层次

### （一）人民代表大会制度是中国特色社会主义的根本政治制度

以马克思主义的国家观和制度观来看，一个社会形态的根本制度是占统治地位的生产方式和群体利益的定性化规定，主要是以上层建筑中的国体理念和政体原则来整体展现的。1954年，我国在借鉴苏联苏维埃模式的基础上，创建了人民代表大会制度，为中国社会主义制度奠定了根本政治制度的基础。1982年《宪法》第一次将人民代表大会制度作为中国社会主义制度系统中根本政治制度的地位明确提了出来。此后，一直在不断重申这一判断。

首先，在概念界定上，人民代表大会制度指的是以人民选举产生的人民代表大会为基础的整个政权体系、政权组织制度系统。包含了民众与代表间的选举制度，代议机构与政权机关间的权力关系制度、授权监督等制度，是包含了人大与人民、中央与地方国家机构职能划分关系等的制度系统。其次，在地位上，人民代表大会制度是中国特色社会主义制度的根本政治制度。这是由两点决定的：一是人民代表大会制度直接体现我国人民民主专政的国家性质，是对中国社会主义形态的直接质的规定；二是在整个政治制度中，人民代表大会制度是其他各项政治制度赖以建立的前提和根源，反映中国政治生活的全貌，是根本性的政治制度。最后，在与其他各项基本制度的关系上，人民代表大会制度是社会主义制度理念的硬性要求，质的规定。是将社会本位、人民至上的生产方式和利益原则固化确立的规则形式，是对政治权利义务关系的根本安排。而其他各项基本政治制度，如中国共产党领导的多党合作和政治协商制度、民族区域自治制度、基层群众自治制度以及公有制主体多种经济形式并存的基本经济制度等，是在社会主义社会本位的原则底线下，在解决不同阶级、不同党派、不同民族、不同群体的政治诉求的总体性、大体上的规则安排，是科学社会主义原则与中国特殊国情相结合后的"度"的界限规定，集中展现了制度的"特色"所在。人民代表大会的制度底线包容了其他社会多种诉求的上限相结合而形成的"一个根本政治制度,三个基本政治制度,一个基本经济制度"共同构成中国特色社会主义的基本制度框架,是坚持和完善中国特色社会主义制度体系的基础。在理论研究中,有学者认为根本政治制度与基本政治制度的区分没有实际意义,我们认为,胡锦涛在2011年"七一"讲话和十八大报告中,对人民代表大会的根本政治制度与其他几个基本政治制度作了严格的区分,这种区分并不是无谓之举,而是具有重要理论意义和实践价值的。

**(二) 发挥人民代表大会制度的根本政治制度作用是推进中国特色社会主义制度完善的根本**

政治制度的完善和政治体制的改革是中国特色社会主义制度完善发展的中心内容。在政治制度的完善中,人民代表大会制度健全居于核心地位。其他如发展协商民主的途径或基层民主的途径归根到底是依托于人民当家做主的根本制度(人民代表大会制度)发展的基础上的,那种认为离开人民代表大会制度自身发展,单纯靠基层民主、协商民主或党内民主等形式来根本解决中国民主政治发展的问题的看法都是偏颇的。原因在于:一是人民代表大会制度的健全完善是牵一发动全身的,关涉到民众与国家政权的内在关系,与其他国家机关的组成、职权、活动原则等密切相关。一句话,涉及的都是国家政治上层建筑中的最核心根本的问题。二是人民代表大会制度的完善是标志社会主义人民当家做主的根本政治原则能否体现以及能在多大程度上体现的问题。人民代表大会制度的完善关涉人民主权的落实,关涉其他各类国家机关的关系格局和运行效果,关涉无产阶级政党领导权的落实。三是人民代表大会制度的主要组织载体各级人民代表大会是创制制度和法律法规的唯一合法机关。其自身发展在整个制度系统建设中的重要性当然是无与伦比的。党的十八届三中全会《决定》在讲到加强社会主义民主政治制度建设时,明确指出要"推动人民代表大会制度与时俱进",充分"发挥人民代表大会制度的根本政治制度作用"。[①]

---

① 《中共中央关于全面深化改革若干重大问题的决定》,人民出版社2013年版,第28页。

在我国政治生活的实践中，人民代表大会制度作为根本政治制度在实践中还没有全面体现出其根本性。存在的问题主要是：一是人民与人民代表大会的选举的安排和运行上，人民代表大会代表与选民间的委托—代理，选举—授权—回应等内在的宪法原则落实不够；二是人民代表大会作为最高权力机关的地位落实不够，一府两院由其产生、对其负责的原则以及党与人大的关系等都需要创新制度，理顺关系；三是人民代表大会自身的组织体制运行体制上的问题，包括常委会与代表的联系，代表与人民的联系互动以及人大代表履职能力不足等问题。针对这些问题，健全人大选举制度和回应社会制度，健全立法机制，提高立法质量，健全人大对一府两院监督制度等都是完善根本政治制度内在需要的。

## 三 中国特色社会主义制度的基本制度层次

### （一）中国特色社会主义基本制度的主体构成

基本制度作为根本制度与国情实际相结合，妥协包容后的基本规则框架，揭示了国家统治阶级能接受的最大底线，是由经济、政治、文化、社会等领域的基本制度一起构成的。胡锦涛在2011年"七一"讲话和十八大报告中，对中国特色社会主义的基本制度进行了概括和提炼，"三个政治基本制度，一个经济基本制度"的概括大体勾勒了中国特色社会主义制度的基本框架，标志着中国特色社会主义制度模式在政党格局、民族格局、所有制格局等方面基础性共识的形成。围绕着中国特色社会主义制度体系的基本制度层次，有几点问题是值得深入思考的：

一是目前中国特色社会主义的基本制度层面仍然不太完整，需要发展。主要表现为基本政治制度较为完善，涉及政治领域中的政党制度、中央与民族地方制度以及集中与自治制度的方面；经济领域中，最重要的所有制的格局也做出了基本规定，被纳入基本经济制度高度来强调。那么，经济中的分配格局需不需要用基本制度来加以规定，这是值得我们深入思考的问题。同时，一个社会形态的文化格局也是需要提炼基本制度共识来加以规定的，目前我们还没有形成和提炼中国特色社会主义的基本文化制度。虽然马克思主义主导下的"双百"文化政策，我们已经提了很久，但由政策上升到基本制度层面还有一定差距。此外，在社会治理领域，由于将社会领域从经济、政治、文化领域单列出来认识的时间不长，对于社会领域的制度化系统的基本制度、具体制度、运行机制等，我们的认识还很欠缺。二是"一国两制"的制度应不应该作为中国特色社会主义基本制度来定位。近年来，有些学者撰文指出，"和平统一""一国两制"的政策，伴随着香港、澳门的回归和特别行政区的设立运行，已经由政策转为了制度现实，其在解决中国国家主权完全统一，实现中国梦的历史进程中，起着非常重要的作用。能否将其也界定为中国特色社会主义基本制度的重要形式呢？我们认为，这种观点是很有道理的。从发展来看，"一国两制"的制度设计和运行在未来中国的经济开放和民主政治建设中起着非常重要的作用，随着上海自贸区的设立，其在国家制度框架的重要性会更加彰显。待理论和实际条件成熟，将其作为我国基本政治制度来认识很有必要。

### （二）中国特色社会主义基本制度的"一主多元"模式

中国特色社会主义基本制度层次是中国社会主义制度模式中最具特色、极具活力的构成部分，充分彰显了中国特色社会主义制度体系的兼容并包、秩序与活力并存，公平与效率兼顾的巨大优势。深入把握中国特色社会主义基本制度层面的特点，我们看到，其具有的"一主多元"性特点很典型。基本表现是：在基本经济制度上，我国实行的是公有制为主体、多种所有制经济形式共同发展；在政党制度上，坚持中国共产党领导下的多党合作与政治协商；在民族制度上，坚持单一制国家制度主导下的各民族地方有限自治；在文化制度上，坚持马克思主义主导下的多元共存等。这种"一主多元"模式彰显了中国特色社会主义制度体系的优势。

其一，基本制度的"一主多元"更具合理性与必然性。

第一，中国特色社会主义基本制度安排的"一主多元"性符合一个好的制度体系的基本要求。在制度主义的研究中，美国著名经济学家阿西莫格鲁与罗宾逊在他们的著作《国家为什么失败：权力、繁荣和贫穷的起源》中提出了一个制度分析框架，用来解释不同国家发展的不同效果。他们认为，凡是建立起了包容性制度的国家地区，经济社会发展会取得良好的效果；而那些运用汲取性制度（榨取性制度）进行统治的国家，要么增长无法维持，要么陷入经济贫困。[①] 阿西莫格鲁认为包容性制度主要包括包容性经济制度和包容性政治制度，包容性政治制度应满足两个要件：一是足够的集中；二是足够的多元。"足够的集中"沿用了马克斯·韦伯的国家是"合法暴力的垄断者"的观点，认为国家政权应能通过"合法暴力垄断"提供社会基本秩序；"足够的多元"要求政治权力的社会分布较为广泛，而不是控制在个人或小利益集团手中，权力的运用受到严格约束。包容性经济制度应具备严格产权保护、公正的法律体系、平等的竞争环境以及新企业的进入自由等要素。包容性经济政治制度相互支撑，政治制度是经济制度选择的最终裁决者。阿西莫格鲁运用他的这一理论逻辑，对中国改革开放以来的制度转型进行了分析，认为中国经济 30 多年的增长是从汲取性经济制度向包容性经济制度的转变的结果。阿西莫格鲁与罗宾逊的包容性制度理论，揭示了一个具有生命力的制度体系，应具有的基本原则，我们用"一主多元"来加以概括也是合适的。中国特色社会主义基本制度安排在政治领域突出的特点：一是足够的集中，二是足够的多元。政体和政党等基本政治制度都贯彻了民主集中制的基本原则。十四大后，确立社会主义市场经济的经济体制目标，构建起了包容性经济制度的基本框架。中国经济制度的包容性主要表现为公有主体型的产权制度、劳动主体型的分配制度、国家主导型的市场制度和自立主导型的开放制度四个层次，简称为"四主型经济制度"[②]。第二，中国特色基本制度的"一主多元"性是超越苏联制度模式的关键。中国特色社会主义的基本制度有很多虽说是在模仿苏联制度模式基础上产生的，但并不是对苏联模式的简单复制，而是在不断创新中超越，具有苏联制度不可比拟的包容性和灵活性。中国共产党领导的多党合作制度，在坚持共产党的唯一执政地位的前提下，为其他阶级的政党合法进入国家权力保留了巨大空间；政治协商制度扩大了我国现实政治生活中直接参与政治过程的群体构成，能够吸纳更多的社会各界精英；

---

① 杨逸淇：《"包容性"制度有利于释放创新潜能——美国麻省理工学院经济学教授达龙·阿西莫格鲁》，《文汇报》2013 年 3 月 4 日 A 版。

② 程恩富：《和谐社会需要"四主型经济制度"》，《南京理工大学学报》（社会科学版）2007 年第 1 期。

民族区域自治制度在单一国家主权前提下,最大限度地兼顾了少数民族地方的自治需要。改革开放后,在经济所有制方面,中国超越单一公有制的认识框架,公有主体下的多种所有制共同发展,兼顾了国家集体个人多元的利益诉求。基本制度层面的"一主多元"性使中国特色社会主义制度从根本上超越了苏联的制度模式。

其二,更加充分地发挥中国特色社会主义基本制度包容性的制度优势。

在实践中,中国特色社会主义基本制度的"一主多元"性和制度包容性带来的制度效果在30多年的经济社会发展中已经极大地展现出来。在这一制度格局框架下,其蕴含的更大活力还有进一步发挥的可能与必要。在基本经济制度方面,市场经济的包容性制度格局虽然初步形成,但还不完善,在过去高度集中的计划经济体制下形成的全能型政府逻辑的行为惯性还没从根本上转变,解决好政府与市场的关系,发挥市场的决定性作用,更好地发挥政府的主导作用是完善整个制度体系的重要环节。在基本政治制度方面,如何更好地发挥执政党的执政作用和能力,理顺执政党与人大、政府、其他党派、社会之间的关系,是深化政治制度建设的重要内容。在文化制度方面,怎样更好地发挥马克思主义的主导作用,引领多元社会思潮的良性发展,在全体社会成员中真正确立社会主义核心价值观,是社会文化系统的重要课题。

## 四 中国特色社会主义制度的具体制度层次

### (一)具体制度及其在制度系统的重要性

具体制度是根本制度和基本制度的具体化,是社会根本、基本制度的表现形式和实现方式,在中国特色社会主义话语体系中被经常简称为体制。具体制度较详细地规定了一定社会领域中若干具体的办事规程和行为准则,可以具体地、直接地指导和约束社会群体的社会活动,能使根本、基本制度的原则和理念得到贯彻和落实。没有具体制度的依托,根本和基本制度的原则就会悬空化,具体制度的不完善、不恰当会从根本上影响社会基本制度的实际运行。社会各领域具体制度的形成与制定,是以根本和基本制度的原则要求为依据的,服从于基本制度理念贯彻落实的需要。同时，具体制度的安排也受到社会经济状况、政治状况文化生态、民族心理、历史传统等因素影响。一定的具体制度产生以后，会反作用于社会根本和基本制度以及社会经济、政治、文化生态等。具体制度与基本制度的关系，是服务与决定的关系。具体制度作为社会制度系统中的构成层次，其自身也是由若干规则系统组合而成，具有系统性。如社会经济的具体制度层次，包含产权制度、企业法人制度、企业管理制度、用工制度、工资制度、市场管理制度、商品经营制度等；政治体制系统包含党政组织制度、领导制度、立法制度、司法制度、权力监督制度、权力配置制度、文官制度、人事制度等；文化体制和社会治理体制也都是由一系列具体制度群构成的。

**（二）具体制度建设是中国特色社会主义制度建设的主体工程**

中国特色社会主义制度建设的主体工程是具体制度改革和建设，这是邓小平制度改革理论的基础性判断。邓小平多次强调指出，我们选择的社会主义制度是个好制度，必须坚持，"特别是根本制度，……那是不能动摇的"[1]。但在党和国家现行的一些具体制度中，还存在不少弊端，严重妨碍了社会主义制度优越性的发挥，"为了更好地实现四个现代化，必须认真解决经济体制问题"[2]。邓小平关于制度和体制的二维划分，是邓小平改革理论的重要支点，为中国特色社会主义制度的自我完善和发展奠定了理论基础。中国特色社会主义具体制度改革和建设涉及社会运行的各个领域方面，是一个全面的系统工程，包含经济体制、政治体制、文化体制、社会体制和生态文明体制等各个方面。当然，从中国特色社会主义体制改革的重点看，经济体制的改革始终是重点任务。具体制度改革和建设的基本评价标准应本着"三个有利于"的原则，这一点和基本制度形态层面的根本基本制度存在不同。符合"三个有利于"的经济政治等具体制度和做法，都可以大胆地试、大胆地闯，从姓资姓社的思维定式中解放出来。在具体制度选择取舍上，可以而且应该大胆借鉴西方资本主义制度形态中许多行之有效的具体体制。

---

[1] 《邓小平文选》（第2卷），人民出版社1994年版，第133页。
[2] 同上书，第161页。

## 五　中国特色社会主义制度的运行机制

### (一) 准确界定运行机制

机制一词在英文中用 mechanism 一词表示，本意指机器的构造和工作原理。后来被广泛运用到社会科学领域，指的是事物要素之间相互作用的机理。用制度主义视角分析，机制主要指的是制度安排的实施机理，指的是对违反制度（规则）的人做出相应惩罚或奖励，从而使这些约束或激励得以实施的条件和手段的总称。相对于体制而言，机制表现为一种动态的运作过程。制度的运行和实施机制对制度系统的功能发挥起着至关重要的作用，关涉着制度能否真正运行起来及运行效果问题。再好的制度规则，如果不能良好地运行，也形同虚设，甚至会导致人们由于制度的虚化而产生的蔑视制度的文化心理。西方制度主义既重视对具体制度规则安排相关问题的研究，也重视对影响和制约制度运行和实施的机制问题的研究，这一点在对中国特色社会主义制度的研究中也应该得到体现。

### (二) 高度重视中国特色社会主义制度的运行机制问题

经过新中国成立60多年，特别是改革开放30多年的发展，中国特色社会主义制度体系已经确立。对基本制度安排的认同和自信、持续的制度创新以及制度的良好运行是中国特色社会主义制度完善和发展中涉及的主要问题。这其中，如何使中国特色社会主义制度更好地运行起来，更具突出价值。"在制度的供给和制度的贯彻落实的关系结构中把制度贯彻落实摆在突出位置。"[1] 一个制度系统的运行，离不开根本的运行实施机制的支撑作用，包括动力机制、控制机制、整合机制、保障机制和激励机制等。我国当前并不缺乏制度创新和制度创新的能力，而是缺乏一种制度的实施环境和条件。制度实施的机制条件本身也是一种制度。在动力机制上，如何理顺不同制度主体的关系，将对制度运行的阻滞减至

---

[1] 江必新：《"把制度建设摆在突出位置"的若干思考》，《中国社会科学》2013年第1期。

最小，在保障机制和激励机制上，如何提高制度违约的成本，形成良好的制度绩效，这些问题都具有非常现实的价值。如在30多年的立法建设中，作为中国特色社会主义制度体系的重要组成部分的中国特色社会主义法律体系已经形成，有法可依的局面已经基本确立，如何维护宪法法律权威，实现全社会有法必依，是突出的问题。而这一层面问题的解决，很大程度上是机制建设的问题，而要探讨制度规则的运行机制就不能忽视非正式制度的研究视角。

## 第四节 中国特色社会主义制度研究的非正式制度视角

在制度的结构类型上，西方制度主义一般将制度划分为正式制度与非正式制度两种类型。我们在本书的研究中，一直将制度定义为正式制度，避免将其与文化意识等概念相混同。但我们同样认为，各种文化观念、社会传统、意识形态等非正式制度因素与法律法规、政治规则等正式制度间相互关联、相互交织，不能截然分开。对中国特色社会主义制度理论与实践问题的研究离不开非正式制度的研究视角。

### 一 非正式制度的两层构成

正式制度是人们有意识创造出来、通过国家等组织正式确立的一系列法律法规等制度形态，包括宪法、成文法、政治规则、经济规则等。正式制度一般是有形的、成文的，并在国家强力作用下实施的。非正式制度是人们在长期的社会交往中形成的，得到社会认可的一系列非正式约束集合，包括价值信念、伦理规范、文化传统、风俗习惯、意识形态等。非正式制度一般是不成文的，主要在社会舆论和社会成员自律的软约束作用下实施。正式制度与非正式制度作为制度的两种不可分割的形式，二者是一对对立统一体，相互依存，又相互转化。从对立区别的角度看，正式制度大都来源于人们的有意识创设和建构，在实施中具有强制性和制度刚性要求，而非正式制度是由文化积习等社会自发秩序生成，主要依靠社会主体的意识共识和自觉行为来维持。从依存转化的角度看，正式制度与非正式制度从来都是联系在一起的，非正式制度一定程度上需要正式制度的支持和保护，而价值信念、伦理规范、风俗习惯、意识形态等非正式制度结构是正式制度运行的基础和环境。一个没有坚实文化社会意识基础支撑的建构秩序，是绝对不能发挥出良好的制度作用的。从制度的演化历史来看，正式制度的长期实施会必然地内化到社会群体的生活习惯和思想意识中，反之，大量的一开始以非正式制度形式存在的规则形态，也会被不同时期的正式制度所吸纳、所体现。在人类社会的制度演化史上，早期形态的制度大多都是以各种非正式制度的形态来维持的。

诺思制度主义研究中对正式制度与非正式制度的区分性研究的理论贡献是巨大的，但他对非正式制度和意识形态的理论界定也存在很大不足，他没有更深入地区分和研究非正式制度系统中不同构成层面在实现正式制度变迁进程的影响和作用机制是不同的。在诺思的研究中，他是用意识形态概念来统称非正式制度的，这样也是可以讲得通的。因为我们认为广义的意识形态可以表现为人们的道德规范、伦理价值、观念惯习、思想意识等，在这个意义上可以包含非正式制度规则的基本内涵。但诺思没有科学划分广义意识形态的不同层次，没有区分不同形态意识形态对正式制度的作用和影响的原则不同。

对于非正式制度系统、意识形态系统的划分，国内学者提出了一些有价值的意见。马宝成将意识形态划分为两部分：体制内意识形态和体制外意识形态，所谓体制内意识形态，是指以政党、政府等权威力量为依托，通过有组织的资源系统向社会灌输和倡导的意识形态；体制外意识形态是社会大多数群体基于个体经验、思维惯性认同，并真正引导和约束其行为规范的意识形态。[1] 李露亮把意识形态结构分为强意识形态与弱意识形态，认为弱意识形态结构在中国改革开放中起着至关重要的作用。[2] 结合这些学者的观点，我们在本书中将非正式制度和广义的意

---

[1] 马宝成：《新制度经济学中的意识形态理论》，《新视野》2001年第3期。
[2] 李露亮、李露钢：《制度经济学——原始积累及制度变迁问题研究》，黄河水利出版社2000年版，第195页。

识形态系统区分为体制内的政治思想观念和体制外的习俗道德文化两个部分。在社会主义制度形态中的政治思想观念指的是马克思主义这样的政治思想，是以党政为主体的组织性、刚性规则约束；体制外的习俗道德政治文化等非正式制度是社会民众主体的普遍性文化意识体系，是一种文化观念的软约束。在不同类型的制度变迁模式中，非正式制度的这些不同层次的作用是很不相同的，作为后发现代化国家的中国，制度变迁整体上呈现出的是一种由党政力量主导的强制性变迁，对正式制度的创新起主要作用的不是诺思所说的"有效文化传统"，相反，中国小农的文化传统往往是与现代市场制度相对立的。中国当代的制度变迁中起主要作用的是政治思想观念变革，是马克思主义中国化的创新理论。

## 二　中国特色社会主义制度体系与政治意识形态体系的关联互动

### （一）政治意识形态的创新是中国特色社会主义制度创新的先导和保障

在中国特色社会主义话语体系中，我们把政治意识形态创新一般简称为理论创新，具体而言指的是马克思主义理论中国化的过程。中国共产党一直非常重视理论创新在推进制度创新中的先导性作用，高度重视作为意识形态核心构成的政治思想理论的创新，在马克思主义中国化的整体进程中较好地解决了马克思主义理论中国化与制度中国化的二维关系。以理论创新推进制度创新是中国共产党进行制度建设的一条基本经验。中国共产党局部执政时期的制度建设的成就很大程度上得益于毛泽东为代表的中国共产党人的理论创新成果——新民主主义理论的指导。新民主主义是一种新型国家理论，包含国体、政体理论，同时还包含经济、文化等方面的多重内容，是马克思主义国家理论中国化的理论成果。这一国家理论为中国共产党制度建设提供了理论支撑，既是局部执政的制度理念，也是新中国制度框架的理论蓝图。改革开放30多年来，我们依据马克思主义中国化的理论创新指导了中国特色社会主义制度体系的创新和发展过程。正如党的十八大报告中所指出的，道路是实现途径，理论是行动指南,制度是根本保障,"三者统一于中国特色社会主义伟大实践"①。

**(二) 中国特色政治意识形态支撑制度创新良性发展的基本特点**

其一,政治意识形态一致性、延续性保障了国家基本制度秩序的稳定。邓小平推进马克思主义理论中国化的过程中非常注重国家政治意识形态的稳定性与一致性,保障了国家主导理论的一脉相承,但又能与时俱进。第一,邓小平在进行系统的制度改革前,先从理论上正确地评价了毛泽东和毛泽东思想,将毛泽东的晚年错误从毛泽东思想体系中科学地剔除出去,这就从根本上保证了中国社会主义政治意识形态的延续性。第二,科学地界定中国制度建设的底线和内容。将根本、基本制度与具体体制机制相区别,提出中国特色社会主义制度建设是社会主义制度的自我完善和发展的科学结论。在整个中国特色社会主义理论体系的发展进程中,理论的一脉相承又与时俱进的理论品格表现得很充分。中国特色社会主义主导意识形态的发展,一直坚持马克思主义、科学社会主义的世界观方法论,坚持其人民至上的价值立场,但又在不同时代条件下,紧密结合变化了的社会客观实际不断发展进步。这为中国特色社会主义制度的完善发展提供了坚实理论支撑。这种意识形态一致性和延续性减少了政治家进行制度变迁的初始设计成本和决策成本,使制度变迁过程中基于意识形态分歧所带来的意识形态摩擦大大降低,减少了制度变迁中的刚性意识形态的阻力和制度变迁风险。

其二,社会主义政治意识形态由刚性到柔性的发展扩展了制度创新的空间。西方制度主义的研究指出,意识形态在具有很多制度性功能的同时,也存在阻滞新制度产生的作用。诺思就提出,太过刚性的意识形态,对制度演化的阻滞作用很明显。② 中共领导人在改革开放后,在主导意识形态的创新方面,很大程度上改变了传统社会主义理论认识的刚性取向,扩容了社会主义理论话语的容纳框架。社会主义初级阶段

---

① 胡锦涛:《坚定不移沿着中国特色社会主义道路前进,为全面建成小康社会而奋斗》,人民出版社2012年版,第13页。
② [美]道格拉斯·C.诺思:《经济史上的结构和变迁》,陈郁、罗华平等译,上海三联书店1994年版,第58页。

理论的形成为这一转变提供了合理依据。如在对社会主义的基本经济制度的认识和资源配置具体体制的认识上，长期以来，用市场经济与社会主义二元对立的"两个等于"（市场经济＝资本主义，计划经济＝社会主义）公式固化着社会主义制度创新的边界，成为社会主义制度演化的刚性意识制约。邓小平以极大的理论勇气，突破了这一传统认识，提出市场与计划是具体制度的设计，不具有社会形态属性。这为中国社会主义市场经济的构建提供了理论支持。同时，新时期中国特色社会主义的制度变迁，很注意与社会大众的心理意识的契合。如中国农村突破人民公社制度模式的实践，可以认为是考虑与兼顾了农民的小农式生产资料所有权需求的合理退让。这为更全面的制度变迁提供了社会支持。当然，主导政治意识与社会文化心理的互相作用，也离不开主导政治意识对社会文化心理的改造。中国特色社会主义主导政治意识的柔性化改造是成功的，直接引导了中国特色社会主义制度模式的成功。

**（三）坚持马克思主义意识形态的主导地位是完善发展中国特色社会主义制度的重要前提**

马克思主义居于主导地位的意识形态是社会主义制度的灵魂。当今时代，在全球化浪潮的冲击下马克思主义意识形态的主导地位受到多种因素的挑战，新自由主义、民主社会主义以及各种历史虚无主义都在不同层面冲击着我国马克思主义意识形态体系的建设，对中国特色社会主义的制度自信和制度创新有巨大的解构作用。新自由主义意识形态在经济上推崇自由放任的市场经济，文化上推崇极端个人主义，政治上推广所谓西式自由民主人权标准的政党制度、议会民主制度，对马克思主义意识形态主导下的中国特色社会主义制度建设具有摧毁性作用。苏联和东欧国家社会主义制度的溃败是新自由主义意识形态制度性作用全面胜利的重要标志，难怪美国学者弗朗西斯·福山将20世纪不同社会制度较量的结局，概括为制度背后的自由主义意识形态的胜利，是其他意识形态终结的历史。今天，新自由主义仍是对中国特色社会主义理论、道路、制度自信的最大负面冲击力量之一。民主社会主义意识形态尽管与马克思主义有千丝万缕的联系，但其实质是改良的资本主义意识形态，其在制度层面并不具有科学社会主义制度基本原则的丝毫表现，对于中国特色社会主义制度创新方向的干扰作用也是巨大的。另外，各种版本的历史虚无主义对社会主义历史的否定，对中国社会主义建设历史的抹杀，对于中国特色社会主义基本制度框架的稳定发展也有巨大消解作用。这些都值得我们认真研究，思考应对之道。从中国特色社会主义制度完善发展的角度看，推进马克思主义的中国化、时代化是支撑中国特色社会主义制度创新的必然要求。从制度建设过程来看，"制度和体制建设的过程与意识形态的建设过程是一致的"[①]。首先，推进马克思主义的中国化、时代化要求我们本着解放思想、实事求是的精神，对作为当代马克思主义中国化最新成果的中国特色社会主义理论体系在理论范式、体系结构和知识平台上，立足新的时代和实践要求，作进一步与时俱进式的发展，发挥当代马克思主义塑造时代精神、引领主导价值的作用。其次，以对话包容的态度对各种非马克思主义社会意识体系进行批判、对话、交融。许多形式上与马克思主义具有差异但内容上具有相互借鉴性质的意识形态，如市场社会主义、生态社会主义和第三条道路理论等，都可运用马克思主义立场观点进行批判性借鉴，为我所用。最后，需要进一步将马克思主义主导意识形态理论体系的建设、创新与国家制度和体制完善发展整合起来，进一步推进马克思主义在中国的制度化。

## 三　中国特色社会主义制度体系与社会文化意识层次的关联互动

### （一）社会文化意识对中国特色社会主义制度创新和演化具有双重性作用

本书在研究中，将非正式制度划分为政治意识形态体系和社会文化意识体系两个层次，国家主导的政治意识形态在非正式制度中居于核心地位，但以社会为主体的社会文化意识体系却是非正式制度的主要表现，包含伦理道德、习俗、文化传统等在内。在近代中国民主启蒙的进程中，

---

[①] 王庆五：《建构支撑制度创新的强有力的意识形态》，《南京师大学报》（社会科学版）2006年第3期。

许多学者都深入研究了中国社会传统文化意识问题，并将其简称为"国民性"问题，改造中国的国民性是近代新文化运动的主要问题之一。大多数研究都认为，中国的传统国民性具有适应与不适应现代化社会的两重性。一方面传统国民性具有以"礼"为核心的伦理道德规范体系和实用理性、勤劳、忍耐、集体主义等特点；另一方面，平均主义、消极无为、保守好古、封闭排外、僵化麻木、办事拖沓、迷信权威等传统行为方式和社会心理特征也非常明显。近代以来，在救亡和民族复兴的历史进程中，中国人民也日益具有自尊自信、开拓进取、积极创新、尚武冒险、爱他合群等新国民性品格。这些社会传统文化伦理意识对近代中国国家制度的建构和演化产生了极为深远的影响。

其一，社会文化传统意识对中国特色社会主义制度演化的支撑作用。

中国作为一个后发现代化国家，建构现代国家制度体系的过程，很大程度上是一种"被现代化"的过程。以政党精英为主导的强制性制度模仿建构是制度变迁的主导形式，但这一进程也伴随着诱致性制度变迁的发生。无论哪种制度变迁过程都与中国社会传统文化意识的非正式制度规则密切相关。历史实践已充分证明，精英主导和构建的制度变迁模式在多大程度上能激发社会传统文化意识的支持，往往直接决定着其制度变迁的效果。辛亥革命赶跑了一个皇帝，引进了西方一系列政治制度，但社会秩序变得更糟，无视文化传统的简单制度移植是很难取得成功的。中国共产党人的国家制度建构一直较为重视新型国家制度体系理念价值与传统文化意识的相适应问题，这也是毛泽东提出要实现"马克思主义中国化"命题的重要初衷。新中国成立后建构起的新型社会主义取向的上层建筑制度框架，在模仿苏联制度模式的同时，更注重的是中国国情和文化实际，充分运用了中国传统政治文化中的"中和"思想。这在中国政党制度和民族区域自治等制度安排中表现得很明显。在改革开放进程中，中国渐进式的制度变迁方式选择与文化传统等因素密切相关。"中庸"观念中凡事不走极端、执两用中的思想深刻地影响着中国人的心理和行为选择倾向，"和则相生"等思想观念使注重和谐与协调成为中国人基本的行为准则之一。中国新时期渐进式制度演化较明显地反映了这种民族文化传统，因而也大大地增强了社会主体的认同感，减少了制度变迁的成本和阻力。另外在制度改革的具体领域，新时期中国特色社会主义制度创新也较为注重正式制度与传统社会价值意识的衔接问题。如经济体制改革中，农村生产经营方式变革、乡镇企业的出现，与其说是政治精英的建构，不如说是农村群众在求生存的冲动下，对小农经济所有权的重建，是正式制度兼顾非正式规则的合理退让。中国很多制度变迁实践最初可能产生在某一地区小圈子"熟人"当中，率先实行起来后被正式制度体系所承认、所接纳。如农村基层民主制度的生成就是这样的情况，这大大减少了制度创新的成本。20世纪80年代末90年代初，随着农村人民公社制度的普遍解体，乡村秩序出现了权力真空，一些地区的民众利用乡村社会的伦理规则、熟人信任关系重建起了新的规则框架，这就是村民自治雏形。随后不久，村民自治被纳入体制内，并被不断地提高到中国基本政治制度层面来认识。充分重视社会文化传统意识对中国社会主义的制度演化的正向支撑作用，是中国共产党制度建设的重要经验，毛泽东用群众路线的理论来解释其合理性。新时期这一逻辑经验更是得到广泛体现，邓小平将其概括为尊重并发挥人民群众的首创精神。

其二，社会文化传统意识对中国特色社会主义的制度演化的阻滞作用。

中国传统社会文化意识基于其产生土壤的封闭性和小农性，在价值深层带有大量的与现代性民主、市场、多元的正式制度规则要求抵触、背离的因素。传统等级特权文化意识、基于亲缘地缘的差序性伦理格局关系及行为规范对现代民主法律制度、市场经济制度具有很大的负面效应。邓小平在1980年的"8·18"讲话中，就深入分析过肃清封建主义思想影响的问题，指出中国传统的封建主义思想残余在党和国家领导的制度改革和建设中具有许多负面影响。在社会日常生活中，非正式制度的潜规则大量消解着正式制度的明规则的作用空间，各种潜规则无处不在。在中国的法制建设上，非正式制度中的传统伦理规则对一个法治社会能否建成有至关重要的影响，建立在熟人圈子基础上的特殊信任伦理关系在根本上是与现代法治相抵触的，实现社会群体由特殊信任关系向普遍信任关系的转换，是法治社会的重要支撑。中国特色社会主义制度理念和规则建设上的一个突出任务就是实现从身份到契约、从人治到法治的转变，这些制度现代性的转向，最核心的环节是对传统社会文化意识的改造。

### (二) 正式制度的变迁与创新要注重对传统社会意识的改造与培育，发挥协同合力作用

首先，正式制度理念规则构建要以建设平等开放式社会结构为目标，推动传统社会意识由身份到契约、由人治到法治、由特殊信任关系向普遍信任关系转变。中国传统社会意识是建立在以"身份"关系为核心的宗法等级关系基础上的，这种身份关系规则没有个体与个性，只有家庭与家长。一切权利义务关系均是在这种人身依附的宗法血缘等级中予以规定的。契约关系是一种社会交往关系的现代历史形态，是以人身自由为基础、以平等协议为基本调节手段的社会规则关系，平等性是其基本特征。英国历史学家梅茵认为人类社会的进步运动从根本上"是一个从身份到契约的运动"[1]。这一论断完全适合中国近代以来的历史进步进程。用马克思主义人类社会发展的"三形态"理论看，契约型规则系统的建立需要从根本上消灭"身份"宗法制度赖以存在的经济生产方式，现代商品经济的发展就是最坚实的利器。中国社会主义市场经济秩序的构建为推进"身份"社会向"契约"社会的转变找到了正确方向。同时，这种转变还需要上层建筑领域制度、意识文化领域的艰苦斗争。以正式制度的强力塑造形式来规制和保障契约格局加快形成，是一个基本的选择。社会交往规则由"身份"到"契约"的转变，内在包含着人治向法治转变的维度，因为契约型社会在其实现形态上必然是一个法治社会，而非人治社会。进一步从深层社会文化意识来看，无论是契约社会还是法治社会，都是离开社会人群内在伦理价值关系的现代转型。如费孝通先生在《乡土中国》中的研究所揭示的那样，中国传统的社会伦理是建立在熟人逻辑基础上的，由血缘、地缘等关系的亲疏远近呈现独特东方式的"差序格局"，是一种典型的特殊信任关系。现代性制度和法治是需要建立在一种普遍信任基础上的。事实也表明，普遍信任的社会文化意识是可以通过复杂的社会过程建立起来的，尽管从本质上讲它更多的是一个自我培育过程。这也是正式制度与非正式制度的复杂互动关系的形象展现，正式制度最初成型于社会意识等非正式制度，但正式制度一旦形成

---

[1] ［英］梅茵：《古代法》，商务印书馆1984年版，第97页。

就具有了强力塑造的功能。这在一些西方国家和新加坡这样的东方国家都得到了证明。

其次,正式制度的理念规则建设应更多地考虑与传统社会意识的耦合性,发挥其正向功能。作为非正式制度重要基础构成部分的社会文化意识具有推进和阻滞正式制度规则两重性作用。一个合理有效的正式制度系统与社会文化意识层面的非正式制度间存在两种关系:改造与适应。是改造多于适应,还是适应多于改造,这一直是制度"自发秩序"论与制度"建构"论争论不休的核心话题。结合制度"自发秩序"论和制度"建构"论各自合理的部分,今天大多数学者都认为,好的制度系统既是长成的,也是建成的,同时兼具内生性与外创性两种特征。在中国特色社会主义正式制度体系的完善和运行中,如何更好地发挥社会文化意识这一非正式制度的正向功能是一个值得深入思考的问题。在极"左"时代,我们曾一味强调社会主义制度规则对社会传统文化意识的改造,试图用极短时间,改造出一个"新人新世界"。但结果事与愿违,社会主义的制度规则非但没有深化到非正式社会意识层面,反而被极大虚化、扭曲。改革开放后,在中国特色社会主义制度体系的完善发展进程中,我们较为注意这一问题,积累了一些很好的经验。但从整体上思考和实践这一问题,还有许多深层的理论与实践环节,比如涉及正式制度规则的文化内生性、群众首创性等问题。总之,在中国特色社会主义制度体系的完善发展中,要更好地处理制度建设的特殊性与一般性的关系,弘扬中国传统德治、选贤、和而不同等文化精髓的现代性价值。

最后,解决好非正式制度中政治意识形态与社会意识系统两层次间的互动融合关系。从学理上讲,就是要处理好马克思主义中国化与中国传统文化的关系,这对于我们坚定理论自信、制度自信,把握好中国特色社会主义制度建设的正确方向具有重要理论价值。马克思主义中国化和中国传统文化现代化的互动融合是中国特色社会主义文化最基本的特征,其结果直接提供着中国特色社会主义制度建设的理论支撑。如学者们普遍认为的,中国传统文化与马克思主义中国化存在一定程度的内在契合,同时,中国传统文化现代化转型是其内在要求,而马克思主义中国化为中国文化注入了现代性因子。马克思主义中国化与中国传统文化二者间的互动融合不仅完全可能,而且极为必要。这种互动融合是坚持中国特色、优化中国特色的内在必需。只有这种互动融合取得了创造性、科学性成果，中国国家制度建设才能取得良好效果。如果这种融合不能良性深化，走向了"以马抑孔"或"以孔抑马"的畸形路径，制度建设都会受到不良影响，这已经为我们过去制度建设的历史实践所充分证明。

# 第七章

# 完善发展中国特色社会主义制度的方向与原则

中国特色社会主义制度的形成是中国化马克思主义制度建构取得的最重大的成果，这一制度适合国情、顺应时代潮流，为当代中国改革开放和社会主义现代化建设提供了根本制度保障。与理论创新一样，马克思主义中国化制度创新的进程永无止境。中国特色社会主义制度的确立，并不等于制度的完善和定型，制约我国进一步发展的体制机制障碍躲不开也绕不过。继续推进中国特色社会主义制度的完善和发展，推进国家治理体系和治理能力现代化，不仅是继续推进马克思主义中国化的重要任务，而且是发展中国特色社会主义的战略任务。完善和发展中国特色社会主义制度是一个系统工程，需要坚定的制度自信引领方向，不断的制度创新提供支撑，良好的制度运行巩固效果。

## 第一节 完善和发展中国特色社会主义制度是深化改革的总目标

### 一 确立中国特色社会主义制度是改革开放后中央领导集体的一贯思想

科学社会主义从其产生伊始就是一个包含理论形态、实践形态与制度形态的内在统一的整体过程，其中从制度层面对社会主义的认识和把握，是马克思科学社会主义超越空想社会主义的关键所在。在空想社会主义者们那里社会主义只是一种价值存在，是一种道义上的必然，他们没有找到社会主义成为现实的路径和主体。马克思和恩格斯通过对人类社会发展规律的把握，从社会生产力发展的内在要求出发，找到了新型社会形态成为现实的制度路径和现实主体力量，从而使社会主义变成了科学。科学社会主义是价值存在与制度存在的内在统一体，这是马克思主义社会主义学说的基本认识。科学社会主义制度化的形态体系能使理论可操作化，使实践可持续化，确定实践活动的范围限度以及活动方式流程，是实现理论形态向实践形态转化的中介和桥梁。中国在新的历史时期，推进社会主义的改革开放，在一开始就明确了目标框架，那就是"走自己的道路，建设有中国特色的社会主义"[1]。中国特色社会主义作为科学社会主义在初级阶段中国实践的必然表现形式，其内在也是由理论形态、实践形态和制度形态来整体展现的，而其制度形态的成型是中国特色社会主义整个框架定性稳定的基本标志。可以说，适时从制度层面对中国特色实践探索进行总结提炼，根本上确立中国特色社会主义制度体系是改革开放后中央几代领导集体一贯的思想认识。

### （一）形成一整套成熟的中国特色社会主义制度是邓小平的政治夙愿

对制度建设在社会主义事业中的重要性的认识和强调，是邓小平改革开放思想的重要特点。他指出："领导制度、组织制度问题更带有根本性、全局性、稳定性和长期性。"[2] 对于中国社会主义框架中的制度建设，邓小平很明确地指出社会主义制度比资本主义制度好得多，坚持社会主义基本制度是我们的基本原则，"过去行之有效的东西，我们必须坚持，特别是根本制度，……那是不能动摇的"[3]。尽管在现实中我国的社会主义制度还很不完善，但邓小平以坚定的制度自信得出结论："我们的制度将一天天完善起来"，将会"成为世界上最好的制度"。[4] 邓小平认为，促使中国社会主义制度完善的根本路径是改革开放，通过改革开放使中国社会主义制度的优势发挥出来。中国改革开放顺利发展的一个重要标准就是中国特色社会主义制度越来越成熟，内容越来越丰富。在1992年

---

[1] 《邓小平文选》（第3卷），人民出版社1993年版，第3页。
[2] 《邓小平文选》（第2卷），人民出版社1994年版，第333页。
[3] 同上书，第133页。
[4] 同上书，第337页。

"南方谈话"中邓小平曾提出他的社会主义制度完善的"三十年设想"[①],在这一更成熟、更定型的制度形成之前,一些制度层面的基本原则要及时提炼总结和强调,对"四项基本原则"的强调就很集中地反映了邓小平的这一认识。总之,中国特色社会主义有制度形态的基本要求,形成一整套成熟定型的具有中国特色的社会主义制度是邓小平始终强调的,也是他的一个重大政治夙愿。

**(二) 推进中国特色社会主义制度自我完善和发展是第三代领导集体的基本认识**

以江泽民为核心的党的第三代领导集体在深入推进中国改革开放的进程中高度重视邓小平从制度成熟定型角度对中国特色社会主义的原则认识,在理论上和实践上进一步深化了"中国特色社会主义的自我完善发展论"。其最大的贡献就是从创新的视角揭示了社会主义制度自我完善和发展的实质,指出"社会主义制度的自我完善和发展,说到底,是一个体制创新问题"[②]。明确指出了具体制度的创新在确立中国特色社会主义制度中的核心地位,并且将经济体制的改革始终作为中国特色社会主义制度框架的核心环节来强调。"我们进行体制创新,就是要不断完善适应发展社会主义市场经济、全面建设有中国特色社会主义要求的各方面的体制"[③]。在对确立中国特色社会主义制度的时间和步骤判断上,党的十四大报告明确提出,在建党一百年时使各项制度更加定型、更成熟的构想。[④] 在2000年十五届五中全会的讲话中江泽民进一步提出:我们进行改革的根本目的,就是要"使我国社会主义社会的各个方面都形成比较成熟、比较定型的制度"[⑤]。这些认识进一步深化了关于中国特色社会主义制度的成熟化、定型化问题的理论认识,确立起中国特色社会主义制度趋于成熟的改革目标。

---

① 《邓小平文选》(第3卷),人民出版社1993年版,第372页。
② 《江泽民文选》(第3卷),人民出版社2006年版,第120页。
③ 同上书,第65页。
④ 《江泽民文选》(第1卷),人民出版社2006年版,第253页。
⑤ 《江泽民文选》(第3卷),人民出版社2006年版,第120页。

## （三）十六大以后对中国特色社会主义制度认识的拓展与规范

首先，明确确立起从生产关系和制度层面来评价和衡量中国改革开放进程和效果的步骤路线图。在经济体制上，十六大提出20世纪头20年是一个必须紧紧抓住并且可以大有作为的重要战略机遇期的论断，并认为这也是完善社会主义市场经济体制和扩大对外开放的关键阶段，明确提出了完善社会主义市场经济体制的战略部署。2005年十六届五中全会，提出2010年建立比较完善的社会主义市场经济体制的目标。十七大报告进一步提出，到2020年，要使社会主义市场经济体制更加完善。在经济体制完善上形成了一个"两步计划"。在政治体制上，十六大报告提出社会主义民主更加完善，法制更加完备的战略部署。2006年，在《中共中央关于构建和谐社会若干重大问题的决定》中，明确提出到2020年社会主义民主法制更加完善，依法治国方略得到全面落实的战略目标。十七大报告进一步提出，到2020年各项民主制度更加完善的目标，中国成为"各方面制度更加完善、社会更加充满活力而又安定团结的国家"[①]，十八届三中全会后推进以中国特色社会主义制度建设为核心的国家治理现代化成为深化改革的总目标。在法律体系上，十五大报告在确立依法治国基本方略时，明确了到2010年形成中国特色社会主义法律体系的立法任务。党的十六大报告和十七大报告，都重申了这一重要立法任务。2011年在十一届全国人大四次会议上吴邦国同志宣布，由法律、行政法规、地方性法规等多个层次的法律规范构成的中国特色社会主义法律体系已经形成。中国特色社会主义法律体系的形成，从制度上、法律上保障国家始终坚持改革开放的正确方向，推动中国特色社会主义制度不断自我完善和发展。其次，从经济、政治、文化、社会、生态五位一体的视角拓展了对中国特色社会主义制度结构的认识。十六大以后，在全面建设小康社会实践中党中央把中国特色社会主义的经济、政治、文化三位一体的制度框架发展为经济、政治、文化、社会、生态五位一体来认识，要"促进现代化建设各方面相协调，促进生产关系和生产力、上层建筑

---

[①] 胡锦涛：《高举中国特色社会主义伟大旗帜，为夺取全面建设小康社会新胜利而奋斗》，人民出版社2007年版，第21页。

和经济基础相协调"①。对中国特色社会主义制度框架布局的认识进一步成熟和完善起来。最后,第一次在理论上提炼和总结了关于"中国特色社会主义制度"和"制度体系"的概念,并初步界定了其内涵、特征、结构等,这一问题我们在前面已经论及,这里不再赘述。

## 二 完善和发展中国特色社会主义制度是深化改革的总目标

### (一)"总目标"是在坚持改革是中国特色社会主义制度自我完善和发展的基本立场上提出的

毛泽东社会主义社会基本矛盾学说奠定了中国社会主义制度不断发展的哲学理论基础,内含了社会主义可以依靠社会主义制度本身的力量,自觉改革、克服各种弊端,使社会主义的生产关系和上层建筑不断改进完善的理论判断。邓小平在改革开放时期,明确提出并实践了通过改革开放推进社会主义制度自我完善和发展的历史伟业。以中国特色社会主义自我完善发展论来指导中国的改革开放事业的顺利进行,成为几代中国共产党人基本的共识。十八届三中全会《决议》第一次明确提出了改革的总目标论断,进一步丰富了"完善和发展中国特色社会主义制度"目标的内涵和要求。全面深化改革开放要坚持正确的方向,"不走老路,也不走邪路",坚持走被实践证明完全正确的中国特色社会主义道路。中国特色社会主义制度是社会主义原则和中国特色社会主义经验做法提炼概括的结晶。它的确立,为完善中国特色社会主义制度体系奠定了坚实基础,迈出了至关重要的第一步。当然,我们也要看到,这一制度体系还没有完全定型、成熟,还存在系统不够完备、机制不够科学规范、制度贯彻落实力度不够等问题。通过进一步的改革,有效解决这些问题,使各方面制度更加成熟、更加定型,是我们的总目标。

### (二)"总目标"的论断体现了将制度现代化和良好运行作为改革核心的认识

所谓的改革,其实质是制度的变迁与创新,这一点无论是从中国改

---

① 《习近平谈治国理政》,外文出版社2014年版,第11页。

革开放的历史实践还是从改革开放总设计师邓小平的理论认识中都能得到鲜明的体现。制度是人类社会特有的现象，也是人类社会的本质之一。制度作为体现人群社会联系和社会关系的规则体系，在社会和人的发展的历史进程中，具有突出的价值和作用。制度经济学的集大成者诺思在他的研究中坦言，"制度变迁决定了人类历史中的社会演化方式，因而是理解历史变迁的关键"[①]。邓小平也曾反复强调，"最重要的是制度"，"制度具有决定作用"，"制度问题带有根本性、全局性、稳定性和长期性"。对社会主义社会的治理是一个新事物，需要经过长期的探索比对才可能成功。马克思、恩格斯未能进行这方面的实践，其他国家也没能很好解决这个问题。可以说邓小平是在社会主义发展史上完整提出制度现代化的第一人。作为一种融合理论、实践与制度三位一体的过程，科学社会主义的理论和运动在不同国家都得到长足发展，但是科学社会主义制度化的问题无论是在苏联还是在改革开放之前的中国一直都没得到很好的解决。制度建设与创新是完善和发展科学社会主义的内在需要。十八届三中全会《决定》中第一次明确将"完善和发展中国特色社会主义制度，推进国家治理体系和治理能力现代化"作为全面深化改革的总目标，这是对科学社会主义和中国特色社会主义运行规律的正确回应。完善和发展中国特色社会主义制度，推进国家治理体系和治理能力现代化，是实现社会主义现代化题中应有之义。"一个国家的现代化过程中，包括两个最主要的方面：一方面是国家建设现代化，……另一方面是社会主义国家制度现代化，即实现国家基本制度现代化，并实施'善治'（Good Governance），确保国家利益最大化，全体人民福利最大化"[②]，在这个意义上，中国的改革开放就是一个社会主义国家制度不断现代化的过程。

### （三）国家治理体系的现代化和治理能力的现代化归根到底是制度的现代化

国家治理体系指的是一个国家用于管理国家和社会各项事务、各个

---

[①] [美] 道格拉斯·C. 诺思：《制度、制度变迁与经济绩效》，杭行译，上海三联书店 2008 年版，第 3 页。

[②] 胡鞍钢：《治理现代化的实质是制度现代化》，《人民论坛》2013 年第 11 期（下）。

领域的制度、体制和机制以及法律法规的总和,是一个有机联系的制度规范体系。国家治理能力,主要指的是一个国家运用国家制度管理社会各方面事务的效果和能力,是制度运行效果和执行能力的集中体现。二者是相辅相成的有机整体,制度的框架体系搭建好了,运行机制健全了,制度执行力和治理能力才能提高。二者间关系的实质是制度结构安排与制度功能的关系。十八届三中全会《决定》提出"国家治理体系和治理能力现代化"的概念,实质上讲的是制度体系的现代化构建涉及的一体两翼的问题,即制度体系安排的现代化和制度效能的现代化,包含着制度的创设和制度的运行两个层次的考虑。这其中制度模式的选择问题至关重要,"完善和发展中国特色社会主义制度"规定了治理现代化的根本方向;"推进国家治理体系和治理能力现代化"规定了所走路径。①

## 三 中国特色社会主义制度建设面临的挑战和问题

经过新中国建立60多年,特别是改革开放30多年的不懈探索,我们在推进社会主义制度自我完善和发展进程中,形成了一整套相互联系、相互衔接的制度,中国特色社会主义制度和制度体系得到基本确立。这一制度体系由一个根本政治制度、三个基本政治制度和一个基本经济制度构成,并且包含了在此基础上的经济体制、政治体制、文化体制、社会体制、生态体制等各项具体制度,这一制度体系符合中国初级阶段国情,顺应当今时代趋势,为我国经济的繁荣、国家的发展进步和广大民众幸福提供了有力的制度保障,是集中体现中国特色社会主义特点和优势的制度体系。中国特色社会主义制度的确立并不等于制度体系的成熟与完善,同任何制度形态一样,中国特色社会主义制度还需要一个由不完善、不成熟到完善、成熟的过程。

### (一) 制度自信与认同仍显不足

党的十八大报告提出道路自信、理论自信和制度自信的概念,在理

---

① 中共中央宣传部:《习近平总书记系列重要讲话读本》,人民出版社2014年版,第48页。

论、道路、制度三者的关系中制度是基本保障，制度自信具有突出的价值。我们所讲的制度自信是指对社会主义制度形态的信仰、对国家基本制度安排的客观认同与对中国特色社会主义制度优越性的理性把握内在统一的理性升华。坚持制度自信，是中国共产党对中国特色社会主义历史经验的深刻总结，也是对中国特色社会主义制度方向的坚定选择和明确表达。当前，在引领中国制度建设的方向上，无论是僵化封闭的老路，还是改旗易帜的邪路都不是中国制度演化的正确方向。中国现代性国家制度体系的成熟只有在社会主义原则方向指引下，在坚持国家已经具备的根本和基本制度框架保障下，在更全面地发挥出自身制度优越性和制度绩效的过程中才能完成。当前，在推进中国特色社会主义制度发展的进程中，制度自信的不足是从根基上削弱中国特色社会主义制度完善发展的消极因素。一些人对于西方的新自由主义、民主社会主义的制度主张心存崇拜，对中国特色社会主义制度的发展前景心存疑虑，对国家制度建设的基本方向心有疑惑，这些会从根本上阻滞中国特色社会主义现代化事业。我们应该坚定中国特色社会主义的道路自信、理论自信和制度自信，坚定信念，不动摇、不懈怠、不折腾，顽强奋斗、艰苦奋斗、不懈奋斗，"两个百年"的目标就一定能够实现。

### （二）制度的价值理念需要进一步完善

制度具有价值性与技术性双重特质，制度的价值性指的是制度作为一种社会成员权利义务关系安排本身体现的价值关系和价值理念，制度的技术性特质指的是制度在结构体系和运行上的自洽性和工具性。中国特色社会主义制度体系具有自身内在的价值理念，也具有科学性、技术性的要求体现，制度价值理念的进一步发展和时代化是完善中国特色社会主义制度的一个基本要求。一方面，中国特色社会主义制度秉承了社会主义制度促进人的自由全面发展的基本价值理念，是迄今为止最为先进的制度；另一方面，由于中国特色社会主义仍处于初级阶段，在制度理念的中国化和时代化上仍然存在巨大的发展空间。一个社会的核心价值体系是其制度系统的理念价值的集中表现形式。十八大报告从三个层面对社会主义核心价值进行了开放性概括，为中国特色社会主义制度价值的凝练指明了方向。

### (三) 制度的结构体系仍不完备

中国特色社会主义制度体系的基本框架已经确立，但在结构层次上它还是不完备的。主要表现为：规范文化、社会管理等领域的基本制度规范仍然没有确立和提炼，基本的文化制度和基本社会管理制度依然缺失。另外，经济领域中，所有制层面的基本经济制度已然明确，但在分配和经济运行领域的基本制度规范还有进一步提炼的必要。同时，在政治领域中，除了目前已经界定的一些基本政治制度，随着社会政治结构的进一步发展，还会形成一些重要的政治原则，也必然会进一步制度化。理顺制度各部分之间的逻辑关系，促进各项制度的配套耦合是完善中国特色社会主义制度体系的重要环节。此外，在具体制度层面，深入贯彻落实科学发展观面临的许多深层的政治、经济、文化、社会、生态领域的具体体制的障碍也需要在实践中不断消除，推进中国特色社会主义制度自我完善和发展的进程任重道远。

### (四) 制度运行机制不健全、不规范

在制度主义的框架中，机制指的是制度系统各部分之间相互作用的过程和方式，一个具有良好机制的制度系统就会接近于一个自适应系统，实现良好的制度绩效。一般而言，任何一个制度系统都具有两大机制：自我发展机制和自我约束机制。自我发展机制又可以细分为激励机制、创新机制等，自我约束机制包括监督、奖惩、预警等机制。当前我国制度体系在运行机制上存在不规范、不健全等诸多问题，上有政策、下有对策，制度的贯彻落实不力等问题相当突出。健全和完善制度运行的机制环境是我国制度建设中的重要问题。西方制度主义将制度的动力机制归结为人自身的生物社会属性，归结为"爱、命令或自我利益"[1]，认为"委托—代理"机制是现代社会最主要的机制形式，存在于各个领域。对于影响这些机制选择和运行的深层问题，他们运用博弈论等工具进行研究，提出了许多合理的观点，对于中国特色社会主义制度运行机制问题的探讨具有重要借鉴价值。

---

[1] [德] 柯武刚、史漫飞：《制度经济学》，商务印书馆2000年版，第70页。

### (五) 制度文化的缺失

当前在我国的制度建设中，存在的一个突出问题是社会主体缺乏对制度权威的认识，缺乏制度意识。把制度作为一种为己所用的工具，合乎自身利益的制度就遵守、不合乎自身利益的制度就肆意破坏，制度规则被大量随意性对待，潜规则现象非常突出。严格遵守制度，自觉维护制度的理念在人们头脑中还没有牢固地树立起来。从学理上讲，制度文化、制度意识是一种契约型文化的内在属性，是现代性公民意识的重要组成部分。这一制度文化的塑造是现代制度能良好运行的基本环境。在中国特色社会主义制度的完善发展中，现代契约性、公民性、法治性文化的塑造必不可少。制度文化的塑造最主要的手段又是通过制度规则本身，这是许多成功转型的社会的共同经验。由人治社会到法治社会、由人情社会到契约社会的转型需要在制度与文化的双向互动中去共同完成。

## 第二节　完善发展中国特色社会主义制度要做到"八个结合"

### 一　坚持制度自信与制度创新相结合

十八大报告在概括和提出中国特色社会主义制度的同时，提出了确立"三个自信"的理论论断，这对于推进中国特色社会主义事业发展具有重要意义。完善和发展中国特色社会主义制度需要坚定的理论自信、道路自信和制度自信。其中，制度自信作为对中国特色社会主义基本制度的深刻认同和坚定信念更具有决定性意义，坚定制度自信是完善和发展中国特色社会主义制度的前提和基础。

坚定中国特色社会主义的制度自信有着坚实的基础支撑和鲜明的价值意义。首先，中国特色社会主义制度的成功实践是我们制度自信的基础。从国内与国外对比来看，中国制度自信的底气很大程度上可以从中国改革开放以来的巨大进步中获得。改革开放以来中国社会的高速发展是迄今为止世界上持续时间最长的发展奇迹。2010年，中国经济总量跃居世界第二。在过去30多年间,世界上贫困人口的脱贫有70%以上是在中国境内实现的。中国的区域经济发展令人瞩目,已经形成了若干个区域性的"准发达地区",其中不少地方的经济实力已经超过了许多现代化国家经济体。除了经济的大发展外,在政治民主、社会开放、国民文化素质以及文化水平的提升上,我们的制度效果都是令人满意的。其次,我们的制度自信也来自于对历史选择的一贯坚持。中国共产党是一个拥有坚定制度自觉和自信的马克思主义政党。从其诞生之日起,就将建立美好的共产主义社会制度写入自己的奋斗纲领,始终不渝。在中国共产党90多年的奋斗历程中,坚定的制度自信始终是推动中国革命、建设和改革的坚强支撑。正是依靠这种制度自信我们才能完成新民主主义革命的胜利,经过改革开放探索出中国特色社会主义的道路,确立了中国特色社会主义制度。今天,我们要继续深入推进中国特色社会主义制度的完善和发展,实现中华民族伟大复兴的梦想,就必须不断增强制度自信,扭住正确的制度方向不放松,始终坚持、不断发展。最后,坚定的制度自信是我们不走老路、邪路,坚定中国特色社会主义道路的基本保障。既不走僵化封闭的老路,也不走改旗易帜的邪路,这是我们发展中国特色社会主义的基本经验和坚定宣言。在实践中这种认识需要通过强有力的制度来加以保障。需要我们以坚定的制度自信更加自觉地划清社会主义公有制为主体、多种所有制经济共同发展的基本经济制度同私有化和单一公有制的界限,更加自觉地划清中国特色社会主义制度模式同西方新自由主义制度模式和民主社会主义模式的界限,毫不动摇地坚持中国特色社会主义制度框架,决不照搬西方制度模式,决不搞指导思想多元化,决不允许"两极分化"。

我们所讲的制度自信,是在对中国特色社会主义制度体系高度认同的基础上产生的一种自信心和自豪感。对作为制度形态的社会主义的信仰,对国家已经形成的基本制度框架安排的客观认同,对制度模式内在优越性的理性体认,是完整理解其内涵的三层维度。制度自信这一概念的基本主旨是对我们国家转型发展的正确方法论的一种系统表达。制度自信不仅来自于中国特色社会主义制度的优越性和改革开放30多年来的成功实践,而且体现在完善和发展中国特色社会主义制度必须不断增强制度创新的自主性上。离开制度的自主创新,就谈不上制度自信,否则就是盲目乐观、盲目自信。尽管党的十八大第一次明确完整地提出理论自信、制度自信的要求，但我们党早已认识到这一问题。毛泽东在20世纪30年代末提出"马克思主义中国化"的命题，就蕴含着走自己的路的初始判断；50年代提出"以苏为鉴，走自己的路"的观点明确了这一主题。邓小平在改革开放初期明确指出"走自己的道路，建设中国特色社会主义"。江泽民在世纪之交再次重申"建设有中国特色社会主义，是实现中国经济繁荣和社会全面进步的康庄大道"①。这些论断，无一例外不是对国家发展坚持自主性方法论的强调。胡锦涛在十七大报告中坚定表明不走老路邪路、坚定走中国特色社会主义道路的立场和决心。我们提理论自信、制度自信，是对我们一贯坚持的独立自主、走自己的路的方法论的更贴切表述。大国崛起需要坚实的理论自觉性、道路自决性和制度自主性，其中制度自主性尤为重要。这种制度自主性在基本原则上体现为中国共产党要始终掌握体制改革的领导权与主动权，排除国际其他话语的干扰，基于中国实际和公正立场来积极推进国家制度创新。在进一步完善和发展中国特色社会主义制度的进程中，增强制度创新的自主性，要求我们要"加强和改善党对全面深化改革的领导"②，发挥执政党总揽全局、协调各方的领导核心作用。

## 二 坚持排除干扰与形成科学制度话语体系相结合

在当前国际领域，西方少数发达国家凭借其政治、经济、科技和语言文化方面的强势向全球输出其意识形态，推行话语霸权。通过话语霸权谋求利益，从而使国际秩序在价值取向和制度安排上能更多地体现发达国家意志，这是西方国家惯常使用的手段。而在这种话语交锋中许多发展中国家常常处于无言或失语的困境，文化不自信与制度的不自信成为大多数发展中国家面临的深层问题。西方国家相对强势的话语霸权是其相对强大的国家实力的体现，当今世界的基本规则和秩序从根本上是

---

① 《江泽民文选》（第2卷），人民出版社2006年版，第419页。
② 《中共中央关于全面深化改革开放若干重大问题的决定》，人民出版社2013年版，第60页。

以美国为代表的西方国家所把控的。话语交锋背后是物质利益和力量的竞争,作为西方长期以来奉为神圣的自由民主价值观,主要源自于资本主义萌芽阶段对商业活动自由与雇佣劳动自由的企求,至今仍然是西方借以扫除其资本在全球扩张障碍的一个有力工具。在话语权的运作形式上,西方发达国家通过话语同化、解释权垄断等手段使隐含自身价值的话语通过教育、媒介和制度等方式渗透到全球。

作为"后发外源型"现代化国家,从中国迈开追求现代化的第一步起就始终处于与西方话语的百般纠缠之中。客观地说,西方话语的输入为中国现代化诉求注入了启蒙的作用,这是我们必须承认的。现代中国在观念、制度及实践领域,处处都包含着西方话语的影响或痕迹,这也是客观的事实。但是,中国的现代化梦想的实现绝对不能刻意模仿西方、而要坚持超越西方的路径,这是从孙中山开始就已经具备的自觉认识。孙中山试图将资本主义之长的民权政治与社会主义之长的民生经济综合起来,创造出指导中国社会现代化的"三民主义"的努力就是明证。我们今天倡导以马克思主义中国化来推进中国现代化的建设,可以说秉承了借鉴西方,试图在价值、制度层面超越西方的理念旨归。当前中国社会的各界精英需要形成在这一问题上的基本共识,以坚定的文化自信、理论自信和制度自信来建设性推进中国梦的实现。

中国特色社会主义制度话语是国家软实力的核心内容,是社会主义核心价值的基本构成部分。在新的时代条件下,中国制度话语建构面临许多深层的挑战,一是来自各种其他制度思潮的挑战,新自由主义、民主社会主义、历史虚无主义等都是弱化和消解我们制度自信的消极因素。二是来自话语传播手段、技术、平台建设等方面的影响。立足现实,我们认为构建中国特色社会主义制度话语,要加深对科学社会主义制度化理论问题的研究。在阐扬马克思主义制度理论和制度理念的前提下,在技术层面应该吸收西方制度主义的"合理内核",形成一套合理的、科学的制度研究和解说话语体系。同时,要深入研究决定和制约中国特色社会主义制度完善发展的深层次理论问题,如中国特色社会主义制度的社会主义性质问题,市场经济和社会主义的深度结合问题,中国式民主政治道路的理论支撑问题,中国制度模式与普世价值的关系问题等。深入推进对这些问题的科学解读,有助于夯实中国特色社会主义制度话语的理论根基。

## 三 坚持制度创新与构建现代治理体系相结合

完善和发展中国特色社会主义制度，一是要根据时代的发展和实践的需要继续推进制度创新，二是要着力构建现代治理体系，两者是缺一不可的。就推进制度创新而言，应当坚持以下原则：

首先，坚持民族性与时代性相统一原则。在推进中国特色社会主义制度创新进程中，中国共产党人始终把马克思主义和当代中国实际和时代特征相结合，始终使中国特色社会主义价值导向在其中居于主体地位并发挥引领作用，积极致力于创造出具有中国作风、中国气派、中国特色的现代国家制度体系。中国特色社会主义制度的生成进程中很好地统合了制度变迁的民族性与时代性关系。在进一步的完善发展中，也应坚持这一基本原则，不断丰富我们制度体系的民族特色和时代特色。其次，坚持开放性与包容性相统一原则。一个成功的制度演化过程是一个开放性的过程，一个成功的制度系统一定是一个具有包容性的制度系统。对社会主义制度而言，开放性是指在制度建设中应具有不断学习和借鉴资本主义制度形态的好的做法和经验；包容性是对不同国家和民族秉持平等的原则，具有求同存异、兼容并蓄的特点。这两点在中国特色社会主义制度的产生发展进程中都有浓厚的体现，这在我们进一步的制度完善中仍然非常重要。保持制度体系发展的开放性和包容性思维，是我们推进中国特色社会主义制度完善发展的重要原则。再次，坚持价值性与工具性相统一原则。任何制度系统都具有价值性与工具性两个层面。制度的价值性体现了特定制度的内在价值理念和价值内容，制度的工具性指的是制度作为治理工具所具有的技术性、科学性要求。在中国特色社会主义制度建设探索中，我们较好地兼顾了制度的价值性与工具性的二维尺度，大大推进了社会主义制度学的价值性与科学性发展进程。在进一步完善这一制度时，必须坚持价值性与工具性相统一的原则，高度重视中国特色社会主义制度价值理念的完善化、时代化发展，更进一步体现公正、和谐、自由、人本的理念价值；同时，积极探索制度结构、层次、运行等层面的技术性、科学性问题，推进制度体系的科学化发展。最后，保持制度建设全面协调性的原则。全面协调推进制度建设是唯物史观制度理论的基本方法论要求，毛泽东将其概括为"统筹兼顾"。科学发展观的提出，全面提升了科学社会主义制度学的理论视野，从"五位一体"的角度，将以人为本、全面、协调、可持续以及统筹兼顾的方法论全面体现到科学社会主义制度化的框架之中。将对中国特色会主义制度建设全面协调性的认识提高到一个新的高度，是我们进一步完善发展中国特色社会主义制度的重要指导原则。

在坚持中国化马克思主义制度创新这些基本原则基础上，我们需要找准当前完善发展中国特色社会主义制度的主要着力点，推进社会主义治理体系的现代化发展。对于这一问题，十八届三中全会《决定》"把制度建设摆在突出位置"，对各领域治理制度的建设做出了总体性部署：在经济制度和体制的完善中要紧紧围绕使市场在资源配置中起决定性作用来深化各方面经济体制改革，理顺政府和市场的关系是经济体制改革的核心；在民主政治制度和体制建设上，紧紧围绕坚持党的领导、人民民主和法治"三统一"原则深化政治体制改革，以财政、税收体制改革为轴心，理顺政府间关系，提升国家制度能力，坚持法治中国、法治政府、法治社会一体建设，实现国家治理的全面法治化；在社会主义文化制度建设上，核心是社会主义核心价值体系建设，文化管理体制改革、文化市场体系建设、文化服务体系建设和文化传播体制构建是四个主要环节；在社会建设和社会管理体制改革上，推进社会主义协同治理是一个基本目标。此外，对以制度治理生态，以制度保障党建等方面，《决定》都做出了全面的部署。从十八届三中全会做出的这一深化制度创新和体制改革的决议中我们可以看到，对于推进中国社会主义治理体系的现代化发展，我们已经有了一个大的蓝图格局。用"法治国家、共治社会、自治基层、德治公民"四句话来描述，虽然未必很准确，但却把握住了主旨。现代治理体系实质就是现代制度体系，社会主义形态的治理体系在体现社会主义核心价值的基础上，应通过制度体制建设，保障其由统治管理向现代治理转型。主体的复合性、过程的透明性、结果的回应性是基本的要求，而这恰恰是我们已经确立的深化改革着力推进的方向。

## 四 坚持制度创新与理论创新相结合

新制度经济学对制度变迁规律的研究，所提出的一个重要的理论成果就是关于意识形态制度性作用的观点，这一理论贡献主要归于诺思的研究，被称为诺思制度主义。其与产权理论、国家理论并列，是三大理论贡献之一。诺思的研究揭示了意识形态在克服"搭便车"、节约信息成本、淡化机会主义行为等方面的作用。在这些认识基础上，诺思将意识形态直接界定为非正式制度。诺思制度主义视角中提出的意识形态有其独特的理论贡献，但也存在明显不足。诺思没有更深入地区分和研究意识形态系统中不同构成层面在现实制度变迁进程中的影响和作用机制是不同的，他的意识形态概念没有科学划分政治思想观念和作为习俗道德因素的文化传统的内在区别。制度变迁的具体形式表现为强制性制度变迁与诱致性制度变迁两种。在不同形式的变迁中，作为意识形态不同构成部分的政治思想和习俗道德的社会意识，它们的影响和作用机制应该是不同的。虽然两种制度变迁的形式往往交互在一起，不能截然分开，但在现实中，不同国家和地区制度变迁的主导形式还是呈现不同的表现。一般而言，早发内生型现代化国家其制度变迁的主导意识形态更多表现为以社会力量为主体的社会意识；后发外生型现代化国家主导其制度变迁的主要意识形态是政治思想观念，即通常所说的"主义"。在后发国家，政治思想观念不同于一般习俗和道德传统，在制度变迁中居主导地位。它不仅影响和改变制度选择，而且塑造和改变习俗道德等社会意识，在制度变革中起着决定性作用。

中国共产党人在推进现代国家建构的历史进程中，高度重视作为意识形态核心构成的政治思想理论的创新，充分发挥理论创新在推进制度创新和实践创新中的先导作用。在马克思主义中国化的整体进程中较好地解决了马克思主义理论中国化与制度中国化的二维关系，以理论创新推进制度创新是中国共产党进行制度建设的一条基本经验。新中国社会主义制度框架的建构是在新民主主义国家理论的指导下完成的。改革开放后的制度变迁，是建立在解放思想、实事求是思想路线的重新确立的基础上的。社会主义本质理论、初级阶段理论、改革开放理论和社会主义市场经济理论奠定了中国特色社会主义制度的直接理论基础。在推进中国特色社会主义制度体系的完善发展中要进一步推进理论创新，在马克思主义中国化整体进程中推进实践探索、理论创新与制度建构的同步协调发展，促使三者良性互动、互相支撑。在完善和发展中国特色社会主义制度进程中，我们应将"摸着石头过河"的实践探索与理论精英的制度顶层设计相结合，营造出更好的制度发展环境。

## 五 坚持基本制度稳定性与具体制度开放性相结合

中国特色社会主义制度的变迁演化进程中一个非常重要的经验就是坚持基本制度的稳定性与具体制度的开放性相统一。毛泽东的社会主义社会基本矛盾理论为这一经验提供了哲学支撑，而邓小平的制度变迁系统论则全面论证和实践了这一经验逻辑。制度自信不应被理解为制度保守和制度自负，其内涵的核心是对国家基本制度安排的客观认同。中国特色社会主义的基本制度框架是我们长期历史实践经验制度化的产物，是我们破除僵化老路、分化邪路等各种干扰的理性自觉，对这一基本制度安排的客观认同是我们应该始终具有的一个基本共识，是深化发展的大前提。坚持基本制度安排的稳定性使我们的转型建设具有了一个基本秩序，基本秩序之于发展中的转型国家而言是首要的，对这些国家而言"可以有秩序而无自由，但绝不能有自由而无秩序"[①]。社会主义制度形态基本层面的制度是体现这一社会形态内在的、本质的、一般性的规定，是社会基本的、普遍的经济关系和政治关系的法律形式，是社会主义制度系统的核心。无产阶级政党的领导、人民民主专政、公有制的主体地位等都是社会主义制度形态的基本制度规定，中国特色社会主义制度演化和变迁作为社会主义制度的自我完善和发展是在这些基本制度框架稳定的前提下进行的。同时在制度建设上必须秉持开放性与包容性，在坚持中国特色社会主义基本制度的基础上，将自主性与开放性相结合。体制机制改革始终是中国特色社会主义制度创新的核心内容，在我国制度

---

① [美]塞缪尔·P. 亨廷顿：《变化社会中的政治秩序》，王冠华等译，上海人民出版社2008年版，第6页。

建设的历史进程中,市场机制的引入,国家公务员制度的实行等都是在具体制度开放性运行下的产物,都在很大程度上体现了他国制度经验与中国现有制度的有机结合。在制度建设上,我们应以更大的政治勇气和智慧,不失时机地深化重要领域改革,坚决破除一切体制机制弊端,构建系统完备、科学规范、运行有效的制度体系,使各方面制度更加成熟、更加定型。在制度自信的前提下,通过各项具体制度的完善、成熟来夯实制度系统的基础。

## 六 坚持政党主导与人民主体相结合

制度变迁的推进主体是人。但人作为一个"类"的概念,在现实中必然外化为各种不同的主体形态,民众、精英、利益集团都是制度演化主体的不同形态。在中国这样的后发国家,国家政权或政党力量在整个国家制度体系重建中始终居于主导地位。亨廷顿认为,一个处于现代化中的国家,应对政治参与扩大的首要制度保证就是政党与政党体系,在反对现存制度的革命或民族独立过程中,通常会建立一党制或以一党为主的政党制度。[①] 政党主导的制度建构需要处理好"民主—国家"建构下的民众参与制度建构趋势带来的挑战,也就是在政党主导框架中,如何保障民众主体作用的发挥的问题。中国共产党较好地解决了这一问题。中国共产党完成"民族—国家"建构任务时,从成立伊始,就认识到广泛发动民众参与的极端重要性。建设一个统一战线性质的政体一直是中共国家政权建设的基本主张。从人民共和国到联合政府再到人民民主专政理论的发展,使得这种统一战线性质的政权主张越来越丰富和合理。在制度体系的运行机制上,中共提出了民主集中制的组织原则,将民众主体的民主性与政党主导的集中性辩证统一起来。在党政与民众的互动机制上,群众路线的提出和多层次的运用使得政党具有了强大的社会组织和动员能力。中国共产党在国家制度建设中形成的这种以政党为主导、以民众为主体的协同主体格局是推进制度演化的重要经验,这一经验逻

---

① [美]塞缪尔·P. 亨廷顿:《变化社会中的政治秩序》,王冠华等译,上海人民出版社2008年版,第334页。

辑在整个中国特色社会主义制度体系的自我完善和发展进程中都是不可或缺的。正如十八届三中全会《决定》所指出的"人民是改革的主体,要坚持党的群众路线,建立社会参与机制,充分发挥人民群众积极性、主动性、创造性,充分发挥工会、共青团、妇联等人民团体作用,齐心协力推进改革"[①]。

## 七 坚持完善制度与提高制度执行力相结合

制度的建设和供给固然重要,但更重要的是已经确立的制度在现实生活中能否得到很好的贯彻落实,制度的贯彻落实是制度创建的落脚点,也是制度功能实现的关键。正如温家宝在2010年在国务院第三次廉政工作会议上讲话所强调的:"健全制度很重要,提高制度执行力和约束力更为重要。"[②] 制度的运行在当前中国特色社会主义制度完善和发展进程中占据着非常重要的地位,是制度中国、法治中国建设的主体工程之一。制度运行,也可以称为制度的执行,行政管理学使用"制度执行力"概念来描述制度系统运行的整体效果。有研究者将制度执行力界定为"正式制度得以落实的程度"[③]。影响制度运行效果的因素是多方面的,涉及制度本身的因素和人的因素几个方面:

第一,是制度自身因素。制度系统自身是否科学合理,是否具有可操作性,制度执行程序的规范合理与否对制度运行都有着根本性的影响。一个科学合理的制度系统应包含哪些方面的体现?有研究者将其概括为四个方面:一是制度理念公平公正;二是要有科学的执行程序;三是必须设计制度公正执行的监督机制;四是好的制度还需要有公正执行的自控机制。[④] 由此我们认为,制度本身的原则公正、执行程序的科学、执行

---

① 《中共中央关于全面深化改革开放若干重大问题的决定》,人民出版社2013年版,第60页。

② 温家宝:《加强重点领域反腐倡廉制度建设 切实提高制度执行力》,http://www.gov.cn,2010-03-23。

③ 麻宝斌:《制度执行力探析》,《天津社会科学》2013年第3期。

④ 陈朝宗:《论制度设计的科学性与完美性——兼谈我国制度设计的缺陷》,《中国行政管理》2007年第4期。

的监督和自控机制都是良好制度系统不可或缺的。社会主义初级阶段的中国特色社会主义制度形态中还存在不少有违公平原则的制度规则，如城乡二元经济体制等，这都需要在完善制度体系中进一步克服和解决。中国特色社会主义制度体系在运行程序的设计上也存在一些弊端，重制度实体轻操作程序的问题很普遍，如作为中国根本政治制度的人民代表大会制度，在选举、代议、选民与代表关系、代表与政党关系、代表能力保障等方面都缺乏科学完善的程序性保障，极大削弱了人民代表大会制度的实体优势。操作程序的不科学、不公平会从根本上抵消制度实体的公平性。在制度执行的受控机制方面，当前制度体系在设计上重视不够，如法律领域，制度在执行上缺乏监督，制度公正执行的受控机制明显不足。导致"权大于法"的问题长期得不到解决。此外，目前我国制度体系还没有形成一种具有执行公正自控性的机制。这些来自制度系统自身结构、机制的问题会极大程度上影响制度的良好运行。

第二，是人的因素。人是制度的主体，制度不仅由人制定，而且也要由人来认同、遵守和执行。从执行主体角度看，掌握公共权力的政府组织和个人是制度的执行者，其对制度的执行意愿和执行能力均从根本上影响制度运行的效果。制度执行首先取决于领导干部是否能起到模范带头作用，同时基层执行者是制度贯彻落实的直接操作人员，其价值观、利益倾向、工作能力、认知水平都直接决定具体制度的运行效果。从制度的执行客体来看，社会大众对制度的认知、认同、尊崇程度直接影响制度的运行情况。在我国，缺乏现代性法治传统和公民文化的现状，导致民众对制度的普遍漠视，社会大众缺少自觉遵行制度的行为习惯。社会行为往往从传统的"熟人社会"规则出发，遵从人情关系规则。利益关系和行为习惯是影响制度主体制度行为的主要因素。

由此，健全中国特色社会主义制度体系，提升制度权威至关重要。其途径主要有两条：

一是完善我国制度系统，健全运行的程序机制。好制度的创设、接受、掌握和运用离不开民主的发扬和民智的发挥。中国特色社会主义制度体系的健全需要群众路线的制度化本身来保证，建立社会参与机制，充分发挥人民群众的积极性、主动性和创造性。更重要的是，要高度重视制度运行各项程序机制的建设，改变制度建设重实体、轻程序，重形式、轻操作的倾向。从制度学角度看,"机制"处于非常重要的地位,制度系统的各项机制实质上是"自动控制的制度工作系统"。一项制度要在社会生活中发挥作用必须经过决策、执行、监督、评估、优化等环节,这些都要靠人来完成,如何从人的自然与社会双重属性出发建构制度的自动控制系统是制度科学的主要追求。好的制度自控机制使任何人一旦进入这一工作系统,就别无选择。成熟的市场制度、文官制度等都具有这种自控机制功能。从理论上看,机制是制度的补充,是保证制度运行的再设计。从我国当前现实而言,机制在某种意义上甚至比制度本身更重要,完善制度运行机制是完善中国特色社会主义制度体系的核心性环节。诺贝尔经济学奖埃瑞克·S.马斯金教授认为,机制设计应遵循逆向思维原则,即首先思考我们想从制度规则中得到什么结果,然后反过来思考什么样的规则和机制"可以实现这些要达成的目标,我们应该怎么样来设计这些机制"[1]。假设人性恶的出发点就是一种典型的逆向机制思维,这在我们当前的制度机制安排中具有借鉴价值。机制安排要具备无缝隙性,使制度的激励机制、约束机制、监督机制、反馈机制、控制机制和评价机制等能在非人为操作的情况下自动连续发挥作用,就像市场经济制度中的竞争机制一样。吸收一些其他制度模式的好的经验,在我们的制度体系执行机制设计上引入一些竞争技巧,引用民意测评机制,发挥公众"用脚投票"的正向作用等都是很好的方向。同时,引入责任制技巧,完善"委托—代理"机制,很好地规制制度执行的责、权、利关系。另外,路径依赖理论揭示出制度系统一旦建立起来就会趋于自我维持,会相应地机制化,而这种机制化会有恶性和良性两种可能。我国当前摆脱屈从于传统文化环境和定型于转型状态的不良路径依赖,构建面向现代化、民主性的良性制度路径机制迫在眉睫。

二是制度设计上要充分考虑制度执行者的直接利益。西方新制度经济学对制度的学理研究的一个重要贡献就是在对制度结构体系的研究之外,引入了经济学、行为主义的经济人假设和偏好选择等概念,使得对制度的研究能深入运行机制的深层。其中制度学派的理性选择主义取得

---

[1] 陈朝宗:《机制设计:提升制度执行力的唯一路径》,《中共福建省委党校学报》2013年第7期。

的进展较大。布坎南、托利森等人提出的寻租理论，奥尔森的利益集团理论等将经济人理性选择理论引入到对国家宏观政治经济制度的研究中，在分析制度运行无效性问题上取得了很大的理论进展。诺思的研究也专门分析了利益集团之间的博弈对经济制度变迁的影响，认为制度的演化方向是由社会中处于强势地位的利益集团决定的。"制度并不一定是，甚至经常不是按社会效率来设计的，相反，它们（至少正规规则）是为了服务于那些具有创新规则谈判能力的利益集团而创造的"[①]。从制度执行主体的利益角度研究制度绩效的这些理论，都不约而同地认为能否约束住制度执行者的行为是达到有效制度的关键所在。在我国，公民利益的集团化已经是客观的事实，只是在我国的政治生活中还未引起足够的重视。客观来看，利益集团参与制度演化过程本身就是民主的基本方式。但从作为"公器"的国家制度层面看，防止和消解垄断性利益集团的独占性局面、引导其均衡化发展是现代社会发展所需要的。保障社会力量均衡化发展的制度体制也能从根本上防止制度执行者与特定利益集团的合谋寻租行为。同时，在制度设计上要借鉴吸收"经济人假设""人性恶"等西方理念下形成的有效做法，考虑制度执行者的直接利益关系，制定制度执行公正与否的相应奖惩机制，使制度的执行效果与执行者的直接利益联系在一起，使越公正严格的执行制度对制度执行者越有利。同时，提高制度执行者违反制度的成本，加大人为违反制度的成本，这对制度的公正执行是至关重要的。从正反两个方面完善促进执行者公正执行制度的相应机制，最终会使制度执行公正，并达到自控的良好境界。

## 八　坚持制度创新与培塑制度文化相结合

完善和发展中国特色社会主义制度，既要坚持制度创新，又要培塑制度文化。文化是制度的基础，制度运行的深层因素植根于文化。我们在研究中更倾向于诺思对制度和文化意识的区分性定位，诺思将制度定义为社会规则，认为制度规则总体上划分为正式制度与非正式制度两个

---

① ［美］阿维纳什·K. 迪克西特：《经济政策的制定：交易成本政治学的视角》，刘元春译，中国人民大学出版社2004年版，第17页。

层次。我们在对中国特色社会主义制度的界定中，将其定位为正式制度，这样更有助于对制度的深入研究。对于非正式制度诺思是从文化学角度来把握的，非正式制度是文化的重要组成部分，包括价值信念、伦理规范、道德观念、风俗习惯和意识形态等部分。正式制度与非正式制度与文化的远近关系有所不同，在不同文化体系中，其作用方式也很不相同。在中国传统文化体系中，基于血缘伦理性社会本位的"差序格局"，中国人更倾向于特殊性信任关系，这与西方社会形成的普遍性人际信任关系很不相同，缺乏公共领域规则是中国传统文化的不足。从价值观层面看，中国人更强调家族集体主义，这与西方文化倾向于个人主义也是有差异的。那么，生成于西方社会的制度化治理的现代性价值在中国土壤中能否扎根开花？现代性是否具有不同的展现形态？对于这个问题，近代以来不同学者都给予了不同回答。悲观的看法是，不彻底丢掉中国的文化传统，中国不可能完成现代性，更无所谓制度现代性，各种全盘西化观都持此认识。乐观的看法是，"现代性是一个迄今未完成的谋划"（哈贝马斯），现代性不止一种模式。对于各种文化悲观论，可以说伴随着许多具有东方文化传统的国家现代化的实现，已经用事实证明了其观点的偏颇。对于文化乐观论，我们要具体分析，那种认为在传统儒学主导下引导中国现代化的论调，我们也不能认同。因为，传统儒学自身不具有现代性的发酵因子，生成于封闭农业宗法的传统文化体系如果不能完成现代性转型是不可能引领时代发展的。现代性的模式确实不止一种，在马克思主义中国化引领下的中国特色社会主义确实已经逐步形成了自身许多不同于西方模式的特色。中国特色社会主义就是中国用来完成自身现代化构建的整体谋划，包括理论的现代性、实践的现代性、制度现代性等层面。中国特色社会主义作为中国现代性的主导模式，其合理依据在于，将马克思主义这种产生于西方，但与西方资本主导的现代化理论根本不同的现代性理论作为"发酵酶"，与中国传统文化、历史相结合，用马克思主义的立场观点和方法改造传统文化中不适应现代社会要求的价值和观念，吸收西方文明有价值的部分，"马学为体、中学为根、西学为用"，实现其中国化转化。这一转化既是民族化的过程，也是时代化与现代化的过程。这种探索的正确性已经被中国百年历史，特别是近30多年的历史实践充分证明。中国特色社会主义的现代化之路完全正确，我们应该坚定这种理论、道路、制度自信。

　　制度现代化是现代性的核心内容,中国特色社会主义制度文化的培塑就是实现中国制度现代性的过程。这一制度现代性要求既要体现人类制度现代性的共同价值,也有自身的独创性。特定社会形态的核心价值观对制度体系具有决定性作用,是制度理念的集中展现。社会主义核心价值观对于我国推进国家治理体系和治理能力现代化具有战略导向作用,正如习近平所指出的:"推进国家治理体系和治理能力现代化,要大力培育和弘扬社会主义核心价值体系和核心价值观,加快构建充分反映中国特色、民族特性、时代特征的价值体系。"① 在社会主义核心价值与人类共性价值的"和而不同"中,社会主义制度文化的价值培塑主要着眼于以下四个方面:一是培塑契约精神。契约精神是标志人类现代交往关系的一种历史形态,是以人身自由为基础,以平等协议为手段的社会关系,具有普遍平等性特征。追求和确立普遍性的契约精神可以说贯穿于人类近代法律、政治、哲学的整个进步进程之中,而市场经济的建立为其确立提供了结构基础。契约精神是市场经济要求的最核心的伦理价值,厘清公私权力边界、重视承诺、契约和信用都是其基本表现。中国选择建立社会主义市场经济,为中国的制度现代性指明了正确方向。市场经济的目标要求我们彻底抛弃依附权力的命令经济和权力经济,塑造现代契约伦理,变"身份社会"为"契约社会"。这一目标需要从制度和文化两个方向推进,制度上加快完善市场经济体系,处理好政府和市场关系,规制好政府公权力与市场企业权利及社会私权利的边界。文化上,需要推进社会信任关系由特殊信任向普遍信任关系转变,完成民主、自由、公平、人本为核心的新启蒙任务。二是培塑法治精神。契约精神的结构化形式就是法治,法治将人的自由平等规则化。依法治国的观念尽管已经明确提出近20年,但法治精神在中国社会仍然非常缺乏。大众缺乏法制权威观念,规则意识淡漠的问题非常突出。法治精神集中体现了现代制度文化的核心理念,包括主权在民、依法治国、司法公正、人权平等、公平公开公正等原则精神。这些都需要我们在推进马克思主义大众化进

---

① 《大力弘扬社会主义核心价值观——四论学习贯彻习近平在省部级专题研讨班重要讲话》,《人民日报》2014年2月22日第1版。

程中去渗透和提升。三是培塑民主精神。马克思主义的人民性立场奠定了中国社会主义民主社会的实质内容，社会主义民主是更先进的民主形式。在程序上，现代民主应当是法治的，缺失法制支撑的民主有可能会蜕变为无政府主义和多数人暴政。民主精神的实质是平等自由，是包容协商，是理性负责，是现代公民精神。这些精神的培养和塑造是中国特色社会主义制度文化养成的重要内容，加快民主制度建设本身是提升民主精神的主要渠道。四是培塑人本精神。尽管西方启蒙运动的学者最早提出人本观念，但其制度化结果的西方资本主义制度呈现出来的并不是一个人本性社会，而是一个以物为本、以资为本的社会。中国社会长期以来都是一个以权力为本的社会，官本位、特权意识相当严重。以马克思主义改造和提升中国传统价值意识，一个重要任务就是塑造人本精神。构建一个真正的人民性社会，这是社会主义制度理念独有的价值精神。

# 结　　语

　　马克思主义中国化作为一种集理论创新、实践运动与制度建构于一体的历史进程，这一被广泛认同的新认识，本身就是深入研究和整体把握马克思主义中国化内在规律的重要体现。对中国特色社会主义制度和制度体系的新确认和新概括，把马克思主义在制度层面的中国化提高到一个前所未有的新高度。党的十八大报告和十八届三中、四中全会《决定》是继续深入推进马克思主义中国化制度创新和建设的纲领性文件。通过对马克思主义中国化制度创新的历史、理论和实践的总结、提炼和梳理，在中国特色社会主义制度体系形成、发展的内在逻辑、理论基础和历史轨迹的研究中，我们可以得出如下结论：

　　1. 科学社会主义由理论到实践发展的近百年历程充分表明，科学社会主义制度化建设对整个社会主义事业的成败具有极端重要性。社会主义框架中的制度建设是一种全新的现代性构建过程，中国人选择在社会主义框架中进行国家的制度建设同马克思主义中国化是同一个过程，二者具有同源同构性。也因此，马克思主义中国化是建构中国特色社会主义制度理论的主导范式，马克思主义理论是影响当代中国制度变迁的一个最为重要的因素。对中国特色社会主义语境中制度化问题的研究必须置于马克思主义中国化的整体视域中。对于这一问题相关的理论研究还没有引起学界的充分重视。

　　2. 通过探研中国特色社会主义制度体系生成与发展的历史轨迹、梳理中国共产党人制度建设的历史进程，我们可以清楚地看到，中国在社会主义框架中的制度建构的主体结构一直是稳定的，具有制度化建设一脉相承的独特历史逻辑，经历了制度创新的两次重大飞跃，中间并不存在一些研究者所谓的"断裂"和"中止"。客观合理地对待社会主义制度化中国实践的历史，才能正确对待中国特色社会主义制度体系本身。

3. 在深入推进中国特色社会主义制度研究的马克思主义中国化框架之外，还有两个值得重视的影响因素：中国的传统文化价值观和西方资本主义的制度文明成果。深入思考这一问题的核心在于如何处理好马克思主义中国化与中国传统文化的关系、马克思主义中国化与西方资本主义文化体系的关系，推进马克思主义在新的历史条件下进一步实现民族化和时代化。在这里，理论的自觉和自信是制度自觉自信的前提。

4. 中国特色社会主义制度建设在实践中积累了许多行之有效的制度化经验，如以理论创新为先导、坚持马克思主义理论中国化与社会主义制度中国化的协同推进，发挥良性意识形态的制度化作用；以政党为主导、民众为主体的制度变迁模式；坚持基本制度的稳定性与具体制度的开放性相统一的基本原则等。这些都是中国特色社会主义语境中制度创新不能丢弃的基本经验和原则。在完善和发展中国特色社会主义制度，推进国家治理体系和治理能力现代化进程中，如何更好地借鉴人类制度文明的成果，将借鉴学习与坚持自主性相统一，这一问题至关重要。

5. 在中国特色社会主义道路、理论体系和制度的关系结构中，应将制度建设放在更加突出的位置，以制度体现理论的真理性和道路的正确性；在中国特色社会主义制度体系的制度创设和制度优化关系中，应将制度的优化放在更加突出的位置，提升整个制度体系的自治性和耦合性；在中国特色社会主义制度的供给和制度的贯彻落实关系中，应将制度的贯彻落实放在更突出的位置来研究，以制度的良好运行来发挥中国特色社会主义的强大优越性。

中国特色社会主义制度的形成是马克思主义中国化制度创新的历史性飞跃和最大成果。在中国共产党90多年一以贯之的艰苦探索中，适合国情的社会主义方向的现代性制度体系已经形成。继续完善和深化发展中国特色社会主义制度，推进国家治理体系和治理能力现代化是深化中国特色社会主义改革的总目标和核心任务。尽管这一过程还有很长的路要走，但方向已经明确，道路已经找到，我们深信光明的前景就在不远的将来。

# 参考文献

1. 《马克思恩格斯选集》第1—4卷，人民出版社2012年版。
2. 《列宁选集》第1—4卷，人民出版社1995年版。
3. 《毛泽东选集》第1—4卷，人民出版社1991年版。
4. 《建国以来毛泽东文稿》第4、6册，中央文献出版社。
5. 《刘少奇选集》上卷，人民出版社1981年版。
6. 《江泽民文选》第1—3卷，人民出版社2006年版。
7. 胡锦涛：《在庆祝中国共产党成立90周年大会上的讲话》，人民出版社2011年版。
8. 胡锦涛：《坚定不移沿着中国特色社会主义道路前进，为全面建成小康社会而奋斗》，人民出版社2012年版。
9. 胡锦涛：《论构建社会主义和谐社会》，中央文献出版社2013年版。
10. 《习近平谈治国理政》，外文出版社2014年版。
11. 中共中央宣传部：《习近平总书记系列重要讲话读本》，人民出版社2014年版。
12. 《中共中央关于深化文化体制改革，推动社会主义文化大发展大繁荣若干重大问题的决定》，人民出版社2011年版。
13. 《中共中央关于全面深化改革若干重大问题的决定》，人民出版社2013年版。
14. 中共中央文献研究室：《改革开放三十年重要文献选编》（上、下），中央文献出版社2008年版。
15. 中央统战部：《中共中央解放战争时期统一战线文件选编》，档案出版社1988年版。

16. 国家民委经济发展司、国家统计局国民经济综合统计司：《中国民族统计年鉴》，民族出版社 2008 年版。
17. 中央文献研究室：《毛泽东年谱（1893—1949）》中卷，中央文献出版社 1993 年版。
18. 中央文献研究室：《邓小平年谱（1975—1997）》上、下卷，中央文献出版社 2007 年版。
19. 胡乔木：《胡乔木回忆毛泽东》，人民出版社 1994 年版。
20. 胡乔木：《胡乔木谈中共党史》，人民出版社 1999 年版。
21. 龚育之：《党史札记》，浙江人民出版社 2002 年版。
22. 薄一波：《若干重大决策与事件的回顾》上卷，中共中央党校出版社 1991 年版。
23. 罗荣渠：《现代化新论》，北京大学出版社 1993 年版。
24. 王沪宁：《政治的逻辑——马克思主义政治学原理》，上海人民出版社 2004 年版。
25. 曹沛霖：《制度纵横谈》，人民出版社 2005 年版。
26. 林尚立等：《制度创新与国家成长：中国的探索》，天津人民出版社 2005 年版。
27. 胡鞍钢、王绍光等主编：《第二次转型：国家制度建设》，清华大学出版社 2009 年版。
28. 俞可平等：《中国公民社会的制度环境》，北京大学出版社 2006 年版。
29. 鲁鹏：《制度与发展关系研究》，人民出版社 2002 年版。
30. 邹吉忠：《自由与秩序：制度价值研究》，北京师范大学出版社 2003 年版。
31. 辛鸣：《制度论——关于制度哲学的理论建构》，人民出版社 2005 年版。
32. 王海传：《人的发展的制度安排》，华中师范大学出版社 2007 年版。
33. 卢现祥：《寻找一种好制度——卢现祥制度分析文选》，北京大学出版社 2012 年版。
34. 高兆明：《制度公正论》，上海文艺出版社 2001 年版。
35. 何俊志：《从苏维埃到人民代表大会——中国共产党关于现代代议制的构想与实践》，复旦大学出版社 2011 年版。

36. 何俊志等编译：《新制度主义政治学译文精选》，天津人民出版社 2007 年版。
37. 干春松：《制度化儒家及其解体》，中国人民大学出版社 2012 年版。
38. 杨光斌：《政治变迁中的国家与制度》，中央编译出版社 2011 年版。
39. 刘圣中：《历史制度主义——制度变迁的比较历史研究》，上海人民出版社 2010 年版。
40. 陈忠：《规则论——研究视域与核心问题》，人民出版社 2008 年版。
41. 李慎明：《历史在这里沉思——苏联解体 20 周年祭》，社会科学文献出版社 2011 年版。
42. 丰子义：《发展的反思与探索——马克思社会发展理论的当代阐释》，中国人民大学出版社 2006 年版。
43. 王新颖主编：《奇迹的建构：海外学者论中国模式》，中央编译出版社 2011 年版。
44. 吕增奎主编：《民主的长征：海外学者论中国政治发展》，中央编译出版社 2011 年版。
45. 吕增奎主编：《执政的转型：海外学者论中国共产党的建设》，中央编译出版社 2011 年版。
46. 林刚、张宇主编：《马克思主义与制度分析》，经济科学出版社 2001 年版。
47. 杨圣清：《新中国的雏形——抗日根据地政权》，广西师范大学出版社 1994 年版。
48. 韩大梅：《新民主主义宪政研究》，人民出版社 2005 年版。
49. 卫兴华、洪银兴：《中国共产党经济思想史论》，江苏人民出版社 1994 年版。
50. 张希坡、韩廷龙：《中国革命法制史》，中国社会科学出版社 2007 年版。
51. 师哲：《在历史巨人身边——师哲回忆录》，中央文献出版社 1995 年版。
52. 刘政、程湘清：《民主的实践：全国人民代表大会及其常委会的组织和运作》，人民出版社 1999 年版。
53. [美] 傅高义：《邓小平时代》，冯克利译，生活·读书·新知三联书店 2013 年版。

54. ［美］塞缪尔·P. 亨廷顿：《变化社会中的政治秩序》，王冠华等译，上海人民出版社 2008 年版。

55. ［美］道格拉斯·C. 诺思：《经济史上的结构和变迁》，陈郁、罗华平等译，上海三联书店 1994 年版。

56. ［美］道格拉斯·C. 诺思：《制度、制度变迁与经济绩效》，杭行译，上海三联书店 2008 年版。

57. ［德］柯武刚、史漫飞：《制度经济学：社会秩序与公共政策》，韩朝华译，商务印书馆 2000 年版。

58. ［美］R. 科斯、A. 阿尔钦等：《财产权利与制度变迁：产权学派与新制度学派译文集》，刘守英译，上海人民出版社 2004 年版。

59. ［美］约翰·康芒斯：《制度经济学》，于树生译，商务印书馆 1962 年版。

60. ［美］V. 奥斯特罗姆等：《制度分析语发展的反思：问题与抉择》，王诚等译，商务印书馆 1996 年版。

61. ［美］詹姆斯·G. 马奇、［挪］约翰·P. 奥尔森：《重新发现制度：政治的组织基础》，张伟译，生活·读书·新知三联书店 2011 年版。

62. ［美］吉尔伯特·罗兹曼：《中国的现代化》，国家社会科学基金"比较现代化"课题组译，江苏人民出版社 2010 年版。

63. ［德］奥特弗利德·赫费：《政治的正义性——法和国家的批判哲学之基础》，庞学铨等译，上海译文出版社 1998 年版。

64. ［美］约翰·罗尔斯：《正义论》，何怀宏等译，中国社会科学出版社 1988 年版。

65. ［英］安东尼·吉登斯：《现代性的后果》，田禾译，译林出版社 2000 年版。

66. ［美］哈耶克：《个人主义与经济秩序》，邓正来译，生活·读书·新知三联书店 2003 年版。

67. ［德］马克斯·韦伯：《经济与社会》，林荣远译，商务印书馆 1997 年版。

68. ［法］阿尔都塞：《哲学与政治：阿尔都塞读本》，吉林人民出版社

2003年版。

69. ［美］罗伯特·D. 帕特南：《使民主运转起来》，王列、赖海榕译，江西人民出版社2001年版。

70. ［法］亨利·列菲弗尔：《论国家——从黑格尔到斯大林和毛泽东》，李青宜译，重庆出版社1988年版。

71. ［美］B. 盖伊·彼得斯：《政治科学中的制度理论》，王向民译，上海人民出版社2011年版。

72. ［美］弗朗西斯·福山：《国家构建——21世纪的国家治理与世界秩序》，黄胜强等译，中国社会科学出版社2007年版。

73. ［日］川岛武宜：《现代化与法》，王志安等译，中国政法大学出版社1994年版。

74. ［英］特里·伊格尔顿：《马克思为什么是对的》，李扬等译，新星出版社2011年版。

75. ［美］阿维纳什·K. 迪克西特：《经济政策的制定：交易成本政治学的视角》，刘元春译，中国人民大学出版社2004年版。

76. ［日］青木昌彦：《比较制度分析》，周黎安译，上海远东出版社2001年版。

**外文文献**

77. Alan S. Rosenbaum, *The Philosophy of Human Rights*, Greenwood Press, 1980.

78. Charles Taylor, "Cross—Purposes: The Liberal—Communitarian Debate", *Philosophical Arguments*, Cambridge Mass: Harvard University Press, 1995.

79. Rolston, *Environ Mental Ethics: Duties to and Value in the Natural World*, New York: Temple University Press, 1988.

80. Ander Heywood, *Politics* (third edition), New York: Palgrave Macmillan, 2007.

81. Samuel Humesiv, *Local Governance in China: Toward A Network Mode of Governance*, London: Routledge, 2007.

82. Andrew Green, *Non-governmental Organizations and Health in Developing Countries*, New York: St. Martin's Press, 1997.

83. Arnold Sherman, *The Social Bases of Politics*, Wadsworth Publishing Com-

pany, 1987.
84. James March, Johan P. Olsen, *Rediscovering Institutions: The Organizational Basis of Politics*, The Free Press, New York, 1989.

# 后　　记

本书是在我博士论文的基础上修改而成的。在本书出版之际，我要感谢我就读的陕西师范大学，那里丰富的学术资源、浓厚的学术氛围、严谨的学术要求对我影响深远。感谢我的导师阎树群教授，导师在学术研究和为人处事方面给予我的教育使我终身受益。感谢陕西师范大学马克思主义理论博士点的各位老师，感谢他们在学科专业上传授系统知识，在学术素养和人格修养上给我很多启迪。

感谢我的父母，感谢我的爱人和孩子，他们默默的牺牲和无怨无悔的支持，是我坚持不懈的最大动力。

书稿的出版得到了西安财经学院学术著作出版基金的资助，在此表示衷心的感谢。感谢西安财经学院思政部领导和同事在本书写作期间给我的关心帮助以及对本书出版的大力资助。

感谢中国社会科学出版社的赵丽老师和朱妍洁老师，她们为本书的编辑出版提出了许多中肯建议并付出了辛勤的劳动。

中国特色社会主义制度建设是推进国家治理现代化的基础性问题，本书的写作和出版希冀能在这一问题上做出些许探索。由于本人学识浅陋，书中存在许多不尽如人意的地方，恳请学界同仁批评指正。

张艳娥  
2015 年 6 月